JN303651

若き建築構造技術者に向けて
限界状態設計法の挑戦

監修　神田 順

執筆　高田毅士
　　　平川倫生
　　　前川利雄
　　　古宮嘉之
　　　樫村俊也
　　　藤井正則
　　　樋口聖子

建築技術

はじめに

　1993年に,「限界状態設計法のすすめ」(建築技術刊)を出版して,すでに10年余が経過しました。「構造設計も品質や信頼性の時代を迎えた」と,その序に書いて随分時間は経ちましたが,状況はあまり変わっていません。現場の構造技術者が,そのコンセプトを自分の設計に取り込む機会を少しずつでも,もってもらうことを期待しました。しかし,気持ちはあっても,なかなか実務はそんな余裕がないというのが本音という声も多く聞いています。

　1986年の「鋼構造荷重・耐力設計法試案」から数えると18年にもなります。その間,日本建築学会では,さまざまな委員会やワーキンググループがつくられ,限界状態設計法の日本建築学会としての取りまとめの努力が進みました。2002年11月には,「建築物の限界状態設計指針」が,鉄筋コンクリート造,鋼構造,鉄骨鉄筋コンクリート造,木質構造,基礎構造をカバーする形で,刊行されました。ようやく,一般の建築物の構造設計に,限界状態設計法を適用できる状況が,学術的には整備されたということになります。

　1995年の阪神・淡路大震災や日米貿易摩擦を契機に,建築基準の「国際化」,安全に対する「自己責任」というキーワードが熱っぽく語られ,建築基準法が「性能設計」に向けて改正されるはずでした。ところが1998年にあれよあれよという中で,法改正がなされ,2000年には,施行令・告示が出されて,多くの人が唖然としました。国際化もよく見えません。むしろ自己責任には背を向けて,細かい規定がびっしり書かれています。これでは,雲間に限界状態設計の実用化の青空が見えそうになって,いきなり暗雲が立ち込めたようなものです。建築基準法改正が,性能設計に向けて書き直されるなら,実務としての限界状態設計もやりやすくなるかと思っていたのに,細かい規定や手続きが多く,とても自分で新しい設計法でやってみようという,余裕を生みそうにありません。

　また,新しい施行令・告示には新たに「限界耐力計算法」という言葉が登場し,一部に限界状態設計法の一方法のような誤解を生じています。「限界耐力」を「限界状態」の一つとして考えることは問題ないのですが,確率論的な性能水準を示す信頼性指標をもとに構成されている限界状態設計法に対して,限界耐力計

算法は肝心な部分があいまいにされているままです．設計体系と計算法という違いも，本書を通して理解いただけるものと思います．

　前後して，日本建築学会で，1999年にはじめての技術部門の設計競技として，「限界状態設計法を活用した事務所ビルの設計コンクール」が実施されました．短い期間のアナウンスにもかかわらず，43件の応募がありました．そして2件の優秀作品，4件の推奨作品が選ばれました．18作品については，今後の活用に供するため，A4版703頁もの大部な資料集を「限界状態設計作品選集」として日本建築学会から刊行されました．設計競技という限られた時間ということもあって，選ばれた作品であっても，必ずしも満足できない個所をけっこう残しており，作品選集そのままでは，一般には読みづらい，との指摘も聞きました．せっかくの資料を生かす努力も必要ではないかということで，有志が集い，読める作品集を書こうということになりました．ここに登場する6グループの現役の構造技術者たちが，設計コンクールで自分たちのやりたかった思いを，より多くの，若き仲間に伝えたいということで，本書を企画した次第です．

　まだまだ，荒削りの部分も少なくありません．しかし，構造技術を自分の工夫で展開する思いは，それなりに語れたのではないかと思っています．設計コンクールでの内容は，評価ポイントが何項目もあったため，なるべくいろいろなところに，独創性やアイデアを盛り込もうとします．その結果，逆に限界状態設計法の良さや狙いが見えにくくなっている面があります．そこで，本書では1作品にはなるべく1つか2つのポイントに絞って，それを読み物にすることを試みました．ここに展開する限界状態設計のいくつかが，そしていずれはすべてが，技術者の心の実現という形で，世の中に登場することを願っています．仲間のアイデアや技術を，大いに共有し，育ててもらえたら，筆者一同，望外の喜びです．法令にこだわるところからでなく，性能設計を究める気持ちで限界状態設計法を使ってみてください．

2004年8月吉日
「限界状態設計法の挑戦」編集代表　神田　順

目次

はじめに …………………………………………………………………… 2

第1章 次世代構造設計法が見えてきた ……………………………… 9
1.1 社会的ニーズと新しい理論 …… 10
1.2 限界状態設計法とは何か？ …… 12
1.3 限界状態設計法を理解する上で最低限必要な確率の知識 …… 15

第2章 限界状態設計法の目指すもの ………………………………… 37
2.1 もしも，こんな建築主がいたら？ …… 38
2.2 性能記述（第3章）…… 39
2.3 変形に基づくクライテリア（第4章）…… 40
2.4 システム表現（第5章）…… 42
2.5 時間および環境への配慮（第6章）…… 43
2.6 情報（第7章）…… 44
2.7 経済性の把握（第8章）…… 46
2.8 各章のねらい …… 48

第3章 歴史的建築物再生──建築主との「対話」を通して ………… 49
3.1 三菱一号館を「再生」する …… 50
3.2 プロジェクトの経緯──建築主と設計者のミーティング …… 51
3.3 要求分析の方法──設計目標は誰がどうやって決めるのか？ …… 53
3.4 「対話」のツール──要求性能マトリクスとは？ …… 54
3.5 わかりやすい地震荷重レベルの表現を目指して …… 57
3.6 要求性能マトリクスに基づいた「対話」…… 58
3.7 ばらつきをどのように評価すればよいのですか？ …… 61
3.8 部材断面設計の方針 …… 64
3.9 まとめ …… 68

第4章 変形を指標としたRC建物の限界状態設計法 ……………71
——耐震性能の定量化に向けたひとつの試み
- 4.1 地震による建物の崩壊——真の終局限界状態は？ …… 72
- 4.2 部材の変形性能の限界値はデータの蓄積を利用する …… 73
- 4.3 破壊確率評価の方法 …… 74
- 4.4 建物の各部材の変形と代表変形の関係 …… 77
- 4.5 断面計算例 …… 80
- 4.6 せん断強度の信頼性指標 …… 82
- 4.7 降伏機構保証設計と限界状態設計法 …… 82
- 4.8 せん断破壊の確率の評価 …… 83
- 4.9 パラメトリックスタディ …… 85
- 4.10 今後の課題 …… 86

第5章 層崩壊を防ぐために——構造システムの破壊安全性を調べる ………89
- 5.1 層崩壊の危険度を知ることが安全な建物の設計に繋がる …… 90
- 5.2 層崩壊に関する最近の研究から …… 91
- 5.3 複雑な確率計算をしなくても層崩壊発生確率は計算できる …… 92
- 5.4 部材間の耐力の相関性を調べる …… 93
- 5.5 近似解法で精度は問題にならないか …… 96
- 5.6 せん断破壊型の層崩壊確率近似解の精度を検証する …… 97
- 5.7 弾塑性解析を用いた場合の信頼性指標の計算について …… 98
- 5.8 現行設計法で設計されたRC造事務所ビルの層崩壊を検討する …… 98
- 5.9 試設計を通して知り得たこと …… 105

第6章 長生きの建物をつくる──時間軸を考慮した設計法を用いて ………109
 6.1 「建物が長生きである」ということ …… 110
 6.2 「従来型S.I.」から「発展的S.I.」へ …… 111
 6.3 S.I.に要求される性能概要 …… 112
 6.4 建物評価のための限界状態設計法 …… 113
 6.5 「供用期間6倍，期待総費用30％減少，廃棄物30％低減」
   を目指したS.I. …… 113
 6.6 架構の特徴，適用技術と目標部材サイズ …… 120
 6.7 設計フローと各ルートにおける検証 …… 121
 6.8 クライテリアの設計検証とグレード確認 …… 125
 6.9 時間軸を考慮した期待総費用による比較 …… 127
 6.10 長生きの建物の実現に向けて …… 128

第7章 伝統的木の文化を再生させる──ばらついているからLSD …………131
 7.1 木を活かす設計に向けて …… 132
 7.2 地球環境に優しい木造の採用 …… 133
 7.3 木材から木質骨組みへ …… 134
 7.4 知的空間を構成する木質郊外オフィス …… 136
 7.5 木質架構を創造する …… 137
 7.6 柱梁接合部の性質をつかむ …… 142
 7.7 木造の性能を評価する …… 146
 7.8 地震時の性能を確認する …… 152
 7.9 伝統的木の文化を未来へ …… 153

第8章　コストと性能──建物の生涯を見据えた設計 …………………155

　　8.1　安全で長持ちさせるために考慮すべきコスト …… 156
　　8.2　安心を工学的に考えてみる …… 157
　　8.3　長寿命建築採用までのあらまし …… 158
　　8.4　性能グレードにコストと期間の目盛りをつけてみる …… 160
　　8.5　安全性の比較 …… 169
　　8.6　動的解析による結果の確認 …… 170
　　8.7　経済的で安全な建物を目指して …… 173

付　章 ……………………………………………………………………175

　　付章1　第2章の回答例 …… 176
　　付章2　確率・統計，限界状態設計法に関する一問一答 …… 180
　　付章3　用語の解説 …… 185
　　付章4　参考文献リスト …… 188
　　付章5　よく使う確率分布 …… 191

執筆者一覧

【監修】

神田　順＝東京大学大学院新領域創成科学研究科・環境学専攻教授

【執筆担当】

高田 毅士＝東京大学大学院工学系研究科建築学専攻・建築学科教授
　　　　　第1章・第2章・付章

平川 倫生＝㈱三菱地所設計住環境設計部
　　　　　第3章

前川 利雄＝㈱熊谷組技術研究所
　　　　　第4章

古宮 嘉之＝前田建設工業㈱建築エンジニアリング・設計部
　　　　　第5章

樫村 俊也＝竹中工務店設計部
　　　　　第6章

藤井 正則＝㈱大林組本店建築設計部
　　　　　第7章

樋口 聖子＝ドイツ ワイマール・バウハウス大学工学部構造力学研究所博士課程
　　　　　第8章

本書は『限界状態作品選集』(日本建築学会)，1999年に収録された以下の作品を，執筆担当者が改めてとりまとめたものです。

　第3章　応募作品No.21　稲田達夫，橋本友希，大垣聡，金井宏之，小岩和彦，伊藤保，平川倫生（三菱地所（株））

　第4章　応募作品No.39　田中晃，吉松賢二，岡野創，南宏幸，青木浩幸，前川利雄，仙頭紀明，福島寛二（(株)熊谷組）

　第5章　応募作品No.33　細川洋治，古宮嘉之，宮木聡，吉田実，今泉隆之，加藤慎司，藤波健剛，山本憲一郎（前田建設工業（株））

　第6章　応募作品No.12　高田毅士（東京大学大学院），樫村俊也，樋口満，八木毅、遠山幸太郎（(株)竹中工務店）

　第7章　応募作品No.8　橋本康則，福本早苗，藤井正則，諏訪仁，和田安弘（(株)大林組）

　第8章　応募作品No.42　斎藤賢二，樋口聖子，炭村晃平，長江健治，政岡暢昭，谷沢弘容，中野時衛（(株)NTTファシリティーズ）

第1章

次世代構造設計法が見えてきた

1.1 社会的ニーズと新しい理論

　明治以降の建築構造の歴史を振り返ってみましょう。そのためには，時代時代の社会的ニーズとそれを支えてきた技術や新しい理論の存在が見逃せません[1]。木造で低層建物が大半を占めていた時代において，1923年に関東大震災が起こり地震直後の火災による死者が膨大だったことから，建築物の不燃化のために耐火構造が採用されるようになりました。大震災の経験を踏まえ，佐野利器による世界で初めての震度法を反映した市街地建築物法が制定されました。そして戦後まもなく，建築基準法（1950）が施行され，現在の建築基準法の骨格ができあがりました[1]。その後，東京オリンピック（1964），大阪万博（1970）を経て，日本は著しい経済成長を遂げ，経済の中心は大都市圏に集中し深刻な土地不足を解決する必要から，超高層ビルのニーズが生まれました。アメリカでは，この当時から50年以上前にニューヨーク最古の超高層ビルが建設されていますが，わが国の超高層ビル第1号は1968年に竣工した霞が関ビルです。その後，わが国は何度かの地震被害を経験した後，1981年に建物の動的挙動および地震力に対する粘り強さを反映した新耐震設計法が施行されました。それ以後は，1990年代中期のバブル崩壊の時期までに，多様な構造形式が生まれています。さらに，1995年の阪神大震災では，いろいろな耐震技術上の問題が指摘され，1998年に「性能規定化」を謳い文句に，建築基準法が大幅改正されたばかりです。

　戦後は，復興の時期であり物資不足の折から安価なコンクリートを用いたシェル構造が数多く建設されました。シェル

写1-1　米国最初の超高層ビル（1913年）
（撮影＝Scott Murphy）

の近似曲げ理論が重要な役割を果たしています．有限要素法などの電子計算機向きの新しい理論が登場したのが1950年代であり，その理論的基礎が1960年代には整備され，その後，建築構造分野でも多用され大スパン構造や，その当時では精度よく解析できなかった大胆なデザインの建物も解析できるようになりました．

わが国での超高層ビルの誕生は，地震のない米国東部で長年建設実績のある超高層ビルを，地震国でも実現させるための振動理論の発展と密接な関わりをもっています．すなわち，振動理論の発展なくしては地震国日本では超高層は生まれなかったとも言えます．さらに振動理論が成熟してくると，アイデアとしては1950年以前にすでに存在していた免震構造も安心して採用されるようになりました．1983年に東京建築研究所のユニチカ免震住宅が建設され，それ以降，いろいろな種類のより効率的な免震装置が技術開発され，現在，免震建物は全国で1,000棟を超える勢いです．また，その時期に，機械分野で発展してきた振動制御理論が建築にも応用され，制振ビルも建設されるようになっています．

このように，時代時代の社会的ニーズに対して，それを裏付ける斬新な技術や理論により，初めて新しい構造概念が世に出るのです．超高層ビルや免震・制振構造は振動理論なくしては成立し得なかったものであり，新しい理論が新しい構造概念を創出し，建物に今までにない新しい付加価値を与えてきたのです．

それでは，現在の社会的ニーズとは何でしょうか？　これらの建築構造史にみるように，新しい理論である確率論あるいは後述する信頼性理論は，どのような斬新な構造概念を創出させてくれるのでしょうか？　これが，本書で一番扱ってみたい内容です．

写1-2　日本初の八千代台免震住宅（1983年）
（提供＝東京建築研究所）

1.2 限界状態設計法とは何か？

　構造設計の目的は，機能性や安全性などのいろいろな性能を建物に付与することです。それでは，建物の性能とはどのようなものがあるのでしょうか。構造設計に関わるものだけでも列挙してみると，安全性，機能性，使用性，安定性，耐久性，修復性，耐震性，耐風性，居住性，構造美など，いろいろなものが考えられます。構造設計はこれらの性能ひとつひとつを入念に建物に付与し，一定の性能を確保させる知的作業とも言えます。

　しかし，実際の構造設計ではこうした多様な性能をひとつひとつ確認することは大変な作業になることから，構造計算の必要なものについては，ある決まりを設けて，代表的なもの，あるいはそれで部材断面が決まるような支配的な性能を，幾つか対象にして構造計算する，という便宜的な方法をとっています。この方法も行き過ぎると，構造設計が単なる手続きで終わる危険性もあり，構造設計技術者を「構造計算屋」と揶揄される結果となってしまいます。

　最近，建築構造界では性能設計（PBD: Performance-Based Design）ばやりです。性能設計の定義はなんでしょうか。筆者の解釈は，性能設計とは，手続き的な構造設計を見直して，設計で目標とする性能を明示して，それを満足するために実施する設計の方法であり，仕様設計の対語です。目標を明示する設計という意味で，目標に基づく設計（OBD: Objective-Based Design）という用語もカナダでは使用されています。文献2）によると，性能設計の起源は1960年代後半に米国住宅都市開発省が住宅性能を公衆に理解してもらうことを目的に使われた概念と言われています。その本質は，現在私たちが使っているものと同じです。

　それでは，「性能設計」の「性能（Performance）」とは何を指し，どのように記述すべき事項なのでしょうか。この設問に正確に答えられる技術者は少ないと思われますし，同時に，「性能設計」を「性能」の定義すら明確にせずに蔓延させた建築界の責任もあるでしょう。つまり，現状では，共通の認識がないままで「性能」という極めて響きは良いものの，あいまいな言葉が自由勝手に使用されており，時間をかけてコンセンサスを築く必要があるでしょう。そこでこの節では，「性能」のひとつの合理的な捉え方を以下に述べてみます。

　筆者は，図1-1に示すようにふたつの異なる軸を理解することにより，はじめて「性能」が表せるものと考えています[3]。図中の横軸は多様化の軸と呼び，どのような性能すなわち性能の種類を建物に付与しようとするかに関わる軸です。先に述べたように，構造設計に関する性能に限定しても，いろいろな性能の種類，

図1-1　性能に関する二つの軸[3]

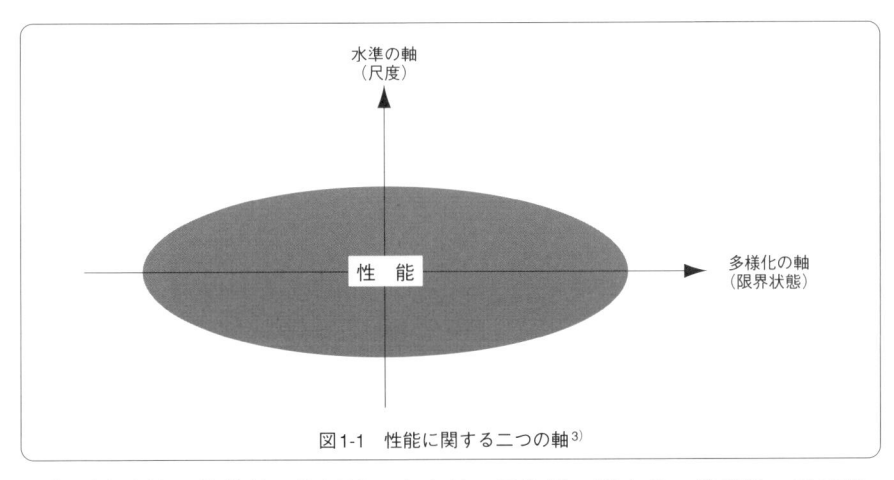

例えば安全性，機能性，使用性，安定性，居住性，耐久性，修復性，耐震性，耐風性などが挙げられます。

　一方，同図の縦軸はこれらの性能の程度（良し悪し）を定量的に測る尺度，あるいは水準を表しています。現在，これら二つの異なる軸の示すものを混同して，使用されているように感じます。例えば，「性能を向上させる」とは「性能の水準を上げる」ことなのか，「別の異なる性能を付与する」ことなのかあいまいです。また，「性能の高低」と言った場合は，正しくは「性能水準の高低」を指す方が理解しやすいでしょう。新聞の折り込み広告に，耐震設計された戸建住宅といった宣伝文句を目にしますが，これは住宅がある程度の耐震性能があることを意味しているに過ぎなくて，それがどれぐらいの程度なのかは何らかの方法で伝える必要があります。文献4）では，これらの軸を性能指標とグレード指標と呼び，両者を明確に区別しています。

　次に，この性能設計を構造技術者は如何に実現し実施すべきかについては，実のところ，あまり議論されてきませんでした。性能設計あるいは性能明示型設計とかよく言われますが，具体的には，荷重の大きさを複数用意して，それぞれの大きさの異なる荷重に対して，従前の許容応力度設計あるいは終局強度設計を実施することにより，建物の所定の状態が維持できると考えて，「性能設計でやっています」という技術者が多いのです。これは米国のVISION2000[5]の影響ですが，本来，「性能」とは何か？「性能水準」とは何か？について，しっかりと議論しコンセンサスが得られた後にはじめて，「性能設計」が実施できるのです。ある構造技術者が独断で設定した「性能」に基づいて，建築設計しても誰も納得しないでしょう。

　それならば，性能設計はどのように実現させるべきなのでしょうか？賢明な

読者ならすぐにおわかりになると思いますが，本書の主題になっている限界状態設計法（LSD: Limit State Design）がここに登場するのです。

ヨーロッパでは，建築構造物の設計において限界状態設計法が広く利用されており，国際標準になりつつあります。性能設計の実現にはいろいろな方法が考えられますが，できることなら，こうした国際標準である枠組みにならって構造設計したほうが，万人のコンセンサスが得られやすいことと，今後，わが国の海外への市場開放，逆に日本の技術者が海外の物件を受注する機会も多くなることを考えると，遅かれ早かれ，国際標準にあった設計法で設計する必要性が生じてくるでしょう。

限界状態設計法の成り立ちについて，ここで簡単に紹介します。建築物に付与する性能は多様であることは前に示したとおりです。構造に限ってみても，構造安全性や機能性などがあり，これらを性能という言葉でなく「限界状態（Limit State）」と呼びます。限界状態はISO2394[6]によると，限界状態を超えると建築物に対して設計で意図しない状態になったものと定義されています。例えば，構造物が崩壊しないことを考えた場合には，崩壊に関わる限界状態が定義できます。また，建物としての機能性に関わる限界状態も定義できます。このように，限界状態とは必ずしも建物あるいは柱・梁部材が破壊する状態ばかりを扱うのではなく，設計で対象とする如何なる状態も限界状態と呼ぶことができるのです。

設計でどのような限界状態を想定するかは，設計者や建築主などと協議の上決める必要がありますが，標準的には，限界状態は**表1-1**のように分類されています。安全性に関するもの，使用性に関するものがあり，それぞれ，終局限界状態，使用限界状態と呼ばれています。前者の例として，地震時の建物層崩壊，耐震部材の破壊，積雪による屋根の崩壊などが挙げられ，後者の例として，建物使用中の梁，床板の有害なたわみ，建物の不同沈下，快適性が保たれなくなる状態などが挙げられます。

限界状態設計法では，考慮する「性能の種類」を「限界状態」で表しますが，限界状態毎の「性能水準」はどのように表されるのでしょうか。限界状態設計法では，性能水準は「限界状態を超える確率」で定量的に表すことが基本です。確率で表すことにはある程度の慣れが必要ですが，建物に作用する荷重の最大値も，使用する材料強さもばらつくことから，確率量で性能水準を表現することが国際的な趨勢となっています。これについては次節で詳細に説明しますが，「限界状態を超える状態」とは，例えば，構造物が崩壊するという限界状態を考えた場合に，崩壊する状態になる確率，崩壊確率あるいは破壊確率をもって，建物の崩壊に関する性能の良し悪しを判断しようとするものです。すなわち，この確率は性

能の水準を表す定量的な指標となり，崩壊確率が小さいものほど崩壊に対する性能水準が高いということになります。

このように，限界状態設計法は性能の種類を限界状態で，性能水準を確率量で表した極めて実用的で国際的にも広く利用されている設計法です。別の言葉で言い換えるなら，限界状態設計法の特徴は確率論に基づき，性能の定量化を実現させるものです。これが従来の設計法と比較して，どのような利点を有するかについては2章で示します。

表1-1 限界状態の分類[6]

限界状態		物理状態	具体例
終局 (安全性)		構造物あるいは部分の崩壊	傾斜，滑り，破壊，進行性破壊，崩壊機構の形成，限界変形を越えた状態，安定性の欠如，腐食，疲労，劣化　など
使用性	損傷	構造部材の損傷	過度な亀裂，永久塑性変形，部分的な破断
	機能維持	通常時の使用性の喪失	過度な変形，振動，局所損傷　など

1.3 限界状態設計法を理解する上で最低限必要な確率の知識

中学校や高校の遠い昔に習ったことがあるはずですが，クラスの生徒の身長の分布など，ばらつきのあるデータを整理する方法に統計があります。ヒストグラム〔棒グラフ〕を描いて，その平均値や標準偏差を計算した経験があるでしょう。また，比較的若い読者であれば，大学受験のために「偏差値」という用語を嫌というほど聞いたことがあるでしょう。これも統計です。本書では，「統計」と「確率」をほぼ同じような意味で用いていますが，統計よりも確率という言葉を頻繁に用いています。ここでは，簡単に確率の基礎について説明しますが，すでによく理解している読者は読み飛ばして，1.3 (3) 項から読み進んでいただいて結構です。

(1) ばらつく量を表す方法

ある物理量 x，例えば，10分間の平均風速，地盤の支持力，コンクリートテストピースの圧縮強度などを頭に描いてください。これらの物理量はばらつきを伴うものであり，その分布〔どの値がどれぐらいの頻度で現れるかを，ヒスト

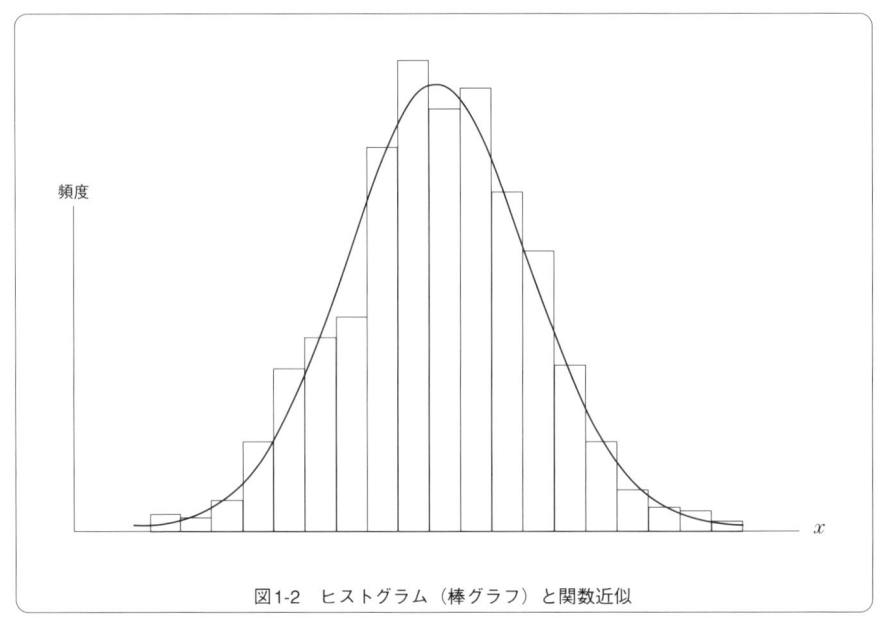

図1-2 ヒストグラム（棒グラフ）と関数近似

グラムの棒の高さで表したもの〕を**図1-2**のようなグラフに描くことができます。この物理量xのように，その大きさがばらついていて，ある規則にしたがって，いろいろな値をとり得る場合には，この物理量を「確率変数（ランダム変数とも呼ぶ）」と呼びます。ばらつきをもたない変数（確定変数）と区別するために，通常，大文字Xで表されます。サイコロを一回投げて出る目Yも確率変数です。この場合には，Yのとり得る値は1から6のどれかで，どの目も1／6の度合いで現れます。

図1-3において，確率変数Xの値が，$x_a < X < x_b$となる度合いを全体に対してどれぐらいになるかを表すのに確率を用います。つまり，Xがx_aを超えx_b未満となる確率を，Prob $[x_a < X < x_b]$あるいは$P[x_a < X < x_b]$と表します。ProbやPは確率（Probability）の略であり，x_aやx_bは小文字で表される確定変数です。

図1-2に戻って，図の縦軸は，相対度数（全体の個数に対する，Xがある範囲に入る個数の比）で表すと都合がよいでしょう。すなわち，その時，縦軸は単位をもたない無次元の軸であり，この曲線と横軸で囲まれる全面積（ヒストグラムでは各棒の高さの総和）は1.0になります。

このヒストグラムを滑らかな関数で表現したものを図中に示していますが，これを確率変数Xの確率密度関数$f_X(x)$と呼び，Xの分布状態あるいは分布する規則を関数として定義したもので，ヒストグラムと同じものです。この関数は，以下の二つの条件（面積が1となる，常に非負である）を除けば，極く普通の関数

図1-3 確率密度関数と確率

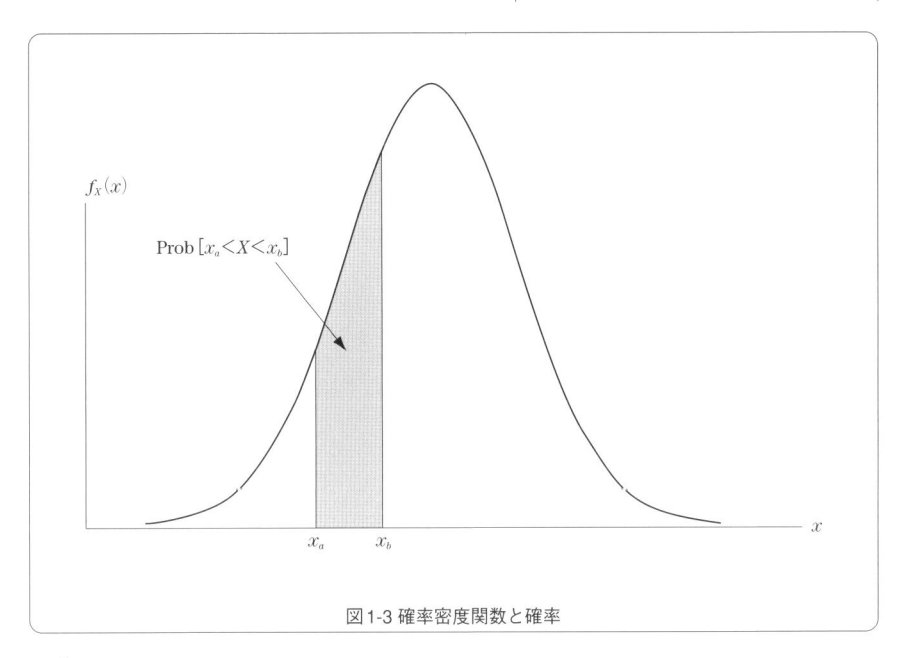

です。

$$\int_{-\infty}^{+\infty} f_X(x)dx = 1.0 \tag{1.1}$$

$$f_X(x) \geqq 0.0 \tag{1.2}$$

この関数を用いれば，次式で示すProb$[X < x_0]$となる確率（Xがある値x_0を超えない確率：非超過確率）を表す新しい関数$F_X(x)$を定義することができます。

$$\text{Prob}\left[X < x_0\right] = \int_{-\infty}^{x_0} f_X(x)dx = F_X(x_0) \tag{1.3}$$

この$F_X(x)$をx_0を超えない確率（非超過確率と呼ぶ），あるいは，**図1-4**に示すあみ部分の面積を表し，小さいほうから積分した面積であることから，確率変数Xの累積分布関数と呼び，以下の性質があります。

$$F_X(-\infty) = 0.0 \tag{1.4}$$
$$F_X(+\infty) = 1.0 \tag{1.5}$$
$$0.0 < F_X(x) < 1.0 \tag{1.6}$$

図1-4に示すように，累積分布関数$F_X(x)$は正の面積を加えていくわけですから，右上がりの単調増加関数となります。累積分布関数を用いれば，図1-3の斜線部分の面積は以下のように表されます。

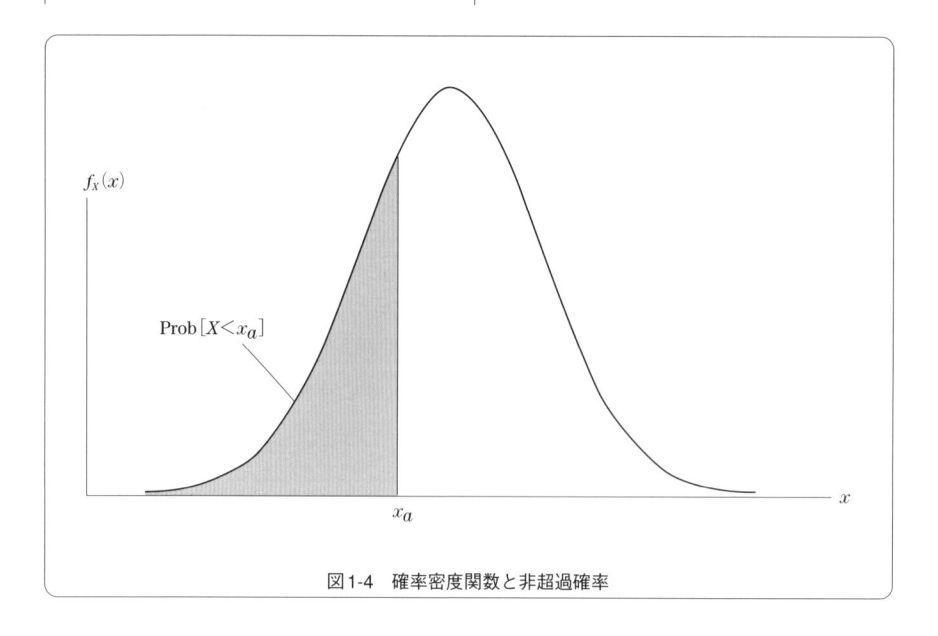

図1-4　確率密度関数と非超過確率

$$\text{Prob}\left[x_a < X < x_b\right] = \int_{x_a}^{x_b} f_X(x)dx = \int_{-\infty}^{x_b} f_X(x)dx - \int_{-\infty}^{x_a} f_X(x)dx = F_X(x_b) - F_X(x_a) \tag{1.7}$$

　確率変数のばらつき方には，いろいろなものがあります。ここでは，よく用いられている分布形を紹介します。分布形を表わすには，$f_X(x)$で与えられる場合も，$F_X(x)$で与えられる場合もあります。

① 正規分布（ガウス分布とも言う）

　最もよく用いられている分布で，ベル型の分布とも呼ばれています。分布を表す関数形は式（1.8）で，その形を**図1-5**に示します。

$$f_X(x) = \frac{1}{\sigma_X \sqrt{2\pi}} \exp\left[-\frac{1}{2}\left(\frac{x - \mu_X}{\sigma_X}\right)^2\right] \tag{1.8}$$

　ここにμ_X，σ_Xは分布形の形状を決める二つのパラメータで，それぞれ後述するようにXの平均値，標準偏差に対応するものです。この分布形は，数学者ガウスの名前がついたもので，ユーロ紙幣を使う以前はドイツの10マルク紙幣にガウスの肖像画とともに印刷されていました（**図1-6**を参照）。

② 対数正規分布

　これは，確率変数の自然対数をとった確率変数が正規分布に従うというものであり，関数形は式（1.8）に似た形で次式で与えられます。

図1-5　正規分布

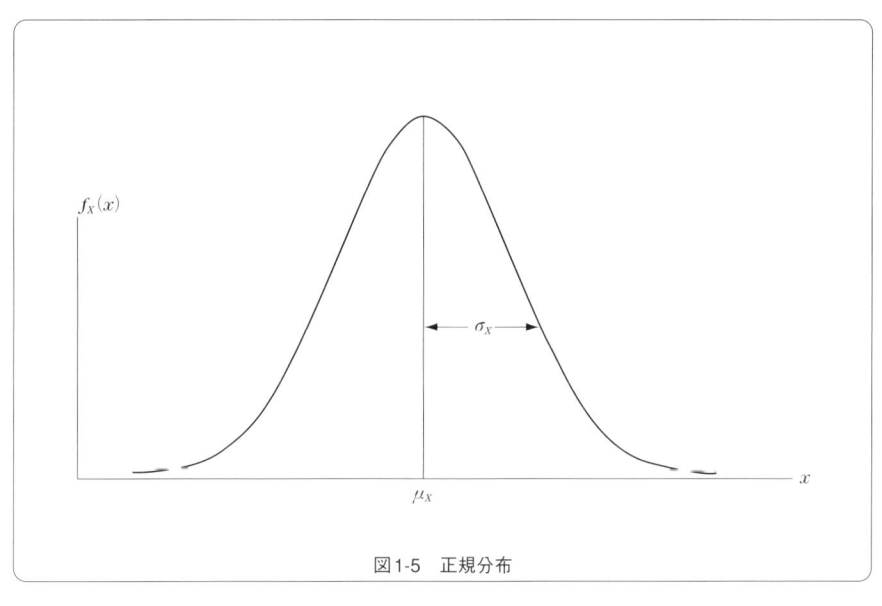

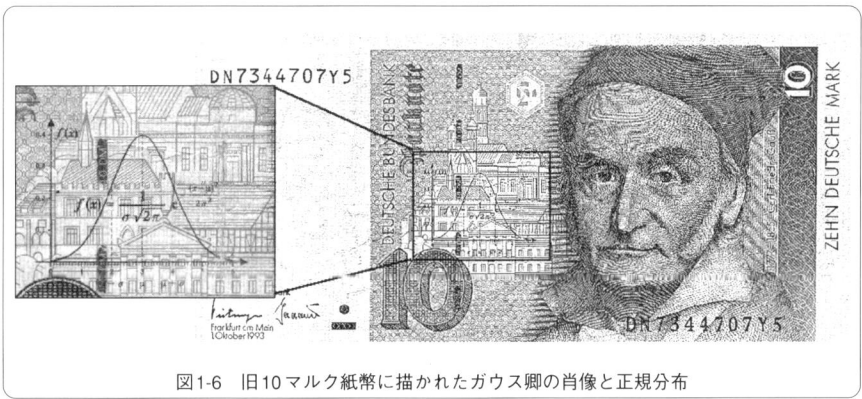

図1-6　旧10マルク紙幣に描かれたガウス卿の肖像と正規分布

$$f_X(x) = \frac{1}{x\zeta_X\sqrt{2\pi}} \exp\left[-\frac{1}{2}\left[\frac{\ln x - \lambda_X}{\zeta_X}\right]^2\right] \tag{1.9}$$

ここに，λ_X（ラムダ），ζ_X（ツェータ）は分布形を定めるパラメータで，対数平均値，対数標準偏差と呼ばれています。この分布形の特徴は，xが正の領域で定義されていることです。

(2) ばらつく量の統計量

統計では，ある物理量の標本あるいはサンプルがn個（$x_1, \cdots, x_n$）あった場合，それの平均値や標準偏差は，高校で教わるように次式で表されます。

$$\bar{x} = \frac{1}{n}\sum_{i=1}^{n} x_i \tag{1.10}$$

$$s^2 = \frac{1}{n-1}\sum_{i=1}^{n}(x_i - \bar{x})^2 \tag{1.11}$$

ここに、$\bar{x}$, s は n 個のサンプルから得られた標本平均と標本標準偏差と呼ばれており、先の平均値 μ_X, 標準偏差 σ_X とは厳密には同じではありません。これについては後述します。

ここで、先の確率密度関数 $f_X(x)$ を用いて、平均値や標準偏差を評価してみましょう。平均値を μ_X, 標準偏差を σ_X とすると、これらは以下の式で表されます。

$$\mu_X = \int_{-\infty}^{+\infty} x f_X(x)dx \tag{1.12}$$

$$\sigma_X^2 = \int_{-\infty}^{+\infty} (x - \mu_X)^2 f_X(x)dx \tag{1.13}$$

上式をみてもわかるとおり、平均値や標準偏差は、$f_X(x)dx$ という重みを乗じて平均をとることによる重み付平均を評価することに等しくなります。ここでの重みは確率 $f_X(x)dx$（$X=x$ となる確率）です。また、式 (1.12) で表される平均値は、図1-5に示すように、$f_X(x)$ と x 軸で囲まれた図形の重心位置に等しくなります。また、標準偏差を二乗したもの（分散）は、平均値からの偏差の二乗に重みをつけて平均したものであり、平均値を軸として図形の断面二次モーメントに対応しています。また、ばらつきを無次元量で表わしたものに変動係数があります。変動係数 V_X は、標準偏差 σ_X を平均値 μ_X で除した量で定義されています。

これらの平均値 μ_X や標準偏差 σ_X は、式 (1.12) や式 (1.13) を用いればさまざまな分布形においても評価できます。また、ここで、μ_X や σ_X は式 (1.10) や式 (1.11) で与えられる標本統計量 $\bar{x}$, s と一致するとは限りません。なぜなら、式 (1.10) や式 (1.11) は無限個の標本から構成される母集団の中から、ある n 個の標本をとってきたものであり、別の n 個の標本をとってくれば、異なる $\bar{x}$, s が評価されます。式 (1.12) や式 (1.13) の積分は無限個の標本をとってきた計算値に等しくなっています。

(3) 限界状態と限界状態関数

限界状態は表1-1に示すような分類ですが、それを工学の分野では技術者に扱いやすい物理量で書き直す必要があります。限界状態を理解する上でもっともわかりやすいものとして、図1-7に示すような部材に作用している応力と、その応力に抵抗する部材強度を用いて考えてみます。作用力を S, 部材強度を R とすると、

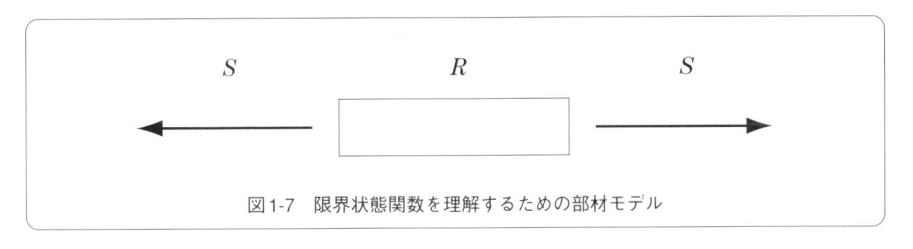

図1-7 限界状態関数を理解するための部材モデル

$$G = R - S \tag{1.14}$$

の関数を考えることができます。前式の G は部材に作用する応力に対して，部材強度がどれぐらいあるかを示す余裕です。この G の符号により部材の安全性を評価することができます。すなわち，$G>0$（$R>S$）ならば部材は安全であり，$G<0$（$R<S$）ならば部材は破壊すると考えます。このような関数 G を限界状態関数と呼び，部材が安全であるかそうでないかを判別することができます。また，表1-1の限界状態のおのおのに対して限界状態関数を定義することができます。

式（1.14）の部材に作用する力 S と部材強度を表す R は，いろいろな理由によりばらつくことがあります。例えば，構造設計で重要となるのは，外力により生じる部材の応力の最大値であり，それは一意に決まらずばらつく量です。また，部材強度 R を考えてみますと，発生応力ほどではないにしても，材料強度のばらつき，施工精度のばらつきなどにより，設計で考えた部材強度とは同じではなくばらつくものです注)。したがって，式（1.14）において S や R は確率変数として扱い，大文字で書かれた変数になっています。

このように考えると，部材に作用する応力も部材強度もばらつく量として扱うことができます。ばらつく物理量は確率変数で表すことができ，その分布は確率密度関数を用いて表現することができるのです。

注）部材強度がばらつくとは少し考えにくい。部材強度については，もし対象とする部材の強度が精度よく測定できれば，測定値そのものが部材強度と極めて近いものになるでしょう。しかし，部材強度の測定を実際の部材のあらゆる箇所で実施することは困難ですし，部材の破断実験をすることはできません。また，設計時点では対象とする部材が存在していないことから実験すらできないのです。このように部材強度の不確定性は，実験・測定が困難であること，現存しないものは実験ができないことにより，存在するものであり，設計では必ず考慮しなければならないのです。

(4) 破壊確率 P_f

式（1.14）の R や S はある分布にしたがって，いろいろな値をとり得ます。その結果，G も当然，正になったり負になったりすることになります。それでは，R と S のいろいろな値の組合せに対して，$G<0$（$R<S$）になる度合い，すなわ

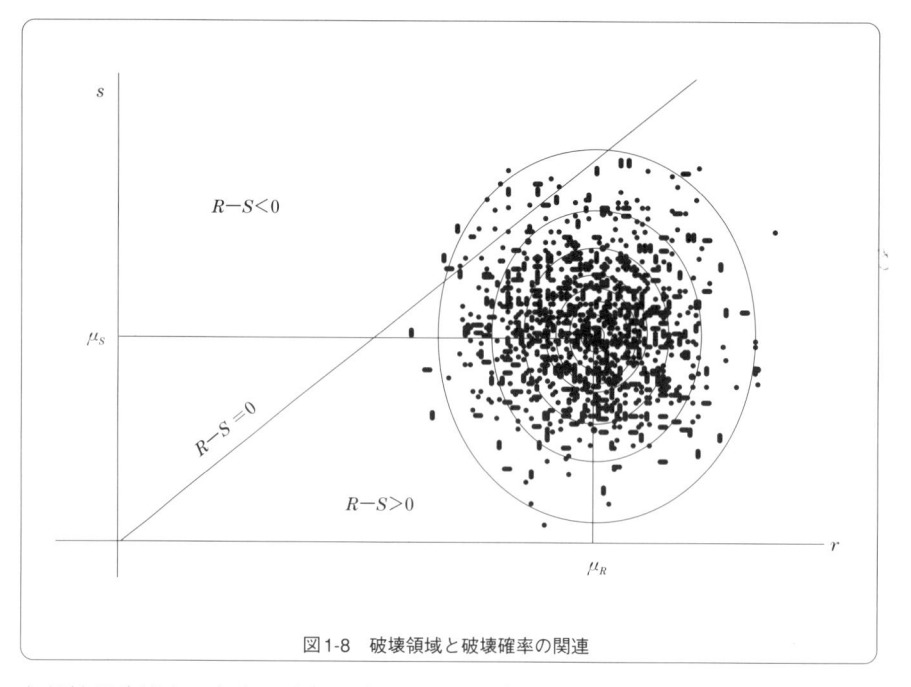

図1-8 破壊領域と破壊確率の関連

ち部材が破壊する度合いはどれぐらいでしょうか。これを確率を用いて評価してみます。この度合いのことを破壊確率P_f（Probability of failure）と呼んでいます。

図1-8は，RとSのいろいろなとり得る値の組合せを点でプロットしたものです。これをみてわかるように，RとSの確率密度関数$f_R(r)$，$f_S(s)$の規則に従って，それぞれの変数の平均値に近いところでは，点が密になり発生する度合いは高いのですが，平均値から離れてくると点の個数が少なくなります。また，図の$G<0$のあみ部分の領域にもいくつかの点があり，これらの点では$G<0$ですから，この部材は破断していることになります。以後，この領域のことを破壊領域と呼びます。

次に，部材が破断する度合いを，この図中にある点の総数に対する破壊領域にある点の総数の比で表すことができます。例えば，点の全総数が1,000個で，破壊領域にある点の総数が15個の場合，この度合いは，15／1,000＝0.015ということになります。そして，この度合いのことを破壊確率と呼ぶことができます。この計算は結構大変ですが，式で記述すると比較的簡便です。次式は式（1.14）に関する破壊確率P_fの定義式でもあります。

$$P_f = \iint_{R-S<0} f_R(r) f_S(s) \, drds \tag{1.15}$$

ここに，積分記号の下の$R-S<0$は，破壊領域でのみ積分するということで

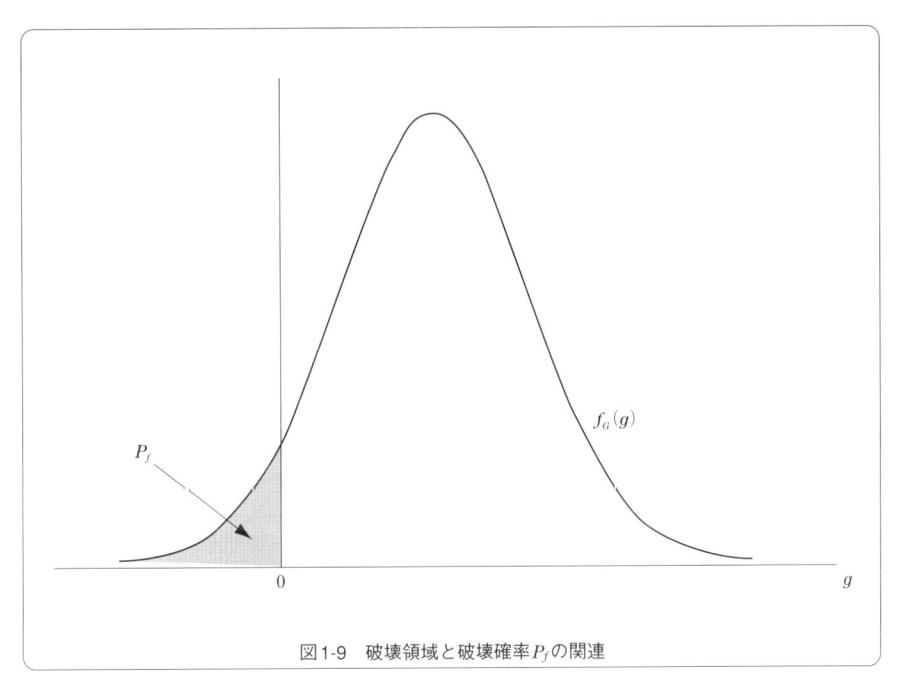

図1-9　破壊領域と破壊確率P_fの関連

あり，図1-8では$R-S<0$の部分の点の個数を数えることに等しくなります。

　ここでは，R-S平面で二つの確率変数を使って破壊確率がどのようになるかを示しましたが，式（1.14）で定義される一つの変数Gあるいは限界状態関数Gを用いて，破壊確率を定義することもできます。このとき，Gの確率密度関数$f_G(g)$がわかれば，式（1.3）のように，**図1-9**を参考にして破壊確率の算定は，$G<0$となる部分の面積を求める問題となります。一般には，Gの確率密度関数は容易に求めることはできませんが，次節のように少し楽をしてみましょう。

（5）信頼性指標βと破壊確率P_f

　破壊確率の計算は式（1.15）に示すように二重積分となり計算が煩雑であり，実際に確率変数RやSの確率密度関数まで特定できるほどのデータが得られることは少ないでしょう。そこで，現実的に収集しやすいデータとして，RやSの平均値や標準偏差を用いて，式（1.14）で定義される余裕について考えてみます。

　式（1.14）のRやSの代わりとして，限界状態関数Gの平均値μ_Gと標準偏差σ_Gを用いて，次に示す指標を用いて余裕を定義することもできます。式（1.14）の確率変数Gの平均値μ_Gや標準偏差σ_Gを，RとSの平均値や標準偏差で表すことができないのでしょうか。これは意外と簡単です。RとSが独立な確率変数，すなわち，部材強度と発生応力はまったく勝手な値をとり得るものとすると，

図1-10 信頼性指標 β の意味と破壊確率 P_f の関連

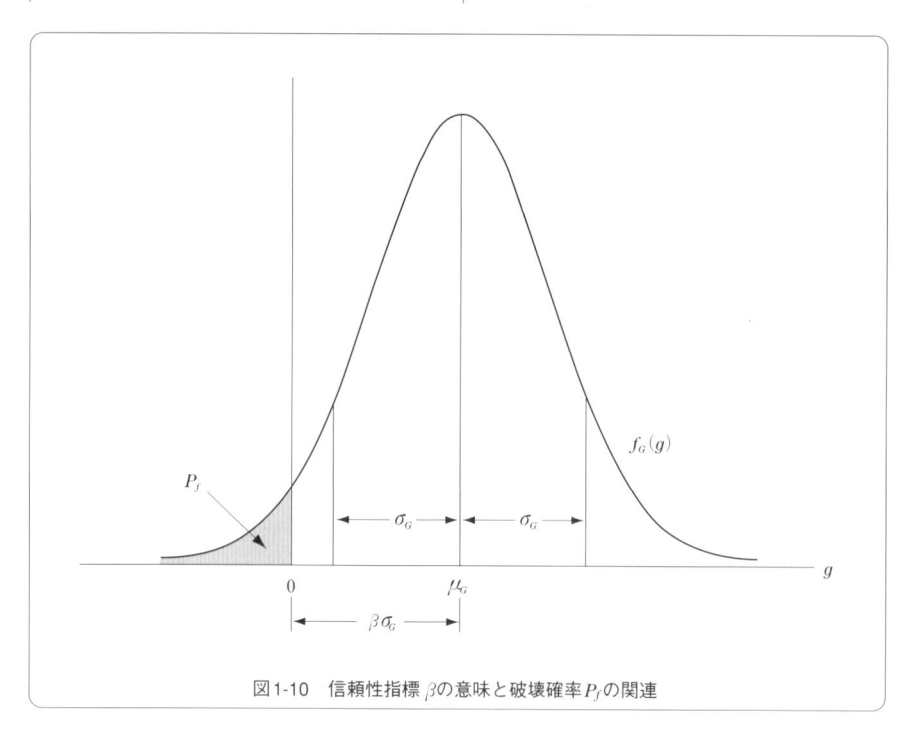

確率変数 G の平均値 μ_G や標準偏差 σ_G は，以下の式で与えられます。

$$\mu_G = \mu_R - \mu_S \tag{1.16}$$

$$\sigma_G = \sqrt{\sigma_R^2 + \sigma_S^2} \tag{1.17}$$

変数 G は |（部材強さ）−（発生応力）| ですから，その意味からして，部材が破壊に至るまでの余裕を表しているといえます。この値が正で大きい場合には余裕は大きく，また，0に近いほど余裕が小さく，負になれば余裕がなくなり，部材は破断することになります。この余裕 G の平均値と標準偏差が上式のようにわかれば，これらより次式で新たに定義される余裕を信頼性指標（reliability index）と呼び，β（ベータ）で表すことができます。

$$\beta \equiv \frac{\mu_G}{\sigma_G} = \frac{\mu_R - \mu_S}{\sqrt{\sigma_R^2 + \sigma_S^2}} \tag{1.18}$$

上式で定義された余裕 β を平均値と標準偏差のみを用いていることから，二次モーメント信頼性指標と呼びます。

ここで，この余裕 β の意味を少し考えてみます。**図1-10**を参考に上式から明らかなように，余裕 G の平均値 μ_G を余裕0の点からその標準偏差 σ_G の何倍にしておくかが信頼性指標 β の意味です。

第 1 章 次世代の構造設計法が見えてきた

図1-11 信頼性指標 β と破壊確率 P_f の対応

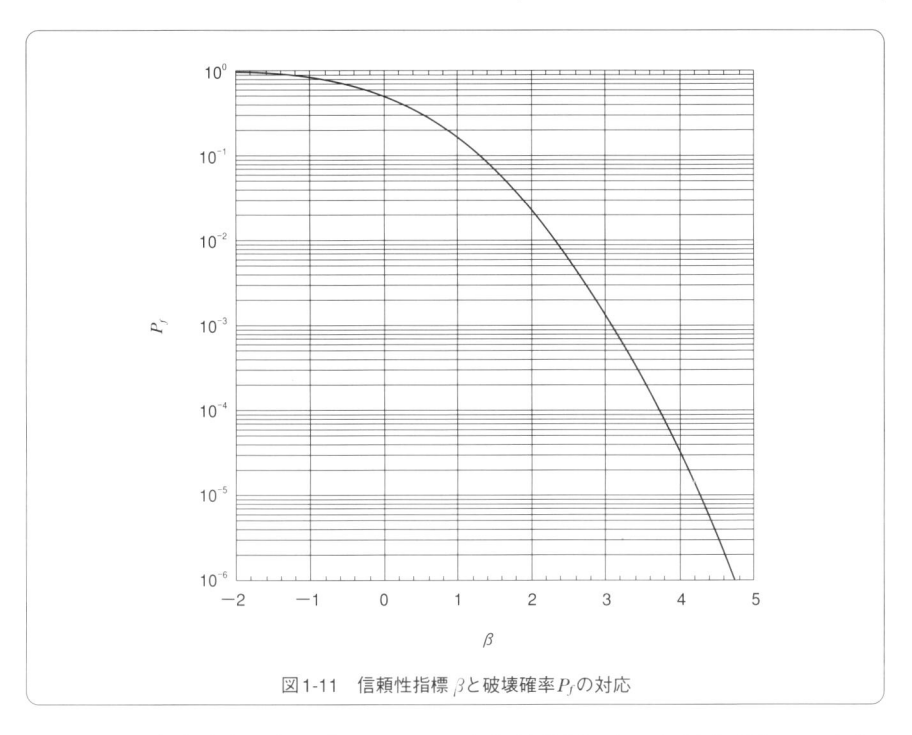

　ここで，破壊確率 P_f と二次モーメント信頼性指標 β との関係を考えてみます。ここで G の確率密度関数 $f_G(g)$ が既知でなければ，この関係は見出せませんが，もし，R も S も正規分布に従うとすると G も正規分布に従うことになり，β と P_f が次式のように対応付けられます．

$$P_f = \Phi(-\beta) \tag{1.19}$$

ここに，$\Phi(\ )$ は式 (1.8) の正規分布において，平均値を0，標準偏差を1にした特殊な正規分布で，標準正規累積分布関数と呼ばれています．**図1-11**には，P_f と β の関係を図示します．

　このように，限界状態関数 G の平均値と標準偏差が求められれば，これらより二次モーメント信頼性指標 β を評価することができます．したがって，β は限界状態関数の確率分布形に関する情報がない場合でも評価できます．しかし，破壊確率との対応は，分布形の情報なくしては不可能であることに注意しなければなりません．もし，限界状態関数の確率分布形に関する情報が得られる場合には，破壊確率を何らかの方法で評価した後，式 (1.19) と同様に，次式を利用して破壊確率を信頼性指標に変換することができます．

$$\beta \equiv -\Phi^{-1}(P_f) \tag{1.20}$$

　上式で定義される信頼性指標を，式 (1.18) で定義される β と区別するために

レベルIII信頼性指標β_{III}と呼び，確率分布形の情報を含んでいるため，二次モーメント信頼性指標とは必ずしも等しくはなりませんが，式 (1.18) で評価しても十分な場合が多いのです。

(6) 荷重の再現期間[7]

荷重強さの年最大値Xがxを超えた時点を基点として，次にxを超えるまでに要する期間を考えてみますと，その時間間隔も確率変数です。この時間間隔T_Rはばらつきますので，その期待値を考えてみますと，最初の1年間にxを超える確率は$p = 1 - F_X(x)$であり，ちょうど2年目に超える確率は$(1-p)p$，ちょうどi年目に初めて超える確率は$(1-p)^{i-1}p$で表すことができますから，時間間隔の期待値t_Rは次式で評価されます。

$$t_R = E[T_R] = \sum_{i=1}^{\infty} i(1-p)^{i-1} p = \frac{1}{p} = \frac{1}{1-F_X(x)} \tag{1.21}$$

このt_Rを平均再現期間あるいは単に再現期間（return period）と言い，それに対応する値xをt_R年再現期待値$x(t_R)$と呼びます。$x(t_R)$は上式をxについて解くことにより得られる値で，$F_X(x)$の逆関数を使って次式で求められます。当然ながら，t_Rが長いと$x(t_R)$は大きくなります。

$$x(t_R) = F_X^{-1}\left[1 - \frac{1}{t_R}\right] \tag{1.22}$$

(7) 指定された期間の荷重の最大値[7]

建築物の安全性を脅かすのは，変動する荷重強さの最大値であり，設計上重要になります。ここでの最大の値とは，建築物が建設後に発生すると予測される荷重強さの最大値を意味し，過去の観測データに基づいて推定されます。その際，現在保有している過去のデータはたかだか100年間程度，場合によっては20～30年程度のものですから，この期間程度で得られたデータの最大値が，建物供用期間中の最大の値とはいい切れないのです。

そこで，ある限られた統計期間のデータから将来の荷重強さの程度を予測するために統計的推論が用いられ，このとき「極値分布」の考え方が有効に利用されています。風，雪，地震荷重は過去のデータとして，1年を単位として年最大値のデータが整理されることが多いのです。今，ある荷重強さの年最大値が確率変数Xとして与えられたときに，n年間の最大値X_{maxn}の確率分布がどうなるか考えてみましょう。

n年最大値の意味合いと累積分布関数の定義より，

図1-12　年最大値の分布とn年最大値の分布

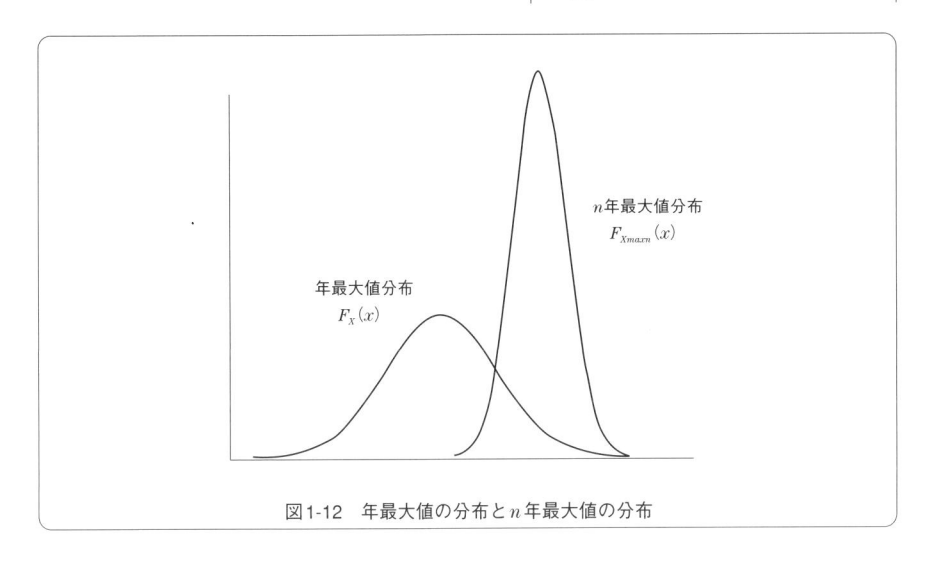

$$F_{Xmaxn}(x) = \text{Prob}\{X_{maxn} < x\} = \text{Prob}\{X_1 < x \text{ and } X_2 < x \text{ and} \cdots X_n < x\} \quad (1.23)$$

と表されます。ここに，X_iはi年の最大値とします。上式は，n年間の最大値X_{maxn}が指定したxより小さいとは，各年の最大値がどの年もxより小さいことを示しています。次に，年最大値を表す確率変数が他の年の最大値と独立で，かつ同じ分布に従うと仮定すれば，上式は，

$$F_{Xmaxn}(x) = \text{Prob}\{X_1 < x\} \text{Prob}\{X_2 < x\} \cdots \text{Prob}\{X_n < x\} = \{F_X(x)\}^n \quad (1.24)$$

となり，n年最大値の累積分布関数は年最大値の累積分布関数をn乗したものに等しくなることがわかります。**図1-12**に示すように，n年最大値の分布は右側にシフトし，ばらつきは小さくなることがわかります。

このように，上の簡単な変換式（1.24）を用いて1年当たりの荷重の強さを，n年間の最大値の分布に置き換えることができ，容易に時間の概念を設計に導入することができます。このように時間の概念を設計法に取り込むことが可能となれば，供用期間を直接反映した新しい構造設計法を構築する基礎ができます。

式（1.24）で$n \to \infty$にすると，$F_{Xmaxn}(x)$は原分布$F_X(x)$の上側すそ野の形状により，以下の3つの分布が得られることが知られています[8]。（$a, b, \nu, \varepsilon, c, k, \omega, u$は定数）

a. Gumbel（グンベル）分布

$$F_X(x) = \exp[\exp\{-a(x-b)\}], \quad -\infty < x < \infty \quad (1.25)$$

b. Fréchet（フレッシェ）分布

$$F_X(x) = \exp\left[-\left\{\frac{\nu - \varepsilon}{x - \varepsilon}\right\}^k\right], \quad \varepsilon \leq x < \infty \quad (1.26)$$

c. Weibull（ワイブル）分布

$$F_X(x) = \exp\left[-\left(\frac{\omega - x}{c}\right)^k\right], \quad -\infty < x < \omega \tag{1.27}$$

　実際に観測されたデータを上のどれかに当てはめることにより，実際の分布形が推定できます。また，それらの式の表現を参考に，Fréchet分布の下限値，Weibull分布の上限値をもつ両者の性質を有する分布も，工学的な極値分布として提案されています（Kanda分布）[9]。

$$F_X(x) = \exp\left[-\left\{\frac{\omega - x}{u(x-\varepsilon)}\right\}^k\right], \quad \varepsilon < x < \omega \tag{1.28}$$

(8) 建物の供用期間

　建物の供用期間，すなわち，これから建設する建物をどのくらいの間使用するかという期間について，ここで少し考えてみましょう。将来の50年後，100年後のことなどよくわかりません。長く使用すると計画しても，十数年で取り壊す場合もでてきますし，また反対に，100年以上経っても直し直し使用されている建物も決して少なくないのです。わが国は木造建築が多いため，建物を建替えるということが日常茶飯事で行われていますが，ヨーロッパのように地震も台風もない石造文化圏においては，100年以上経った建物がもちろん内部の改造はされるものの，長い間使われています。文化の違い，建設材料の違い，外部環境の違いなどさまざまな理由が考えられますが，このような場合に，建物の供用期間をどう取り扱えばよいのでしょうか。

　設計時点で，建物の供用期間を想定することでひとつの性能を建物に付与することになります。一方，実際の建物存続期間は維持管理によっても大きく変わりますし，また，物理的な耐用期間が建物寿命を決めることも多いのです。

(9) 建物のライフサイクルコストと総費用最小化原理

　建物に何らかの外的要因（地震，風など）によって被害が生じた場合，建物所有者は修繕にお金を払うことになります。供用期間中に滅多に生じないものであっても，万が一障害が発生すればコストはかかります。こうした費用をどう扱えばよいのでしょうか。これにはこのような状態が供用期間中にどれぐらいの度合いで生じるかを，確率で扱うと明快です。確率を用いれば，ある条件下では建物は崩壊しないと考えてしまうような決定論的な考え方では表現できない状態，すなわち，建物のいろいろな状態に至る可能性を表現することができます。

　そこで，構造設計において経済性を考える場合に，初期建設費用に建物の機能

第 1 章 次世代の構造設計法が見えてきた

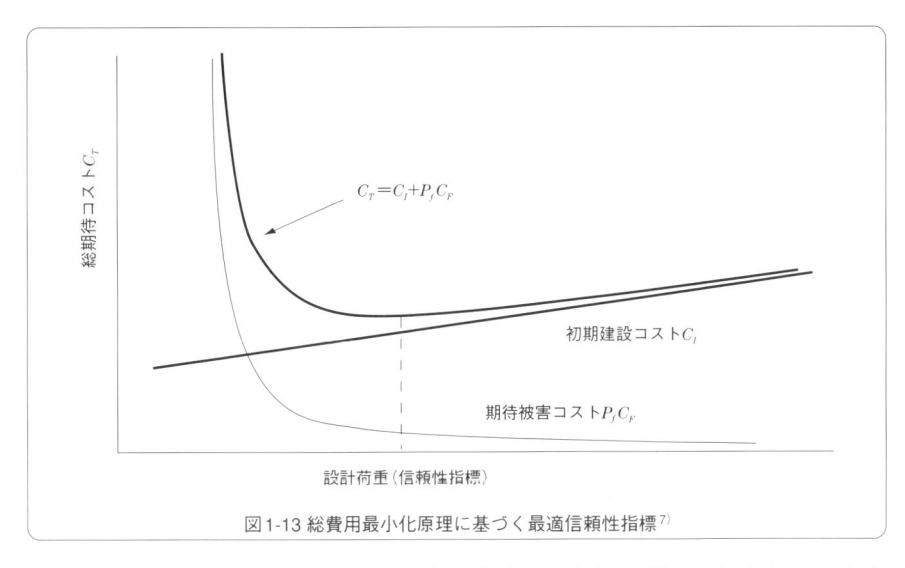

図1-13 総費用最小化原理に基づく最適信頼性指標[7]

が何らかの原因で喪失した場合（建物の崩壊も含む）の損失費用も加え合わすことも可能です。ただ，損失費用を単に加算するのではなく，次式のようにその損失が生じる確率を掛けて加えるのです。

$$C_T = C_I + P_f C_F \tag{1.29}$$

ここに，C_T は供用期間中の総期待費用，C_I は初期建設費用，P_f は建物が破壊状態になる確率，C_F は破壊により生じる損失費用です。

当然ながら，破壊状態になる確率を小さくするためには，建物を強く設計する必要があり，そのために初期建設費用は増加します。しかし同時に式（1.29）の右辺第二項は小さくなることから，横軸に建物の設計荷重（安全性の水準）を，縦軸に初期建設費用，期待損失費用とそれらの和をとると，**図1-13**のような図になり，総期待費用 C_T はある設計荷重のときに最小となり，そのときの設計荷重は，初期建設費用においてもまた被害費用においても一番適切な大きさとなります。このような考え方を総期待費用最小化原理と呼び，総費用最小化の点を与える設計荷重，あるいは安全性の度合いが経済的にも安全性の確保においても，最も有利な点になります。

総期待費用最小化の原理から求められる最適化点を，最も簡単なモデルで確認してみます。文献10）に倣って，式（1.14）の限界状態関数 $G = R - S$ を考えてみます。S は建物供用期間中のある荷重の最大値を表し，R は建物の耐力とし，これらは確率変数です。いま，建物の設計荷重 r_0 と等しくなるように建物の耐力を設計すると，建物の初期建設費用 C_I は以下のような簡単な線形の式となることが経験的にわかっています。

$$C_I = C_0 \left\{ 1 + k \left(\frac{r_0}{\mu_S} - 1 \right) \right\} \tag{1.30}$$

ここにC_0は，荷重の平均値μ_Sと等しい建物の設計耐力とした時の規準化初期建設費用であり，kはコスト上昇係数と呼ばれます。次に，建物が破壊したときの費用C_Fを次式のように規準化初期建設費用のg倍と仮定します。gは建物の用途などにより変化し，規準化損失費用係数と呼ばれます。

$$C_F = g C_0 \tag{1.31}$$

そして，一旦，建物の設計荷重が定まると，建物の安全性の度合いが定まります。破壊確率P_fと信頼性指標の関係は式（1.20）の関係があることから，総期待費用C_Tは次式のように書き換えることができます。$P_f = \Phi(-\beta)$は式（1.19）によります。

$$C_T = C_I + P_f C_F = C_0 \left\{ 1 + k \left(\frac{r_0}{\mu_S} - 1 \right) \right\} + \Phi(-\beta) g C_0 \tag{1.32}$$

上式で，建物を強くする，すなわち，r_0を大きくすると，信頼性指標も大きくなることから，建物の設計荷重r_0と建物の信頼性指標の間に何らかの関係があります。この関係について以下に考えてみます。

RもSも共に対数正規分布に従う確率変数と仮定すると，信頼性指標は次式で与えられます。

$$\beta \equiv \frac{\lambda_R - \lambda_S}{\sqrt{\zeta_R^2 + \zeta_S^2}} \approx \frac{\ln \mu_R - \ln \mu_S}{\sqrt{V_R^2 + V_S^2}} \tag{1.33}$$

ここに，λ，ζは，対数平均値および対数標準偏差です。近似的に信頼性指標βは，それぞれの平均値μおよび変動係数V（標準偏差／平均値）を用いた表現式と等しくなります。

次に，上式に分離係数α_R，α_Sを導入して変形すると，建物の設計耐力r_0は信頼性指標βと以下の関係式が得られます。

$$r_0 = \exp(-\alpha_R \beta V_R) \mu_R = \exp(\alpha_S \beta V_S) \mu_S \tag{1.34}$$

$$\alpha_R = \frac{V_R}{\sqrt{V_R^2 + V_S^2}}, \alpha_S = \frac{V_S}{\sqrt{V_R^2 + V_S^2}} \tag{1.35}$$

ここに，αは分離係数と呼ばれています。

式（1.32）に戻って，総期待費用C_Tが最も最小となる設計耐力r_0は次式の極小値の条件を満足すればよいのです。

$$\frac{dC_T}{dr_0} = 0 \tag{1.36}$$

この条件に式（1.32）を入れると，以下の関係式が得られます。

$$\frac{k}{\mu_s} - \frac{d\beta}{dr_0}\phi(-\beta)g = 0 \tag{1.37}$$

$$\frac{k}{g} - \frac{1}{\alpha_S V_S \exp(\alpha_S \beta V_S)} \frac{1}{\sqrt{2\pi}} \exp(-\frac{\beta^2}{2}) = 0 \tag{1.38}$$

ここに，$\phi(\ )$ は標準正規確率密度関数です。

この式を信頼性指標について求めると，以下の式で最適な信頼性指標 β_{opt} および最適設計荷重 r_0 が最終的に表現できます。

$$\beta_{opt} = -\alpha_S V_S + \sqrt{(\alpha_S V_S)^2 + 2\ln\left[\frac{g}{\sqrt{2\pi}k\alpha_S V_S}\right]} \tag{1.39}$$

$$r_{opt} = \exp(\alpha_S \beta_{opt} V_S)\mu_S \tag{1.40}$$

式（1.39）の得られた結果に具体的な値を入れて調べてみます。$\alpha_S = 0.8$，$V_S = 0.5$，$k = 0.02$ を代入すると，最適な信頼性指標 β_{opt} と規準化損失費用係数 g の関係が次式のように得られます。

$$\beta_{opt} \approx \log g + 1.6 \tag{1.41}$$

この式は，被害費用が大きい（g が大きい）場合には，最適な信頼性指標を大きくする，すなわち，建物をより丈夫に設計する必要があることを示しています。また，β_{opt} と g の対数（常用対数）が概ね勾配1の線形関係にあることも興味深い結果です。被害額が10倍になることと，確率が10分の1になることが，概ね釣り合っていることを示しています。

（10）実用的設計法としての限界状態設計法

限界状態設計法が確率や構造信頼性理論に基づいていると言っても，確率の計算を実設計で行うのは煩雑です。したがって，設計法の実用性を考えるにはできるだけ簡単な設計式である必要があります。そこで1980年代に確率の考え方に基づいた実用的な設計法として「荷重・耐力係数設計法（LRFD: Load and Resistance Factor Design）[11]」が開発されています。荷重・耐力係数設計法は，米国では一般的な名称であり，ISO2394[6] もこの考え方の原則を示しています。欧州では部分安全係数法（Partial Safety Factor Design）とも呼ばれています。以下ではこの設計法について，その構成と要点を示します[3]。

部材の不具合状態を表現するための最も単純化した荷重・耐力モデルは，荷重側を S，部材耐力側を R として記述することができ，この式を限界状態関数と呼びます。

$$G = R - \sum_{i=1}^{n} S_i \tag{1.42}$$

ここに，Rは設計しようとする部材耐力を，S_iは部材に作用する複数の異なる荷重より生じる荷重効果（発生応力あるいは変形）を表しています。RおよびS_iは力の軸で表現される場合もありますし，層間変形角のように変形の軸で表現されることもあります。

式（1.42）で与えられる限界状態関数が負になる確率を「破壊確率（不具合状態になる確率）」と呼び，限界状態関数Gの平均値と標準偏差により定義される二次モーメント信頼性指標を用いて表現できることは，式（1.18）で示しています。いま，信頼性指標を用いて部材設計する場合に，以下の設計式を用いることができます。

$$\beta \geq \beta_T \qquad \left[\beta = \frac{\mu_G}{\sigma_G}\right] \tag{1.43}$$

ここに，β_Tは部材の不具合状態に至らない余裕を表すために導入した目標信頼性指標です。μ_Gとσ_Gは式（1.42）のおのおの平均値および標準偏差であり，部材耐力，各荷重効果の平均値μ_R，μ_{Si}と標準偏差σ_R，σ_{Si}を用いて以下のように評価できます。

$$\mu_G = \mu_R - \Sigma \mu_{Si} \geq \beta_T \sqrt{\sigma_R^2 + \Sigma \sigma_{Si}^2} \tag{1.44}$$

上式を式（1.43）の部材設計式に代入して式の変形を行うと，部材耐力関連の項と荷重に関わる項に分離し整理することができます。

$$\mu_G = \mu_R - \Sigma \mu_{Si}, \quad \sigma_G = \sqrt{\sigma_R^2 + \Sigma \sigma_{Si}^2} \tag{1.45}$$

$$\mu_R - \alpha_R \beta_T \sigma_R \geq \Sigma (\mu_{Si} + \alpha_{Si} \beta_T \sigma_{Si}) \tag{1.46}$$

上式より，式（1.43）の信頼性指標に関する設計式を容易に部材耐力と荷重効果の統計特性を用いて書き換えることができ，式（1.43）の代りに式（1.46）を設計に用いることができます。式中のα_Rやα_{Si}は平方根を開く時に用いる分離係数と呼ばれ，次式に示すように，標準偏差の関数となっています。

$$\alpha_R = \frac{\sigma_R}{\sqrt{\sigma_R^2 + \Sigma \sigma_{Si}^2}}, \quad \alpha_{Si} = \frac{\sigma_{Si}}{\sqrt{\sigma_R^2 + \Sigma \sigma_{Si}^2}} \tag{1.47}$$

式（1.46）の左辺が設計すべき部材耐力であり，右辺が設計荷重効果の項を表しています。ここで両項をよく見ると，以下に示すようにこれらの設計値の構成が統計量に関するμ，σと目標水準に関するβ_Tに基づいて極めて合理的に組み立てられていることがわかります。

部材の設計耐力を大きく評価できる条件は，設計耐力の平均値が大きいとき，

部材耐力のばらつきσ_Rを品質管理等で低減できたときであり，また，余裕をあまり必要としない，つまりβ_Tを小さくするときです。前二者は部材耐力に関する実際のデータから直接得られる部分（事実）であり，β_Tは余裕を与える部分（判断）です。

設計荷重についてみると，設計荷重を小さくできる条件は，荷重効果の平均値が小さいとき，荷重効果のばらつきが小さいとき，それから，不具合状態になる程度を大きくすることが許容される場合（小さなβ_T）であります。このことは工学的常識からも明白なように，ばらつきが大きい荷重には，より大きな設計荷重に対して，より小さな設計耐力の下で部材設計することになります。

式（1.46）を耐力係数ϕおよび荷重係数γ_iを用いて変形します。

$$\phi R_n \geq \Sigma_i \gamma_i S_{ni} \tag{1.48}$$

$$\therefore \phi = (1 - \alpha_R \beta_T V_R)\frac{\mu_R}{R_n}, \quad \gamma_i = (1 + \alpha_{Si} \beta_T V_{Si})\frac{\mu_{Si}}{S_{ni}} \tag{1.49}$$

ここに，V_RおよびV_{Si}は変動係数（標準偏差／平均値）と呼ばれ，R_n，S_{ni}はそれぞれ，部材耐力の公称耐力，荷重の基本値（建築物荷重指針[7]では，100年再現期待値）より算定される部材の荷重効果と呼ばれ，従来より馴染みのある量に書き直されています。

ここで，もし部材耐力や荷重効果の平均値や標準偏差が得られれば，上式を用いて荷重係数，耐力係数を評価して性能の判定を行えばよいのですが，実設計でこうした計算をすることは煩雑です。そこで，荷重・耐力係数設計法では，定めた限界状態に対して目標信頼性指標β_Tをあらかじめ定め，さらに，部材耐力や荷重効果の統計的特性を調べておいて，耐力係数ϕおよび荷重係数iを事前に評価しておくのです。

こうしておけば，式（1.48）の設計式を従来の設計式と同じようにして何の困難もなく使用することができます。したがって，式（1.48）のみをみていただけでは従来の設計式とどこが違うのかわかりにくいのですが，同式が意味するように不具合状態にならない程度を目標信頼性指標で定め，部材耐力や荷重効果については実際のデータの統計量が基本になっています。つまり，前者が工学的判断を下した部分，後者がデータに基づく事実を表現する部分であることがわかります。

このように，荷重・耐力係数設計法では部材設計式の構成が極めて明快になっていることがわかります。また，重要な点として，ここで用いた信頼性指標は定量的な尺度となり，使用する材料にも，性質の異なる荷重においても相互

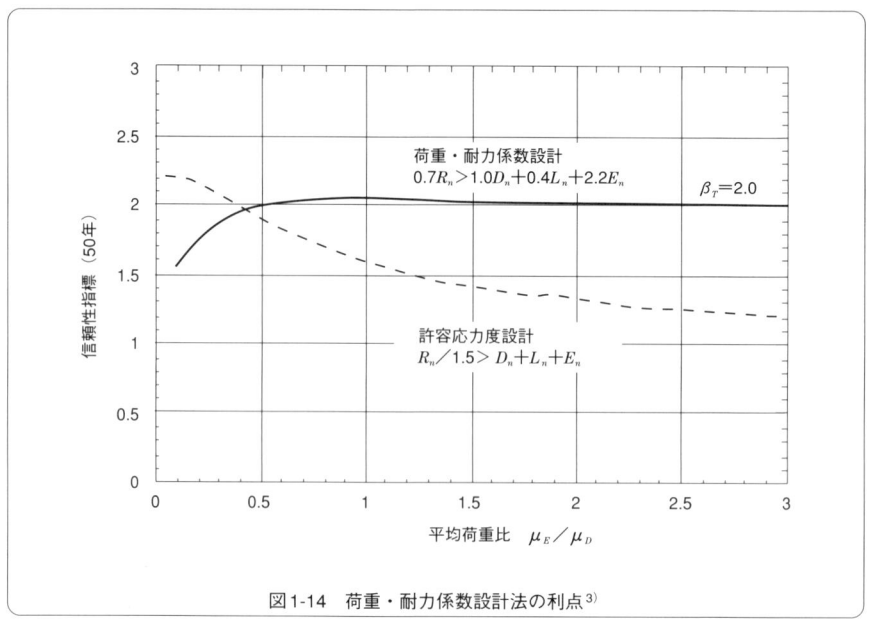

図1-14 荷重・耐力係数設計法の利点[3]

比較できる便利な指標となり，相互のバランスを考えながら設計できる利点があります。

次に，比較のため，現行設計法のベースとなっている許容応力度設計法の構成をみてみます。前述のように要求性能もあいまいなのですが，設計余裕を与える量として材料安全率が用いられており，次式の形の設計式が採用されています。

$$\frac{R_n}{\nu} \geq \Sigma S_{ni} \tag{1.50}$$

ν は長期あるいは短期の材料安全率，R_n は公称材料強度であり，コンクリートでは設計基準強度に相当しています。荷重効果の基本値は S_{ni} で表されています。式（1.50）の左辺にみるように，設計で用いる許容応力度は設計基準強度を材料安全率で除した量で定義されています。

一方，荷重・耐力係数設計法では，（1.48）式にみるように，安全率に相当する余裕係数は，耐力側にも荷重側にも存在します。耐力側では耐力係数 ϕ であり，荷重側では考慮する荷重組合せに含まれている異種荷重の数だけ荷重係数 γ_i が存在します。式（1.48）は式（1.50）と同じような形の設計式となっており，使用上の差はありません。しかしながら，荷重・耐力係数設計法と許容応力度設計法の比較を行うと，明らかに前者の優位性が認められます。

図1-14は，固定荷重（D）＋積載荷重（L）＋地震荷重（E）が作用している荷重条件下で，両設計法で部材をおのおの設計し，その部材断面の信頼性指標を比較し

たものです。図の横軸は，固定荷重による荷重効果の平均値に対する地震荷重による荷重効果の平均値の比を表わします。すなわち，構造物内には地震荷重による応力が固定荷重による応力よりも支配的な部材もあれば，そうでない部材もあるため，横軸はそれらの応力の平均値の比を変えることにより，いろいろな部材を対象範囲としていることを意味しています。縦軸は両設計法で得られた部材断面の信頼性指標を示しています。この図より明らかなように，荷重・耐力係数設計法では，平均荷重比の広い範囲にわたって，すなわち，広範囲の部材において，所定の信頼性指標を満足しており（この図では$\beta_T = 2.0$），許容応力度設計法では，部材の種類によって異なる余裕の断面ができあがってしまい，部材間の安全性のバランスが極めて悪くなっていることがわかります。このことは，荷重・耐力係数設計法を用いる利点として，よりきめの細かい設計が可能であることを示しています。

【参考文献】

1) 大橋雄二；日本建築構造基準変遷史，日本建築センター，1993.12
2) B. Ellingwood；"Reliability-based Structural Design − Current Status and Challenges", Proc. of APSSRA99, Taiwan, 1999.2
3) 高田毅士，高橋徹；技術ノート・確率信頼性の基礎と信頼性指標を用いた設計/4　荷重・耐力係数設計法，建築雑誌，Vol. 114, No.1442, 1999.8, pp. 100-103
4) 神田順；性能設計と設計荷重，1998年度日本建築学会大会（九州）構造部門（荷重）PD資料，1998.9
5) SEAOC；VISION2000 - Performance Based Seismic Engineering of Buildings, 1995.4
6) ISO；ISO2394 - General Principles on Reliability for Structures, 1998
7) 日本建築学会；建築物荷重指針・同解説，1993
8) E. T. Gumbel；Statistions of Extremes, Columbia University Press, 1958, 河田龍夫他訳；極値統計学，広川書店，1962
9) J. Kanda；A New Extreme Value Distribution with Lower and Upper Limits for Earthquake Motions and Wind Speeds, Theoretical and Applied Mechanics, 31, Tokyo Univ. Press（1981），pp. 351-360
10) J. Kanda and B. Ellingwood；Formulation of Load Factors Based on Optimum Reliability, Structural Safety, 9（1991），pp.197-210
11) B. Ellingwood, J. G. MacGregor, T. V. Galambos and C.A. Cornell；Probability Based Load Criteria: Load Factors and Load Combinations, J. of ST, ASCE, Vol. 108 , No. ST5, 1982, pp. 978-997

第2章 限界状態設計法の目指すもの

2.1 もしも,こんな建築主がいたら?

　限界状態設計法の利点を考える前に,ここで少し読者に頭の体操をしていただきましょう。少し変わった建築主から以下のような要望・質問があった場合,構造設計者のあなたならどのように答えるでしょうか。それぞれいろいろな回答があると思います(回答例は巻末の付章1)。

1) 予算があまりないから,最低の性能でお願いします。
2) 200年使える丈夫な建物を設計してください。
3) 資産としての建物,性能保証書付きの建物をつくってほしい。
4) 地震よりも雪に対して,より丈夫にしてほしい。
5) 中小地震でも通常通り営業できる事務所をつくってほしい。
6) 環境を配慮した建物を宣伝したい。
7) 費用対効果の高い建物をつくりたいが,できますか?
8) 10階建の事務所をつくりたいが,RC, S, SRCのどれが地震に対して一番安いですか?
9) 20年しか使わないから,安い建物がつくれるでしょ。
10) 安全率を3も見込んでいるから大丈夫ですよといわれますが,本当にそうですか?
11) 法律で決められている以上の地震が来ても大丈夫ですか?

写2-1　ノースウェストの夜景
(撮影＝Scott Murphy)

12) 耐震補強で強くしたのだから，社会的に何か優遇措置はないのですか？
13) 安全率って何ですか？そんな余裕をみる必要がありますか？
14) 兵庫県南部地震が来ても壊れない建物をつくってください．
15) 技術のある会社ならもっと安くつくれるでしょ．
16) 免震構造とそうでない従来構造と，どちらが地震に強いですか？
17) 地震が来た時の補修費用はどれぐらいですか？
18) 大地震なんて滅多に来ないから，耐震に費用をかけないでください．
19) 私のお金でつくる建物ですから，好きにしていいでしょ．困るのは私だけだし．
20) 私の所有する予定の建物は，どれぐらいの値打ちがあるのですか？

以下の各節に述べる内容は，本書の3章以降で強調したい内容の要約であり，これらの実現方法の例が各章で具体的に示されます．

2.2 性能記述（第3章）

構造設計で対象とする建物の性能とは具体的に何でしょうか．安全性，使用性や耐久性といった，おおくくりで答えられるかも知れません．それでは，建物の安全性とは具体的に建物のどのような状態を指し，構造設計ではどのようなチェックをすればよいでしょうか．具体的手順が建築基準法に書かれているといってしまえばそれまでですが，建築主にどのように説明すればよいのでしょうか．建築主によっては，2.1に示したように，いろいろな要望があり，それらに構造設計者は適切に対応してきたのでしょうか．適切な説明をしてきたのでしょうか．

そもそも，建築主，場合によっては初めて自分の家を建てようとする建築主も，自分の要望がどのようなものであるのかよくわかってなくて，さらには，あれもこれもほしいと願っても，限られた予算の中ではすべて実現できないので，どれかに絞って建築設計者と対話することになります．しかし，いろいろな要望がどれぐらいの性能を対象にし，さらにどのくらいの予算が必要なのか，設計者から建築主が十分に説明を受けているとは思われません．

自動車や電気製品では，はっきりとその性能，機能が購入前に明示されています．自動車であれば，加速性，10モード燃費，走行性なども業界の統一した基準があり，買う方としては，専門知識がない人でも何とか理解することがで

きます。また，エアーバッグやABSも説明されるとわかりやすいものです。しかし，建物の性能は非常に理解しづらいものです。これには少なくとも，以下の二つの理由があると思われます。

まずひとつ目は，建物のいろいろな性能がはっきりしていないことです。性能設計といっても，安全性や使用性，機能性などが謳われていますが，目に見えないこと，測定できたとしても測定に高度な技術が必要なこと，「性能」という用語が極めて日常使用する言葉に近いことから異なる先入観がすでに入ってしまっていることも問題でしょう。

もうひとつは，前者とも関連しますが，自動車などと違い業界で共通の定義が存在していないことが大きな理由でしょう。A社の安全性の最高レベルとB社のそれとが，同じものなのか異なっているのか，比較することが容易でありません。住宅購入者を無視した，各社各様のグレード付けや定義になっており，これでは，他の会社の提供する建物の性能が横並びで比較できないことになってしまいます。性能と性能グレードがはっきりしなければ，建物価格の比較すら意味を成さないものになってしまう危険性があります。後者については，特に住宅に関して，「住宅の品質確保の促進に関する法律[1]」ができ，一応のグレードの比較が可能にはなりましたが，住宅の性能は，住宅自体の保有性能のみならず，日本のどこに住宅を建てるかといった外部環境を考慮した上で，住宅の真の性能が測られる必要があるので，それらの両方がわかりやすいかたちで表示されていなければなりません。地震の多い地方に建てる場合と，そうでない場合，あるいは造成地に建てる場合と，堅牢な地盤上に建てる場合では異なります。敷地の環境がまったく異なるとき，外部環境までしっかり考慮した住宅の性能の評価が重要であることは自明です。すなわち，建物の建設地が定まり，地盤の特性などがランク付けられれば，建物の保有性能をどの程度のグレードに選択するかにより，建物のトータルの性能が決まってくることになります。

本書の3章では，こうした建築主のもっている建物性能に関する要望を構造設計者が如何に引出すかという非常に興味ある課題に挑戦しており，建築主と設計者とのコミュニケーションを円滑にする一方法として，新しいツールを開発し，それに基づいた要求性能を組み上げ，限界状態設計法へと展開しています。

2.3　変形に基づくクライテリア（第4章）

地震国日本においては，地震に対する建物の性能（耐震安全性）を如何に扱い，

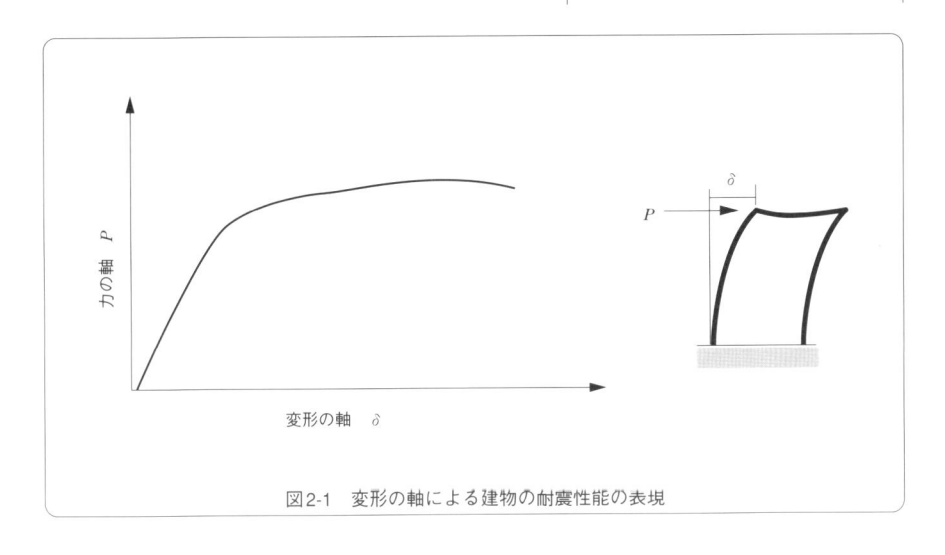

図2-1　変形の軸による建物の耐震性能の表現

いかなるグレードに設定するかは大変重要な事項です。建物の耐震安全性は，地震を受けたときの建物の終局状態と密接に関わっていますので，建物の終局状態をより適切に記述できる物理量が必要となります。しかし，大地震時に建物がどのように損傷を受け，どのように破壊しながら終局状態に到達するかは，現在においても鋭意研究が続けられています。

最近の耐震研究の成果によれば，建物の地震時の安全性は，**図2-1**に示すように，力の軸で記述するよりも変形の軸で記述したほうがより適切になるという知見が得られており，この考え方を限界状態設計でも採用する必要があります。建物が弾性範囲内で挙動している場合には，どちらの軸で考えても問題ありませんが，図2-1に示すように，建物が塑性化する場合，建物の保有抵抗力は増えない状態で変形が増大する傾向があります。この場合は，力の軸よりも変形の軸で建物の挙動を表したほうがより正確です。図を見れば明らかなように，従来の耐震設計の考え方は，力の軸で建物の耐震安全性を議論してきたのに対し，変形の軸の方が建物の損傷状態を把握するには適切であることがわかります。しかし，力の軸では，外力との釣り合い条件を考えるだけで建物の保有抵抗力が容易に定められる利点がある反面，変形の軸では，力の釣り合い条件の他に，弾性に加えて弾塑性特性を正しく評価する必要があり，より難しい考え方が必要になり，扱いも複雑になります。

本書第4章では，こうした複雑な非弾性の建物挙動において最近の研究成果をうまく取り入れて，変形に基づく耐震設計を限界状態設計法の枠組みの中で展開しており，今後の耐震設計法に大いに参考になる内容となっています。

2.4 システム表現 (第5章)

　「木を見て森を見ず」の表現が示しているとおり，「建物を構成する個々の部材ばかりに着目して，架構全体を十分みていない」ような構造設計は好ましくありません。柱・梁・壁などの部材設計に加えて，建物全体としての架構設計が必要です。なぜなら，最終的には架構全体が協力しあってあらゆる荷重に対して抵抗するわけですから，架構全体を対象にした構造設計を心掛ける必要があります。

　ある荷重が架構に作用して架構が損傷し崩壊してゆきますが，崩壊するパターンはいろいろ考えられます。この崩壊パターンのうち，過去の地震被害写真などにみられるようなある層がぺしゃんこに潰れるサンドイッチ状の層崩壊は，建物内部の人にとっては致命的な被害となるので，最も避けるようにしなければなりません。このように，架構の崩壊パターンを的確に予測・制御することが，架構設計では極めて重要となります。ニューヨークの世界貿易センターが予想もしないジェット機衝突によって，建物全層が1時間足らずの内に全体崩壊し大被害を招いたのは，設計で考えも及ばなかった荷重であるから致し方ないにしろ，架構全体としての崩壊パターン制御が必ずしも十分でなかったことが大被害を招いた原因です。

写2-2　同時多発テロで崩壊したニューヨークのワールドトレードセンター（提供＝AP/WWP）

このように，建物の構造設計においては，おのおのの部材設計を超えて架構全体としての構造設計を直接的に取り扱う手法が必要であり，それを架構システムあるいは構造システムの設計と呼び，限界状態設計法の考え方にも取り込まなければならないものです。本書第5章には，これらの新しい展開がなされており，今後の新しい架構設計を考える上で大いに参考になります。

2.5 時間および環境への配慮（第6章）

　建物を100年以上使用する場合を考えると，構造上の耐久性の問題もさることながら，建物の設備も機能低下したり，建物の用途変更も長い間にはあるかも知れませんので，設計当初想定した条件といろいろ異なってきます。それでは，建物の構造設計は一体どの時点，どの期間を想定して実施されるのでしょうか。

　建物は時間が経てば，外的環境作用によって，材料の耐久性がまず問題になります。また，こうした材料の経年劣化は小さいとしても，長期間，その建物を利用する場合には，地震や台風に見舞われる度合いも当然多くなります。それでは，一体，どれぐらいの期間を想定して，建物を設計すべきなのでしょうか。

　図2-2は，1982年に調査した資料[2]より引用したものですが，建物の存在期間〔竣工後から取り壊されるまでの期間で寿命ともいう〕の統計を示したものです。

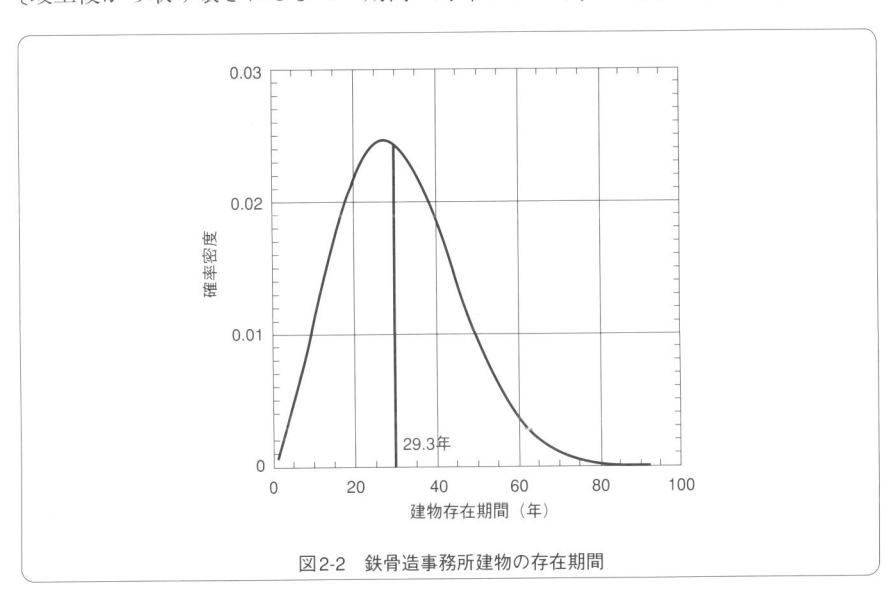

図2-2　鉄骨造事務所建物の存在期間

図中の29.3年は，ちょうど建物の半数が壊される期間を示しています。この図より，建物の法定耐用年限は構造種別により異なり，RC造，鉄骨造で60年，木造で35年といわれていますが，実際には，30年くらいで取り壊されているものが多く，また，取り壊しの理由も，調べてみると，構造的不具合というより，設備の陳腐化や使用目的の変更，規模の拡大などの理由が多いようです。構造的には50年間は使えるようにと設計されているものの，その半分ぐらいの使用期間で取り壊す事例が多いことは，建設資源のむだ遣いであるし，建設廃材の量が社会的に大きな問題になっている現在，環境に優しい程度の廃棄量にすることが望ましいのは誰がみても明らかです。

このように，いままでつくられてきた建物は社会のニーズの変化に耐えられず，構造的には十分健康な建物も数多く壊してきたのです。言い換えれば，設計時点で30年後の社会のニーズの予測に失敗してきたともいえます。もし，50年後の社会があまりにも予測不可能ということであれば，建設する建物をできるだけ用途変更，規模変更が容易となる新しい建物形式を考えるほか仕方がありません。

そこで，本書の第6章では，建物の時間の軸に着目した新しい構造架構の概念を提案しています。そこでは，構造躯体を，地面や土地と同じように今後も変化しない部分（スケルトン架構と称し200年程度を目標）と20年ぐらいで用途変更される部分（インフィル架構と称している）に明確に分離して，新しい建物を構築する試みを述べています。このような設計は，時間を直接に考えない従来の設計法では実現できません。時間の概念を設計に合理的に取り入れることの可能な限界状態設計法の特徴をうまく利用した提案です。こうすることにより，建物の生涯コストもあまり多くならず，また，200年間建替えすることがないので建物の廃棄物量も大幅に低減される利点があります。

2.6 情報 （第7章）

まず，建物の品質と情報量の関係を表す**図2-3**を参照してください。よい構造設計とは何かという問いに対して，ひとつの答えを提示した図です[3]。図2-3は，「建物に関わるあらゆる情報量を最大限に活用した設計が最も良いものをつくる」という考え方です。図中の建物の品質や情報量を正確に定義するのは難しいのですが，情報，知識，経験が豊富であればあるほど，建物の品質が向上することは事実だろうと考えられます。

建物に関する情報は，建物用途，将来の使用方法，用途変更，建物自体の物理

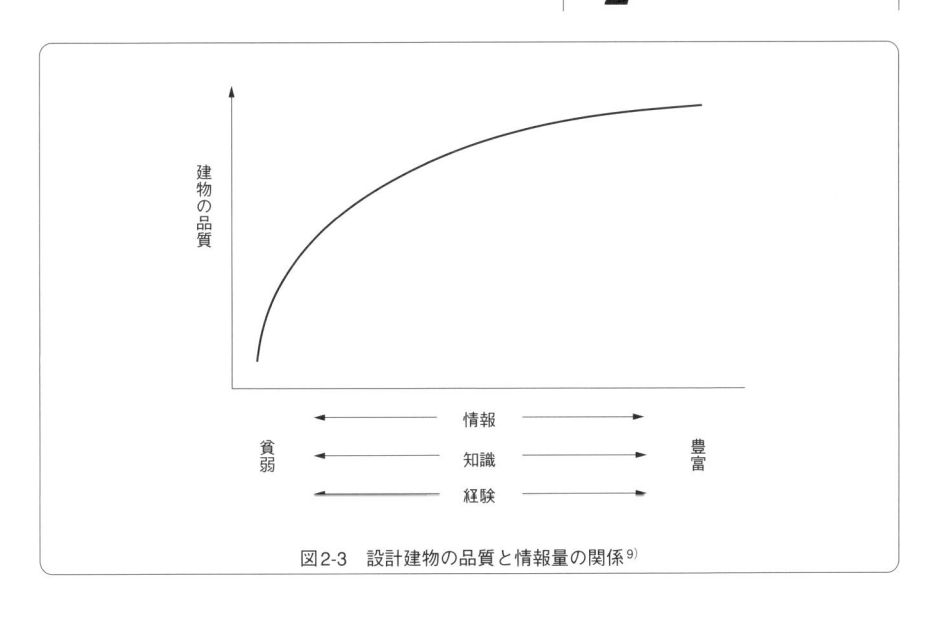

図2-3 設計建物の品質と情報量の関係[9]

(図中: 建物の品質／情報・知識・経験／貧弱←→豊富)

的特性，敷地に関する情報（地盤情報，地震環境，傾斜，地盤物性など），建物の使用材料，建方，架構の情報，施工品質，材料の力学的特性，強度特性など，さまざまな情報を含んでいます。また，普遍的な法則 ── 構造力学の知識，材料力学の知識，計算能力など ── や，経験的な知識なども有効な情報に含めることができます。こうした情報の内，設計前に十分入手可能なものもあれば，入手困難な情報もありますが，情報をうまく活用した構造設計ができれば，良質の建物の実現につながるはずです。

　こうした多様な質の情報を如何に効率的に活用できるかが，構造設計者の腕の見せ所です。「建築基準法に従って構造設計しました」という場合でも，誰でも構造設計ができるわけでなく，構造設計者は，実は，自らの保有する情報を的確に要所要所に折り込みながら，いろいろな段階で高度な意思決定を行って構造設計を仕上げているわけです。つまり，構造設計とは，適度なバランスをもって，高度な意思決定をする作業の積み重ねに他なりません。こうしたことは誰でもできるわけではありません。建物の理解と豊富な経験なくしては不可能です。しかし，こうしていろいろな意思決定を行った結果として建物は設計・建設されるわけですので，設計に従事しない者が建物を漫然と眺めても意思決定された後の結果しか判読できず，その途中の決定プロセスがみえてこないことが気になります。そして，構造設計者が建物の性能に関して，建築主から聞かれると，「建築基準法を満足するように設計しました」という情けない回答をしてしまうことになります。構造設計者自らが，自らの下した意思決定結

果について建築主に説明する言葉をもっていない，あるいはもっていたとしても適切な説明ができているといえないわけです。

　これは，情報の使い方がうまく機能していないからだと考えられます。いろいろな情報が氾濫している中で，ある情報に基づいて意思決定をする場合に，その情報を採用するか，しないかといった二元的な情報の活用方法では，そこから導かれる結果の重みがまったく変わってきます。例えば，「震度7以上の地震動が必ず来る」という情報を受け入れてしまうと，それより小さな地震動を考慮せずに，一元的な情報の下でいろいろな意思決定がなされてしまうことになり，震度7より小さな地震動に対しての建物の損傷度合，建物内設備の機能性などがうまく扱えない結果となってしまいます。

　また，別の例として，コンクリートに基準強度以上の応力度が作用すると，コンクリートは壊れるものと一旦扱ってしまうと，その後の展開は明快ではあるものの，大変もったいない材料の使い方をしてしまうことになります。

　このような場合に，確率を用いると，これらの実際の情報を，この場合にはばらつく量についてですが，「確率」という表現ツールを用いれば極めて簡易に扱うことができます。同じ情報を扱うにも，確率を用いない方法では，震度7より小さい地震動は考えなくてよいとか，基準強度以上の応力度でコンクリートは必ず壊れるなどの扱いをすることにより，実際の大量の情報を捨ててしまっていることになり，制限された情報の下での設計となり，結果として品質の良くない建物が建設されてしまいます。ここで，もし，地震動強さの平均値と標準偏差あるいは，コンクリート圧縮強度の平均値と標準偏差といった形で情報を活用するならば，すなわち，一つの物理量を二つのパラメータ〔例えば，平均値と標準偏差〕で表しさえすれば，さほど情報量を失わずにより合理的で高度な意思決定ができるわけです。このことは，保有する情報を最人限に活用する実用的ツールとして「確率的方法」が存在することを意味しており，確率に基づく限界状態設計法の重要な側面です。本書第7章では，木造建物を対象に限界状態設計法の重要な性質を活用した事例が紹介されています。

2.7　経済性の把握（第8章）

　建物の設計においては，建物の経済性を無視して論じることはできません。実務設計では，経済性が最も重要な要件として設定されることが多く，時には安全

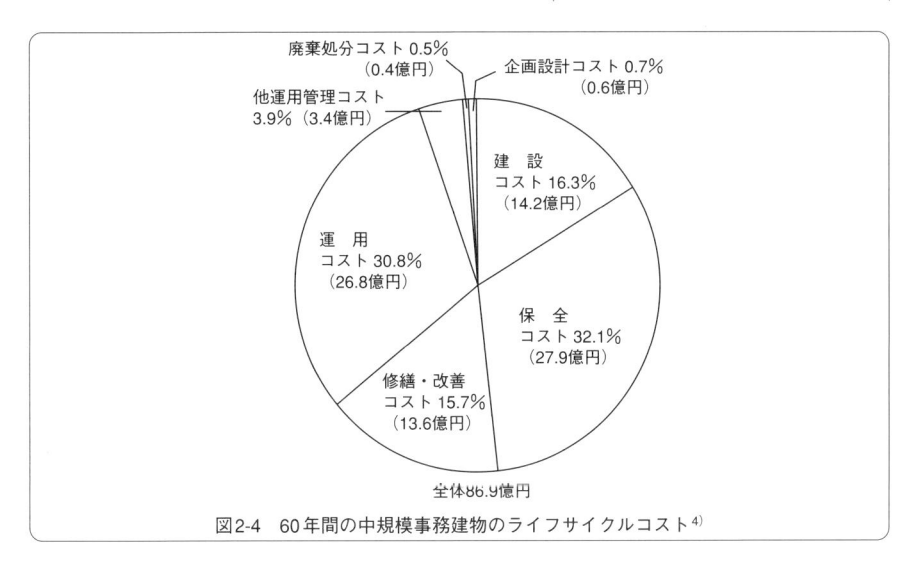

図2-4 60年間の中規模事務建物のライフサイクルコスト[4]

性が軽んじられる場合も少なくないようです。しかし，よく考えてみると建物の安全性と同様に，「経済性」という言葉も，厳密に理解しようとすると難しいもののひとつです。値段（いくら）という万人が極めてわかりやすい定量的指標があることは大変有用ではありますが，経済性についても，以下に示すようにいろいろな定義が存在します。

　従来から頻繁に使われている経済性とは，建物の初期建設費用に限ることが多いようです。しかし，最近では，例えば，事務所ビルを対象にした場合に，建物の供用期間中に建築主あるいは建物所有者が支払わなければならない，金利，建築設備の稼働費用，更新費用，維持管理費用などの他にも，事務所ビルの管理委託費用あるいは保険料など，いろいろな費用が経済性に含まれてきます[4]。このように，初期建設費用のみならず建物供用期間中に必ず支払わなければならない費用も大変多く，ある試算では，50年の供用期間中に支払う費用の1／5が初期建設費用という結果もあります。このように供用期間中に建物所有者が支払う必要のある費用を考慮に入れて建物の初期仕様を決めて設計・管理することが最近，行われはじめています。これは建物の生涯費用管理計画（life cycle cost management）と呼ばれていて，「経済性」の定義もだいぶ変わってきたようです。

　限界状態設計法が，時間の概念を直接に設計に取り込むことができることは先に述べたとおりですが，この利点を活かせば，建物の存在期間中の費用も同時に取り込むことが容易となります。構造設計の観点から費用をみてみますと，初期建設費用，維持管理費用，建物が地震や強風により損傷あるいは倒壊した

場合の直接的あるいは間接的被害費用，新規に建替える費用，解体費用などを考慮に入れて，設計条件を決定することができます。このような検討を実施したものが，本書の第8章で紹介されています。

2.8 各章のねらい

　こうした新しいアイデアをより具体的に展開したものが，本書の3章から8章に詳細に記載されています。従来の設計では実現しえなかったこれらの試みが，限界状態設計を活用することにより，実現に一歩近づいたものと考えています。もちろん，実際の計画では，さらに多くの問題を解決しなくてはいけない状況ともいえますが，構造の性能に付与するアイデアを活かす努力をしてゆくことがこれからの構造設計の魅力を増し，さらには，より良い性能を引きだすことになると信じています。

【参考文献】
1) 建設省（現国土交通省）；住宅の品質確保の促進等に関する法律，1999.6
2) 日本建築学会；社会資産としての建物のあり方を考える，1992年大会研究協議会資料，1992
3) 高田毅士；不確定性と設計技術，材料，Vol.42, No.483, 1993, pp.1371-1375
4) 建設大臣（現国土交通大臣）官房営繕部監修；建築物のライフサイクルコスト，㈶建築保全センター，㈶経済調査会，1993

第3章

歴史的建築物再生
建築主との「対話」を通して

3.1 三菱一号館を「再生」する

　建築家ジョサイア・コンドルが設計した建物のひとつに，三菱一号館という建物がありました。明治27年に竣工したその建物は，イギリス・ヴィクトリア朝様式の優雅な外観と，各テナントが独立の出入口を道路に面してもつという棟割長屋方式のプランニングが特徴の賃貸オフィスビルで，構造形式は組石造（れんが造）でした。**図3-1**がその平面図ですが，階段，便所，暖房が各テナント専用の設備として設けられ，建物の裏面にサービス用の出入口や石炭投入口を計画した明快なゾーニングとなっています。当時としては最新鋭の設備を整えた建物であり，現代にも十分通用するコンセプトをもちあわせていました。

　ここでは，東京都千代田区丸の内の敷地に延床面積3,000m²程度のオフィスビルを新築するにあたり，「三菱一号館の建物コンセプトを現代の空間言語に翻訳し再生したい」という建築主の要望があったとの想定のもと，実施した設計の概要を示します。

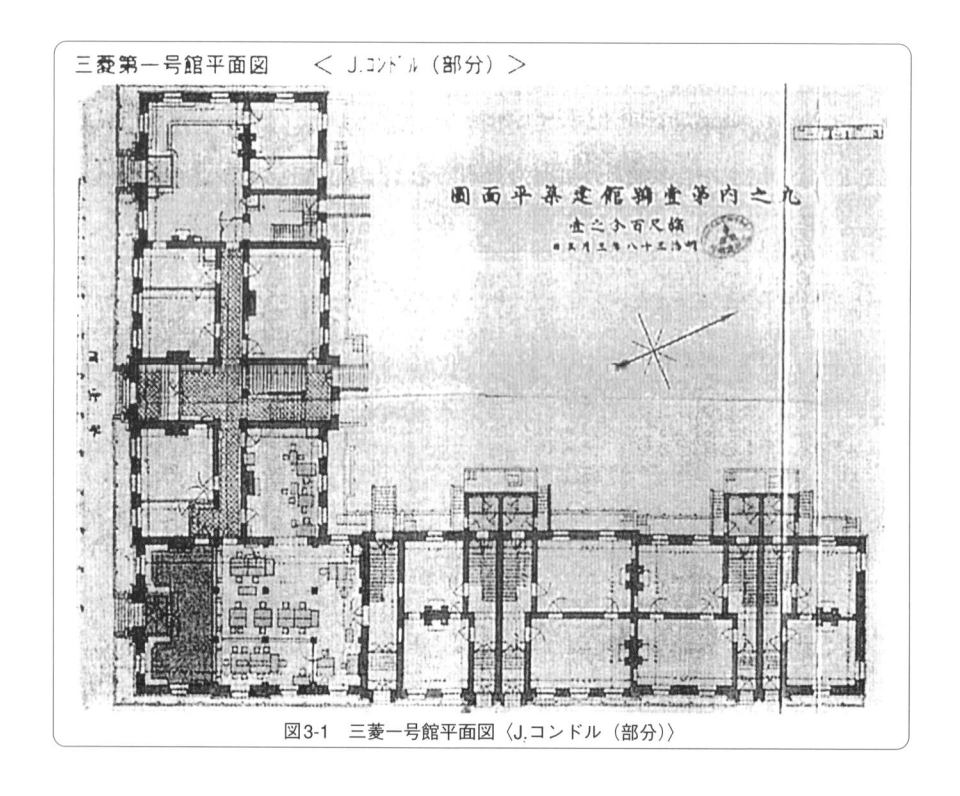

図3-1　三菱一号館平面図〈J.コンドル（部分）〉

第**3**章　歴史的建築物再生

3.2　プロジェクトの経緯
―― 建築主と設計者のミーティング

　今回のプロジェクトについて，建築主と，設計者によるミーティングが行われました。そのミーティングで合意がなされた事項を対話形式で次に示します。

1) 建築主より今回のプロジェクトの基本構想が，以下のとおりに示されました。
   丸の内に，三菱一号館のフォルムを「再生」する。
   将来末永く，丸の内の象徴として広く親しまれるビルとしたい。
2) 構造設計者からの質疑は，次のとおりでした。
   もし完全な「復元」を目指すのであれば，構造は組積造とするべきです。また外観を同一とするのであれば，RC造として「再現」する方法も考えられます。一方，都市景観の中における「三菱一号館」のフォルムを復元することに主眼を置くのであれば，過去の形態にはこだわらず，現代の考え方を盛り込んだ新しい建物として「再生」する方法もあります。その場合には鉄骨造など，さまざまな構造形式の可能性が生じることになりますが，どのように考えますか？
3) 質疑に対する建築主からの意見は，以下のとおりでした。併せて，今回のビルに対する基本的要望は，以下のとおりでした。
   特に丸の内のような活性の高い街における建物の在り方としては，形態は設計時点ですべてが決まってしまうのではなくて，使われながら必要に応じて姿を変えてゆくと考えるのが自然でしょう。その意味では完全な「復元」には，あまりこだわらない。むしろ今の街並みに相応しい，必然性がある建物として「再生」されることが望ましい。
   したがって基本的な要望として，ビルの平面計画は「三菱一号館」に準ずるものとしますが，オフィスの機能は丸の内の他のビルと遜色のないものとなるよう配慮して欲しい。
   特に丸の内の特殊性から，テナントの本社機能が入居する可能性もあることから，インテリジェント機能などについても，充分な配慮をして欲しい。
4) 一方，設計サイドから，建物の特殊性を考慮して，以下について配慮すべきことが提案されました。
   建設地は丸の内ビジネス街の中央に位置することから，24時間都市丸の内のランドマークとしての役割も担うものとすること。
   ビルのフォルムは「三菱一号館」を再生したものとするが，外装および内

> 部空間イメージについては，現代的要素を加味し，丸の内の新しい街並みにも調和したものとなるよう配慮すること。
> ビルの建設の趣旨および環境共生の重要性を考慮すると，ビルの供用期間は少なくとも100年以上を想定すること。
>
> 5) 設計サイドの提案に対し，建築主はおおむね了解しましたが，その際以下の点に特に配慮して欲しい旨，要望が出されました。
> テナントビルの特殊性を考慮して，経済性についても十分配慮して欲しい。特にイニシャルコストはもとより，ビルの運営費についても充分競争力のあるビルにすることが必要です。
> 以上の要求を満足するために，設計事務所のもつ最新の建築工学技術を駆使することにより，プロジェクトを成功に導いて欲しい。

以上のミーティングの合意を受け，本プロジェクトは始まりました。

図3-2，図3-3，図3-4にそれぞれ平面図，断面図，立面図のコンセプトを表す図を示します。

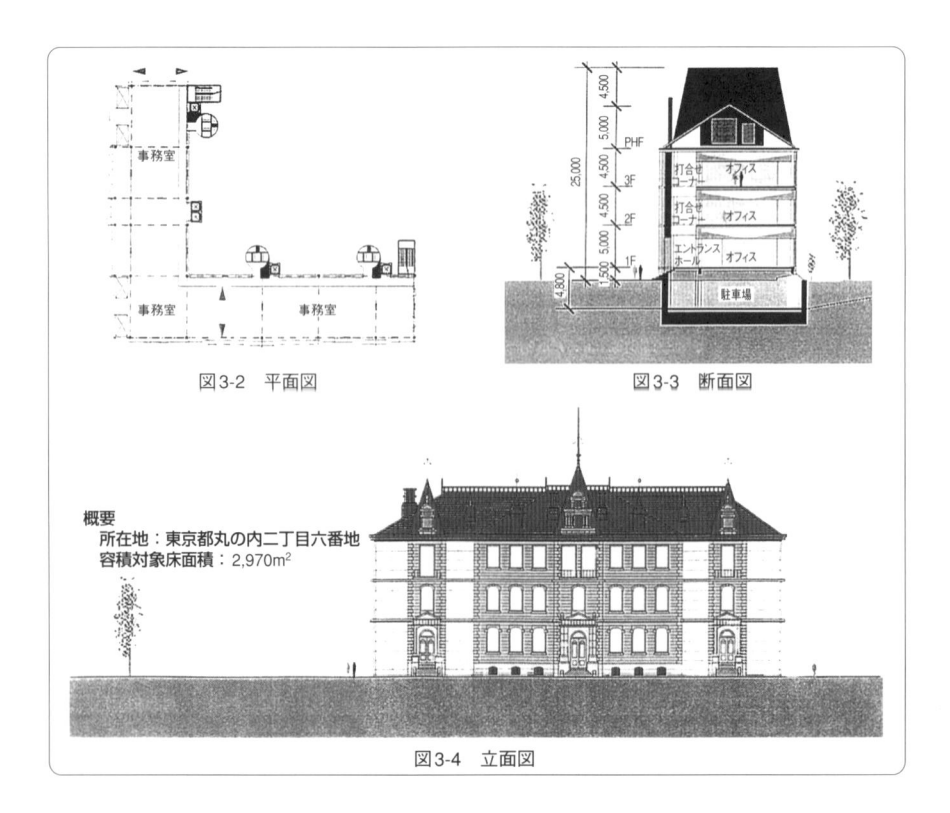

図3-2 平面図

図3-3 断面図

概要
所在地：東京都丸の内二丁目六番地
容積対象床面積：2,970m²

図3-4 立面図

3.3 要求分析の方法
―― 設計目標は誰がどうやって決めるのか？

　設計目標は誰が決めるのかということに対しては，さまざまな議論があると思います。国（法律）が決める，建築主が決める，設計者が決める……どれが正解というものではありません。ここでは設計目標は設計者が独自に定めるものではなく，建築主との対話を通して，内容の確認を取りながら定めるべきであるという立場に立っています。本節では前節のミーティングにおける対話の中から，建築主の要求を引き出す過程を示します。ここで気を付けることは，建築主の要求を引き出すことは，要求をそのまま鵜呑みにすることとは違うということです。設計においては，全体のバランスを考えながら部分を考えてゆくことが重要なのですが，建築主にとってはそのバランスの判断が難しいこともあります。また建築は本来社会的存在であり，地球環境に対する影響も大きく，また，歴史に支えられた多くの標準や基・規準もあり，単に建築主の要求にのみ着目していたのでは，本質を見誤ることもあり得ます。

　ここでは建物に対する建築主の要求を整理，分類し分析するツールとして，**表3-1**に示すチャートを用いました。ここでは，品質保証についての国際規格であるISO9000に従い，下記の①～⑦の7項目に分類し整理しています。分類の項目はその設計者の設計に対する基本的な理念に相当するもので，したがって設計者によって異なると思います。大切なのは，このように整理することにより，バランス感覚を失うことなく設計目標を定めることができることであると考えます。

【要求分析の項目】
　①適切に定義されたニーズ・用途または目的に適合する
　②顧客の期待を満たす
　③適用する規格および仕様に合致する
　④社会的要求事項に適合する
　⑤環境に関するニーズを考慮する
　⑥競争力のある価格で入手できる
　⑦経済的に提供される

　要求分析チャートにより，建築主の要求から建築設計上の課題を整理しました。構造設計者はこの段階で構造形式の選択などを念頭に置き，ここで整理した結果から，さらに構造設計上の課題を抽出することが必要になります。**表3-2**に，その課題を示します。

表3-1 要求分析チャート

	要求事項	建築設計上の課題
①	丸の内の他のビルと同等以上の機能性本社機能に相応しい先進のインテリジェントビル	・地震被災後も建物が継続して使用可能であること ・無柱の大スパンオフィス空間の実現 ・災害時の情報機器などの動作への配慮
②	・コンドル設計の「三菱一号館」の再生 ・丸の内ビジネス街の象徴として永く引き継がれるビル	・平面計画は原設計に準ずるが,現代の要求にも応えられるものであること ・外観フォルムの再生
③	建築基準法,消防法などの関連法規遵守	性能規定化への配慮
④	24時間都市東京のランドマーク	・「三菱一号館」のイメージを継承 ・重厚な煉瓦調の外観および現代風の軽快なガラスカーテンウォールの外観調和
⑤	環境共生,リサイクル ビル運営の効率化	長寿命建築(供用期間100年以上)
⑥	・テナントビルとしての経済性を確保 ・ビル運営費の削減	供用期間を通したトータルコストの最適化
⑦	最新の設計技術投入	限界状態設計の活用

表3-2 要求から導かれる構造設計上の課題

・再生プロジェクトに相応しい構造形式の選択
　—無柱の大スパンオフィス空間の実現
　—外観における重厚さと軽快さの調和
・最大級の地震に対しても,建物が継続して使用可能であること
　—資産の保全(構造体および内外装等に支障が生じないこと)
　—設備機器機能の保全
・ある程度の地震に対しては、被災後も情報機器などに誤動作などがないこと
・床振動など,常時における居住性に問題がないこと
・供用期間として100年以上を考慮すること
・供用期間を通したトータルコストの最適化を図ること
・新しい知見を設計に取り入れるために限界状態設計法を導入する

3.4 「対話」のツール —— 要求性能マトリクスとは?

　建築物に対する要求性能には,意匠,設備,構造に関するものなど,さまざまな種類があります。ここでは構造に関するもののなかでも特に耐震性能について,「対話」をすすめ,要求性能を決定する際に,要求マトリクスを用いる方法を提案しています。

表3-3 耐震メニュー

	地震動の強さ				
	D	C	B	A	S
耐震5級	無被害	軽損	中損	大破・崩壊	
耐震4級	無被害		軽損	中損	大破・崩壊
耐震3級	無被害		軽損	中損	大破・崩壊
耐震2級	無被害			軽損	中損	大破・崩壊
耐震1級	無被害				軽損	大破・崩壊

D：建物供用期間中に遭遇する可能性が数回である地震動
C：BとDの中間の地震動
B：建物供用期間中に遭遇する可能性が1回程度である地震動
A：建物供用期間中に遭遇する可能性がまれである地震動
S：建物供用期間中に遭遇する可能性がきわめてまれである地震動

(1) 要求性能マトリクス

建築主と設計者の「対話」から，耐震性能を定めることができます。これは限界状態設計法の最も大きなメリットのひとつであると思います。ただ建築主の多くは，耐震技術や耐震性能に対する知識はそれほどありません。そのような状況で「対話」を行うためには，わかりやすい表現を用いることが必要不可欠となります。ここでは，表形式で性能グレードを表現する要求性能マトリクスを使用することにしたのです。要求性能マトリクスとは，ある耐震グレードの建物にあるレベルの地震入力があったときの建物の状態を，表形式にまとめたものです。

要求性能マトリクスは，さまざまなものが提案されています。日本建築学会でも「建築及び都市の防災性向上に関する提言（第3次提言）[1]」のなかで，「耐震メニュー」という名前で**表3-3**のマトリクスを提案しています。

「耐震メニュー」では，無被害～大破・崩壊までの被害を詳細に規定しています。ただ性能を定量的に示したものにはなっていません。例えば，表3-3で「耐震1級は，Aの強さの地震動に対し，無被害」と建築主に説明すると，建築主の中には「絶対に被害がない」と考える人もいると思います。しかし建築の設計には，さまざまな不確定要素が存在するため，それらが組み合わされて被害が生じることも考えたのです。したがって，「Aの強さの地震動に対し，無被害」という表現は，使用するのが難しいし，また正確な表現ともいえません。

そこで，ここでは要求性能マトリクスの中で，確率量を用いて定量的に示すことを考えたのです。具体的には，荷重効果と耐力のばらつきを正規分布でモデル化し，荷重効果が耐力を超過しない確率が95％以上となることを，条件としています。したがって，例えば「Aの強さの地震動に対し，無被害」というのは，

表3-4　要求性能マトリクス（主要構造体に対して）

荷重レベル	L1（小地震）	L2（中地震）	L3（大地震）	L4（巨大地震）
想定地震	再現期間30年	再現期間100年	関東地震を想定（海洋型地震）	仮想断層を想定（活断層地震）
Sグレード				継続使用可能限界
Aグレード			継続使用可能限界	資産保全限界
Bグレード		継続使用可能限界	資産保全限界	安全確保可能限界
Cグレード	継続使用可能限界	資産保全限界	安全確保可能限界	

表3-5　要求性能マトリクス（使用性能に対して）

荷重レベル	L1（小地震）	L2（中地震）	L3（大地震）	L4（巨大地震）
想定地震	再現期間30年	再現期間100年	関東地震を想定（海洋型地震）	仮想断層を想定（活断層地震）
Sグレード		快適居住可能限界	情報機器正常動作可能限界	継続使用可能限界
Aグレード	快適居住可能限界	情報機器正常動作可能限界	継続使用可能限界	
Bグレード	情報機器正常動作可能限界	継続使用可能限界		
Cグレード	継続使用可能限界			

無被害である確率が95％以上であるときのこととしています。今回の設計においては，**表3-4**，**表3-5**のような要求性能マトリクスを提案しています。要求性能マトリクスの内容は常に同じものではなく，設計サイトや構造形式や顧客の要求が異なれば，その内容は変わります。限界状態の設定について次に述べます。

(2) 限界状態の設定

限界状態とは，建物の性能を規定するにあたり，判断基準とすべき状態のことです。これはすべての建物に対し，一様に与えられるものではなく，建築物の用途・機能・周辺の状況および建築主の価値観などによって異なるものです。したがって，ここでは前節での要求分析の結果を踏まえ以下のように決定しています。構造体の性能向上が，必ずしも使用性能の向上に対応しないことから，便宜的に構造体と使用性の二つに分けて表現しています。

構造体に対しては，①継続使用可能限界，②資産保全限界，③安全確保可能限界，使用性に対しては，①快適居住可能限界，②情報機器正常動作可能限界，③継続使用限界，のそれぞれ3つの限界状態を定めています。各限界状態に対するクライテリアを，**表3-6**に示します。

表3-6 限界状態とクライテリア

限界状態	状態の説明	主要構造に対する与条件	使用性に対する与条件
安全確保可能限界	建物内部に居住する人命に支障を生じない限界	層間変形≦1/66[※3]	
資産保全限界	修復により建物の資産価値が保全される限界	塑性率≦2 層間変形≦1/100[※4]	
継続使用可能限界	地震被災後も建物が継続して機能し、使用が可能な限界	柱・梁弾性[※5] 層間変形≦1/100	応答加速度≦600gal[※1]
情報機器正常動作可能限界	情報機器等の正常動作が可能な限界		応答加速度≦250gal[※2]
快適居住可能限界	内部に居住する人が極度な不快感を覚えない限界		応答加速度≦100gal

※1 建築設備の耐震設計施工指針
※3 層崩壊を防ぐための条件として定めた
※5 構造体が健全である限界
※2 情報機器の設計仕様を参考に定めた
※4 外装材のファスナーの変形限界

3.5 わかりやすい地震荷重レベルの表現を目指して

　要求性能マトリクスを作成するためには，限界状態のほかに，荷重レベルを定義する必要があります。ここで地震荷重レベルについて説明します。

　限界状態設計指針[2)]では，終局限界と使用限界に対する目標信頼性指標βを用いて供用期間中の破壊（超過）確率により，耐震性能を表しています。ここでは，地震が発生したと仮定した時の破壊（超過）確率により，耐震性能を表しています。具体的には，L1～L4の異なる地震荷重レベルを設定し，そのような地震が発生したと仮定したときに，建築物がある限界状態を超過する確率を示しています。すなわち地震発生を条件とした，条件付き確率による表現としています。設計者にとっても建築主にとっても，わかりやすく明快であろうという理由から，この表現方法を採用しています。

　地震荷重レベルL1，L2はそれぞれ，再現期間30年,100年の地震動と定義し，荷重指針[3)]に示されている方法に従って模擬地震動を定めています[4)]。この方法は，過去の地震データから確率統計的に，地震動レベルを定めています。しかしL3レベル以上の地震動はその発生頻度も少なく，僅かなデータからその大きさを推定せざるを得ません。したがって，震源の情報やサイトの地盤特性などの情報が整っている場合には，建設地点において予想される具体的な地震像を描く方法がよいと考え，次のようにL3, L4の地震動を表現することにしています。

　L3：海洋型地震である関東地震の再来を想定。関東地震の断層パラメータを

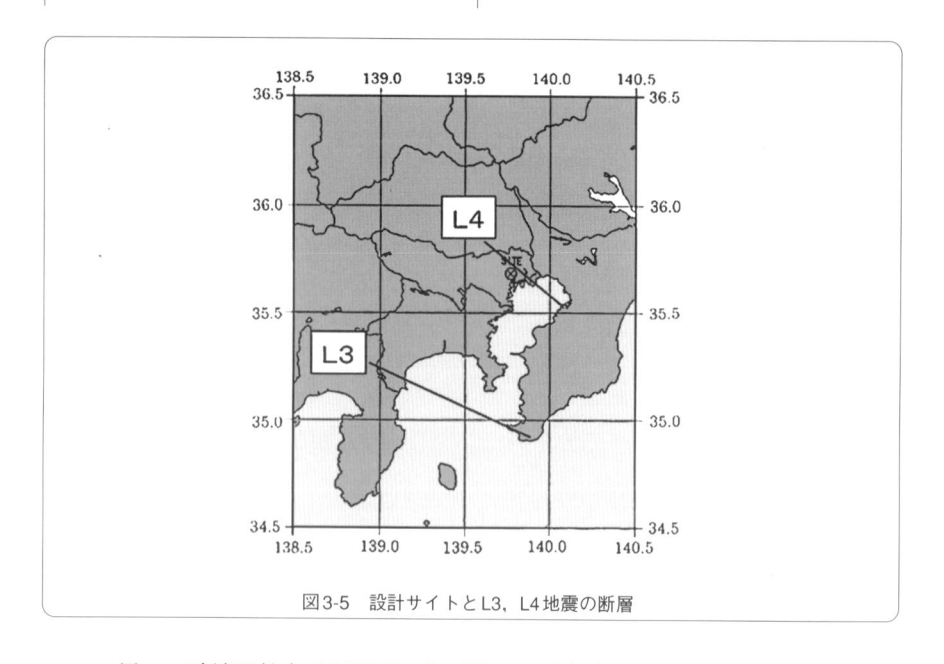

図3-5　設計サイトとL3, L4地震の断層

用い，破壊開始点は断層面の北西端および南端を仮定しています（**図3-5**）。
L4：仮想活断層による直下型地震を想定しています。建設地付近には荒川断層および東京湾北部断層が確認されていますが，両者の間には厚い堆積層があるため断層の存在は認められていません。仮にこの間に断層が存在したとすると，対象地への影響は甚大となります。以上より建設地において考え得る最大級の地震動を引き起こす断層として，東京湾北部断層を北西側に2倍の長さに延長した断層を想定しています（図3-5）。L4は大体，兵庫県南部地震のレベルに相当します。

このように，再現期間のみによる表現ではなく，関東地震，兵庫県南部地震という一般の人にもなじみのある被害地震と対応した表現とすることで，建築主の地震に対する理解を助け，構造設計者との対話をスムーズに進めることができると考えています。

3.6　要求性能マトリクスに基づいた「対話」

要求性能マトリクスをつくってしまえば，「対話」が成立するのかというとそうではありません。建築主に要求性能マトリクスを見せて，「どのグレードにしますか？」と尋ねても，建築主にとってはそのレベルを決めるのは難しいと思います。

第3章 歴史的建築物再生

要求性能マトリクスは，あくまで対話のためのひとつのツールです。構造設計者はさまざまなスタディを行い，合理的と思われる構造形式や望ましい目標性能をある程度定めて，建築主とのミーティングを行います。以下は，建築主（C）と構造設計者（S）のミーティングの内容です。

1. 構造形式の選択について，構造設計者よりの説明
（S）「三菱一号館」を忠実に復元あるいは外観の再現を目指すのであれば，前で述べたように，構造形式は組積造「三菱一号館」を忠実に復元，あるいは外観の再現を目指すのであれば，構造形式を組石造，RC造とすべきでしょう。そしてその場合，高度な耐震性能を要求するのであれば，基礎下における免震工法を採用するのが最適な選択と考えられます。しかし今回の設計においては単なる外観の再現にとどまらず，現代風のアレンジを加えた軽快さ，あるいはオフィスとしての快適性，機能性を要求した歴史的建築物の再生を目標としています。それを実現するためには，表3-2の項目が具体的な構造設計上のテーマになる，と考えています。そして，最終的に制震ダンパーを用いた鉄骨造が今回の最適な構造形式になる，という結論になったのです。

2. 主要構造の目標グレードの設定についての議論
（S）表2の課題のうち耐震設計に関係するものは，以下のとおりとなります。
①最大級の地震に対しても，建物が継続して使用が可能であること。
②ある程度の地震に対しては，情報機器などに誤作動などがないこと。
③供用期間として100年以上を考慮すること。
④最大級の地震に対しても，外装などに支障がないこと。
　この中で，③より本建物で考慮すべき地震としては，少なくともL3，できればL4レベルの巨大地震を対象とすべきです。その際①，④の条件を満足するためには，Sグレード，少なくともAグレード以上の耐震性能目標を設定すべきです。
（C）その場合構造形式から見たとき，何か制約はありますか？
（S）組積造，RC造の場合，免震構造とすれば，目標達成が可能です。鉄骨造であれば，低降伏点鋼材などを使用した制震装置を設置することにより，同様に目標達成が可能になります。

3. 建物の使用性についての議論
（C）使用性についても，同様に目標をクリアすることは可能ですか？
（S）②の要求を実現するためには，使用性についてもAグレード以上の耐震性能目標を設定することになります。その場合建物の固有周期を，1秒以上にす

ることが必要になります。それを実現するためには，免震構造とすれば目標は達成されます。

(C) S造で制震構造を採用した場合はどうですか？
(S) その場合この規模の建物で固有周期1秒以上を確保することは困難であり，Aグレード以上の使用性の確保は困難です。その際にはBグレード程度の目標設定とし，特に高い使用性能を要求を持つテナントに対しては，床免震システムなどを個別に設置する方法も考えられます。
(C) L3，L4の際，設備機器の継続使用確保の問題はどのように考えるのですか？
(S) L3地震については，別途設備機器の設置方法などを検討すれば，ある程度対応は可能でしょう。L4地震については，水道・ガスなどの供給の問題，周辺の道路の被害状況などを考えると，元々建物単体ですべての要求を満足しようとすることに無理があり，設備機器の問題を解決した上で継続使用を保証することは難しいのです。

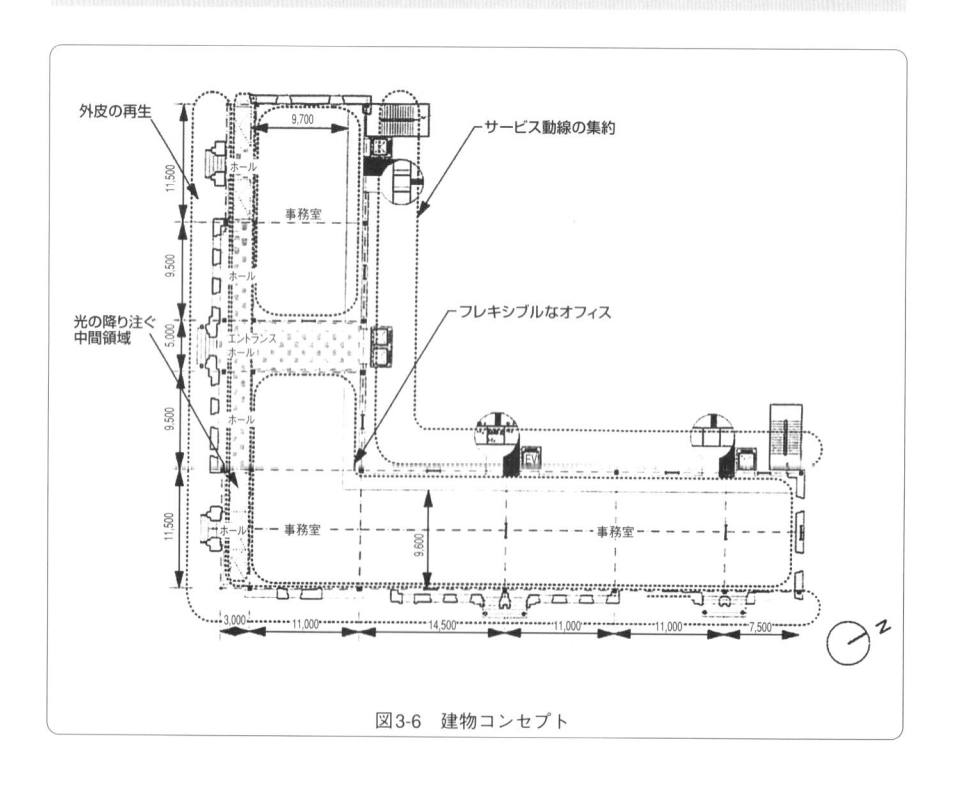

図3-6 建物コンセプト

以上の議論を踏まえ，最終的に構造形式は制震装置設置の鉄骨造とし，主要構造についてはSグレード，使用性についてはBグレードとしたいということで，耐震性能グレードの目標が決まったのです。次節から構造設計は具体的な解析の段階を紹介します。

3.7 ばらつきをどのように評価すればよいのですか？

(1) 変動分析チャートを用いてばらつきを評価する

信頼性設計を進めるためには，「ばらつき」の評価を如何に行うかが非常に重要となってきます。ばらつきの評価は，理論的に広範な調査・実験を実施し，その結果に基づいてばらつきについてのデータベースを構築すれば，それを把握することは可能と考えられますが，その作業は膨大となります。一方，対象とする現象の関係に着目すれば，その相互の関係性から未知の事象のばらつきを推定できる可能性もあります。そこでここでは，後者の観点に着目し，さまざまな事象のばらつきを相互間の関係から解明することとし，そのために「変動分析チャート」と呼ぶツールを提案し使用しています（**図3-7**）。

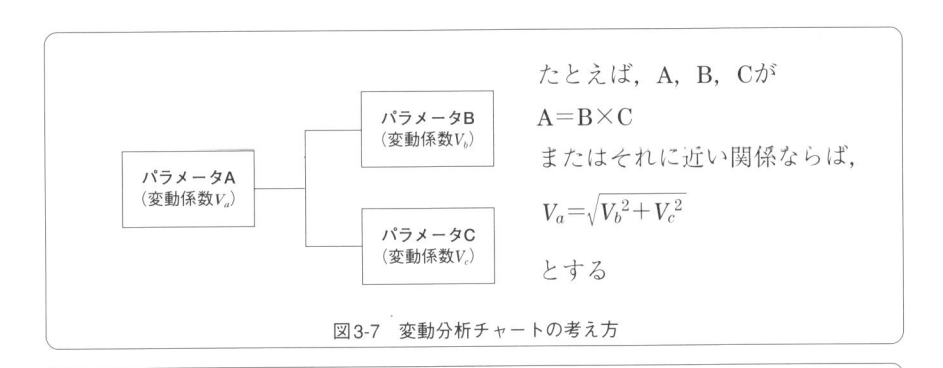

たとえば，A，B，Cが
$A = B \times C$
またはそれに近い関係ならば，
$V_a = \sqrt{V_b^2 + V_c^2}$
とする

図3-7 変動分析チャートの考え方

表3-7 変動係数の例

ばらつきの条件	変動係数	例
極めて小さい	0.01	断面寸法，断面積など
比較的小さい	0.05	鋼材の強度，鋼材のヤング係数など
やや認められる	0.1	コンクリート強度など
比較的大きい	0.3	積載荷重など
大きい	0.6	地震動強さ

ここでは変動分析チャートにおいて，あるパラメータAの変動係数V_aを，他の複数のパラメータB，Cの変動係数V_b，V_cから推定しています。変動係数は，**表3-7**のように設定しています。

変動分析チャートは，一般的には把握し難いと考えられるさまざまな工学量のばらつきの程度を，他の事象との関連から推定することを目的とするためのツールです。設計の各プロセスには，さまざまな不確かさが内在していますが，このチャートを利用することにより，それらを構造設計者がどのように認識しているのかを明らかにすることができると考えています。また工学的に未熟な部分を，将来克服すべきテーマとして抽出できる点でも，有効であると考えています。チャートの書き方については，主観的判断に頼らざるを得ない部分も多いのですが，変動の大きな部分を押さえておけば，多少書き方が異なったとしても，結果に大きな差異が生じることはないと考えています。**表3-8**に今回の設計で，ダンパーのエネルギー吸収量のばらつきを求めるために用いた変動分析チャートを示します。

(2) 変動分析チャートは，誰がつくってもまったく同じものになるのか？

ここでは複数のパラメータからあるパラメータを推定する際に，二乗和の平方根を多く用いています。この方法は，変動係数を求めたいパラメータが，推定に用いる複数のパラメータの積となっている場合に，正解を与えるものです。積の形にならないパラメータについては，影響因子のパラメータの値を少しずつ変えたときの変化の様子を調べることにより，ばらつきが求まることになります。この方法を用いれば，原理的には誰がつくっても同じチャートができあがります。ただ現実的には，要因となるすべてのパラメータを挙げようとすると非常に大変な作業となり，チャートも非常に複雑なものとなります。したがって，実際に変動分析チャートを作成する段階では，パラメータの中でも比較的影響が小さいと思われるパラメータは無視するなど，設計者の判断が含まれます。表3-8中の各パラメータの中にも，関係が数学的に明快ではっきりしているものと，複雑で設計者の判断が多分に含まれているものとがあります。また基本的には表の右から左に向かって積み上げて作成してゆくのですが，ところどころでその値を左から右に見直し，フィードバックさせながらこのチャートは作成されています。

このチャートをみれば，設計者がばらつきをどのように捉えているかが，はっきりとわかります。また設計者にとってみても，自分の考えを整理することにより，個々の検討項目を全体とのバランスを考えながら設計できるようになります。すなわち設計の中で，こだわるべきところとそうでないところが見えてくると思います。

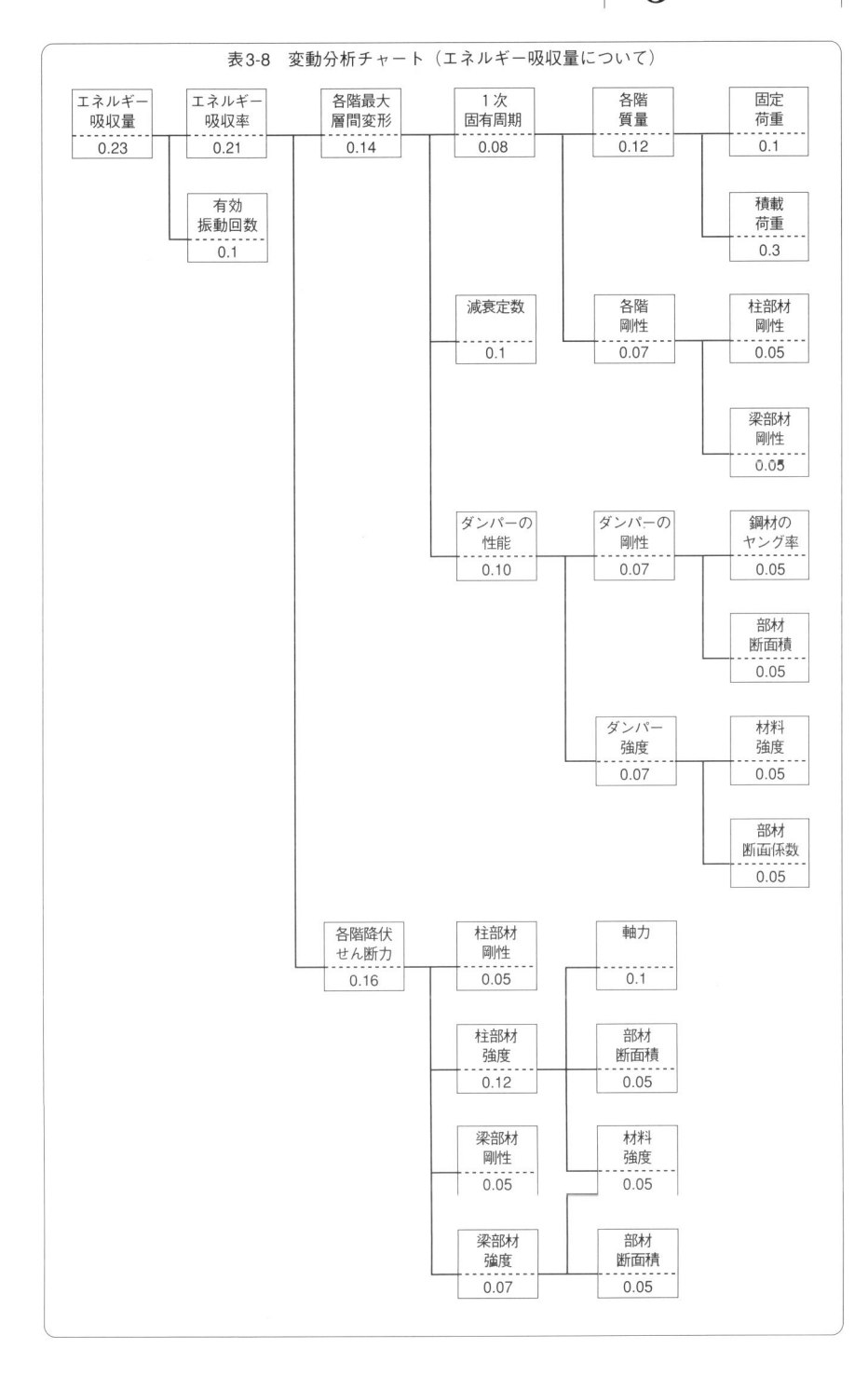

表3-8 変動分析チャート（エネルギー吸収量について）

項目	値
エネルギー吸収量	0.23
エネルギー吸収率	0.21
有効振動回数	0.1
各階最大層間変形	0.14
1次固有周期	0.08
減衰定数	0.1
各階質量	0.12
固定荷重	0.1
積載荷重	0.3
各階剛性	0.07
柱部材剛性	0.05
梁部材剛性	0.05
ダンパーの性能	0.10
ダンパーの剛性	0.07
鋼材のヤング率	0.05
部材断面積	0.05
ダンパー強度	0.07
材料強度	0.05
部材断面係数	0.05
各階降伏せん断力	0.16
柱部材剛性	0.05
軸力	0.1
柱部材強度	0.12
部材断面積	0.05
梁部材剛性	0.05
材料強度	0.05
梁部材強度	0.07
部材断面積	0.05

3.8 部材断面設計の方針

以上で定まった設計与条件を整理すると，次のようになります．
- 外装材などの損傷回避のため，各階層間変形角は1/100以下とする．またそのとき柱・梁フレームは弾性とする．
- L2, L1地震動に対し，応答加速度をそれぞれ600, 250gal以下とする．
- 制震装置として低降伏点鋼ダンパーを用いる．

地震により生ずるエネルギー入力を効果的に吸収するためには，建物を構成する部材の塑性歪エネルギー吸収によるのが有効ですが，一般に柱・梁部材を塑性化させることは，被災後の補修費用を押し上げ，場合によっては財産としての保全が困難となる場合もあり得ます．そこで本建物では，地震力のすべてを制震装置に負担させる設計とします．

地震入力による建築物の被害と，最もよく対応する指標が何であるのかという問題に対しては，さまざまな議論があり，建築物の部位によっても，その指標は異なることもあると考えられます．たとえば仕上げ材については層間変形角が，また設備の被害については加速度が，指標として適切であると考えられます．

塑性化する構造物の応答指標としては，エネルギーが物理量として安定していることが知られています．そこでここでは，エネルギーを構造体の損傷の指標としています．ただ，「変形を含めた応答を考えるときには，総エネルギー入力だけを考えるのでは不十分であり，直下型地震のように短時間に多くのエネルギーが投下される場合，つまり入力率が大きい場合には，それを考慮した指標を用いるべきである」という考え方[5]に基づき，ここでは構造体の破壊指標としてエネルギー入力率という指標を用いています．破壊確率を求める方法としては，建物を構成する個々の部材の破壊確率から建物の倒壊する確率を算定する方法も考えられるのですが，この方法は，部材の破壊と建物の破壊との関係が非常に複雑であり，また未解明な部分が多いため困難です．

今回の設計では，3.4節で前述したとおり入力と耐力モデルとして正規分布を仮定し，入力が耐力を上回る確率が5%となるように耐力を定めています．その際，変動係数は変動分析チャートを用いた分析結果を用いています．これは設計ツールとしてのわかりやすさを優先した，かなり簡便な方法となっています．以下に，設計手順の概略を記します．

【制震装置の設計手順】

　本建物は，制震装置として低降伏点鋼材パネルによる履歴エネルギー吸収型ダンパーを用いています。ここではダンパーの性能は，総エネルギー吸収量を指標とし，地震の破壊レベルの指標であるエネルギー入力率との比較により建物の破壊・損傷を判定します。エネルギー入力率の評価は以下の手順①，②，③，④により行います。

①建築物荷重指針[2)]に従い設計用加速度応答スペクトル（S_{AD}）を設定し，
②S_{AD}から設計用擬似速度応答スペクトル（$_pS_{VD}$）の値を求める。
③$_pS_{AD}$からエネルギー等価速度（V_E）を求めます[6)]。
④V_Eからエネルギー入力率を求めます[5)]。

　また総エネルギー吸収量は，ダンパーの形状から求まります。総エネルギー吸収量とエネルギー入力率の変動係数は，変動分析チャートを用いてそれぞれ，0.23，0.34となります。エネルギー入力率の変動分析チャートは，表3-8に示しています。

　つまり，4つの変動係数（0.23，0.34，0.10，0.35）は，すべて変動分析チャートを用いて求めていますが，その内でエネルギー吸収量（0.23）だけ表3-8に示しています。

【柱・梁フレームの設計手順】

　地震力は，制震装置ですべて負担する設計としています。したがって想定した変形量（1/100）に対し，柱・梁フレームが弾性範囲に収まるようにしています。以下に，断面算定の手順を示します。

①フレームにAi分布に比例した単位荷重をかけ，各階変形が1/100となる外力を逆算します。
②①で求めた外力で水平荷重時応力解析を行い，その結果に基づき断面検定を行います。
③以上の結果が，前に規定した構造設計目標を満足することを確認します。

　建物耐力（部材の弾性限耐力）および地震荷重（部材応力）の変動係数は，変動分析チャートを用いて，それぞれ0.10，0.35と推定します。

その他のクライテリアの確認

　以上のように，まず静的なモデルにより断面を仮定し，その後，作成した模擬地震動を用いて動的解析を行い，層間変形角や応答加速度が，使用性などのクライテリアを満足しているかどうかを確認します。その際，応答値の変動係数は0.10，クライテリアは確定値とします。

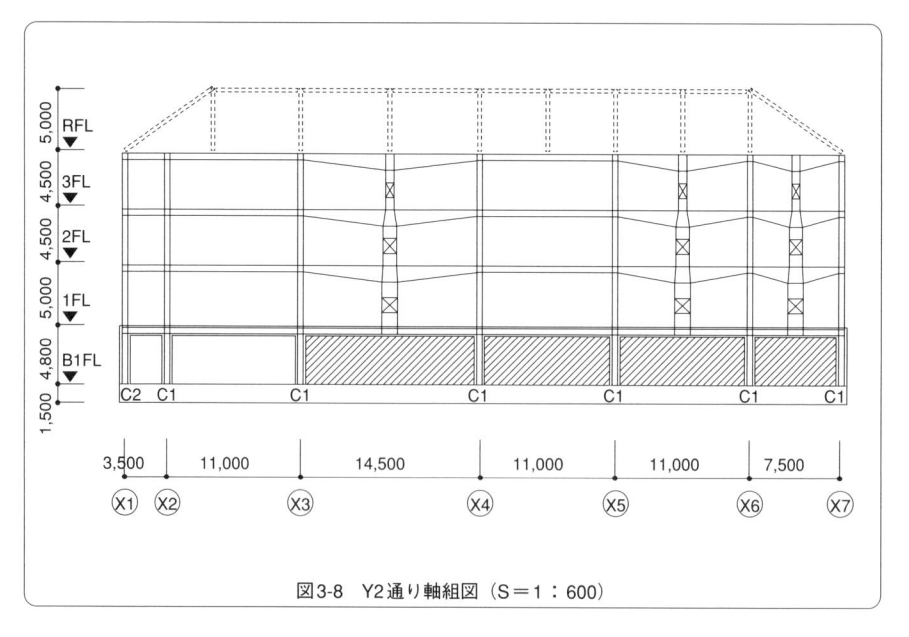

図3-8　Y2通り軸組図（S＝1：600）

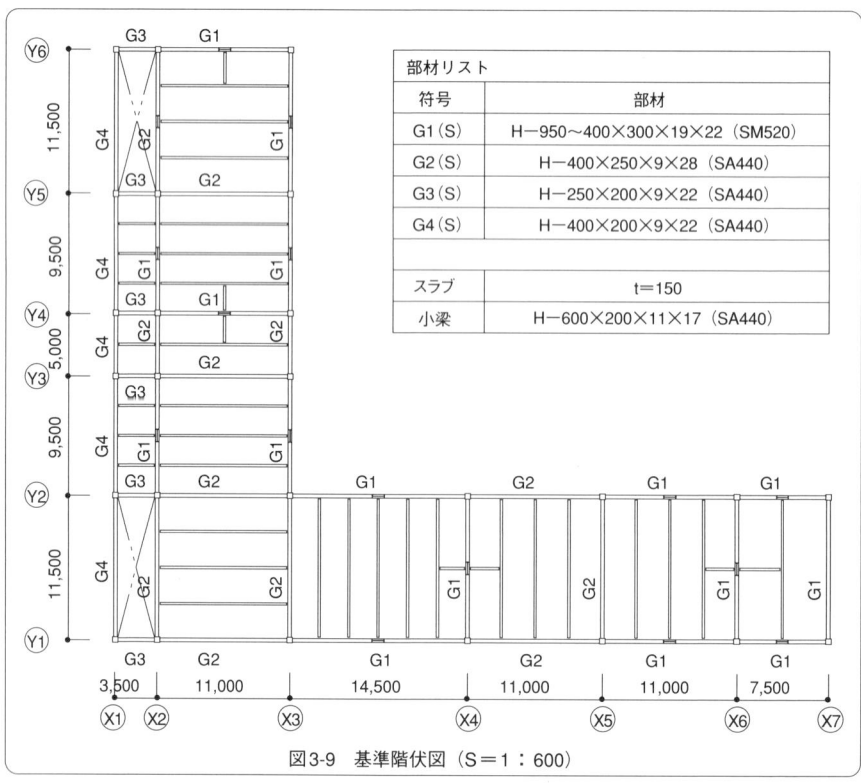

部材リスト	
符号	部材
G1(S)	H－950〜400×300×19×22（SM520）
G2(S)	H－400×250×9×28（SA440）
G3(S)	H－250×200×9×22（SA440）
G4(S)	H－400×200×9×22（SA440）
スラブ	t＝150
小梁	H－600×200×11×17（SA440）

図3-9　基準階伏図（S＝1：600）

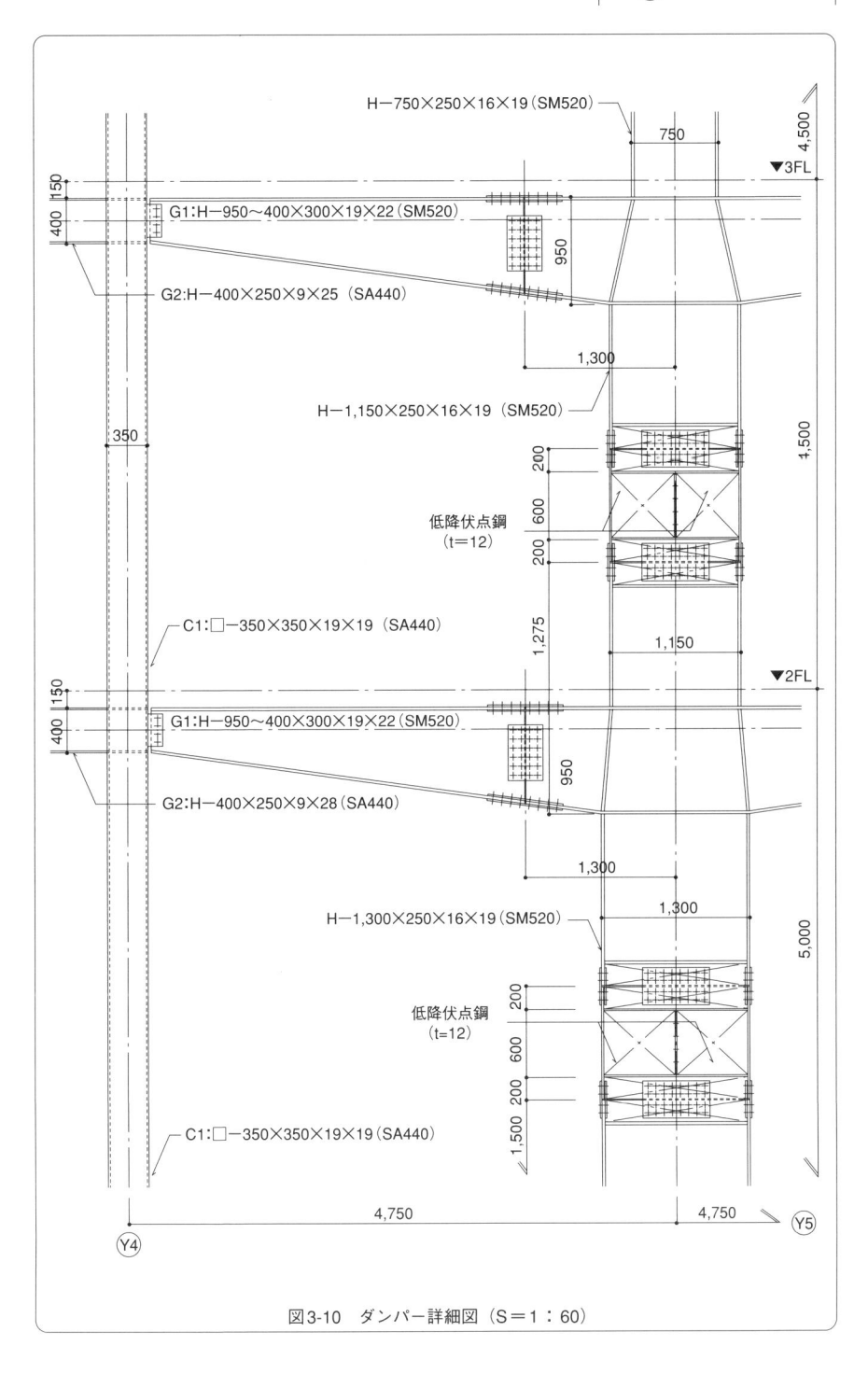

図3-10 ダンパー詳細図（S＝1：60）

建物の概要を，図3-8〜図3-10に示します。

3.9 まとめ

　設計目標の設定という限界状態法のメリットを最大限に生かすために，建築主と如何に対話を行ってゆくのかという内容を中心に，以下の手順で話を進めました。
① 建築主との対話，関係する周辺の状況調査などを通して，要求性能を分析します。その際には要求分析チャートを用います。
② 要求性能を規定するための限界状態を想定し，必要な荷重条件を設定した上で，要求性能マトリクスを作成します。また作成した要求性能マトリクスをもとに，建築主と再び対話を行い，要求性能を決定します。
③ 荷重条件設定の際，ばらつきを評価するために，変動分析チャートを用います。
④ 断面設計を行い，応力解析，振動解析を行い，要求性能目標を満たしているこ

図3-11　全体パース

とを確認します。

設計法に求められる要件として，大きく考えると次の3つが挙げられます。

- わかりやすさ：設計者・顧客・行政など誰にとってもそのプロセスがわかりやすいこと
- 正確さ：要求された性能に対し，設計され完成した建築物の性能がよく整合すること
- 汎用性：設計者の望むさまざまな価値観・理論・モデル・方法などが自由に扱えること

「正確さ」「汎用性」については，これらがまさに限界状態設計のメリットといえます。ここで示した設計例は，「わかりやすさ」を最大限に優先するために，限界状態設計指針[2]とは別のアプローチをとり，「正確さ」についてはある程度寛容になっています。

従来の設計法に基づいた構造設計には，「構造性能表記」「内在する不確かさ」「新技術への対応」などの問題があります。ここではこれらの問題に対し，「限界状態を想定した性能表記」「信頼性理論」の概念を導入することにより，解決を図っています。すなわち従来の設計法を補完する手段として，限界状態設計法を用いています。

【引用文献】
1) 日本建築学会；建築および都市の防災性向上に関する提言—阪神・淡路大震災に鑑みて—（第3次提言）建築雑誌vol.113, No. 1418, 1998
2) 日本建築学会；建築物の限界状態設計指針，2002
3) 日本建築学会；建築物荷重指針・同解説，1993
4) 金井宏之，稲田達夫，小川一郎；性能型構造設計法についての考察（その8：エネルギーに着目した入力地震動）日本建築学会大会学術講演梗概集1998年9月
5) 桑村仁，他；地震動の破壊力指標としてのエネルギー入力率—直下型地震と海洋型地震の比較を通して—日本建築学会構造系論文集第491号
6) 秋山宏；建築物の耐震極限設計（第2版），東京大学出版会,1987

第4章

変形を指標としたRC建物の限界状態設計法

耐震性能の定量化に向けたひとつの試み

4.1 地震による建物の崩壊
——真の終局限界状態は？

　鉄筋コンクリート造建物の耐震設計では，部材の変形性能の限界値を超える応答変形によって，建物が崩壊に至るという考え方が一般的です。本章では，このような観点にたって，建物の終局限界状態を定義することにします。**図4-2**に示すように，地震時の応答せん断力が建物の保有水平耐力に達し，さらに変形が変形性能の限界値に到る状態を終局限界状態と定義します。

　変形を指標とした終局限界状態を採用する理由は，建物が崩壊に至る現象を直接的・物理的に捉え，大地震に対する安全性，すなわち耐震安全性能の定量化を行うためです。こうして導かれる建物の破壊確率の値は，地震による経済的な損失の算定の基礎にもなります。また，構造物の性能ばらつきは耐力よりも変形の評価において著しく，さらに，地震応答についても応力より変形において，その変動が大きいということも理由のひとつです。

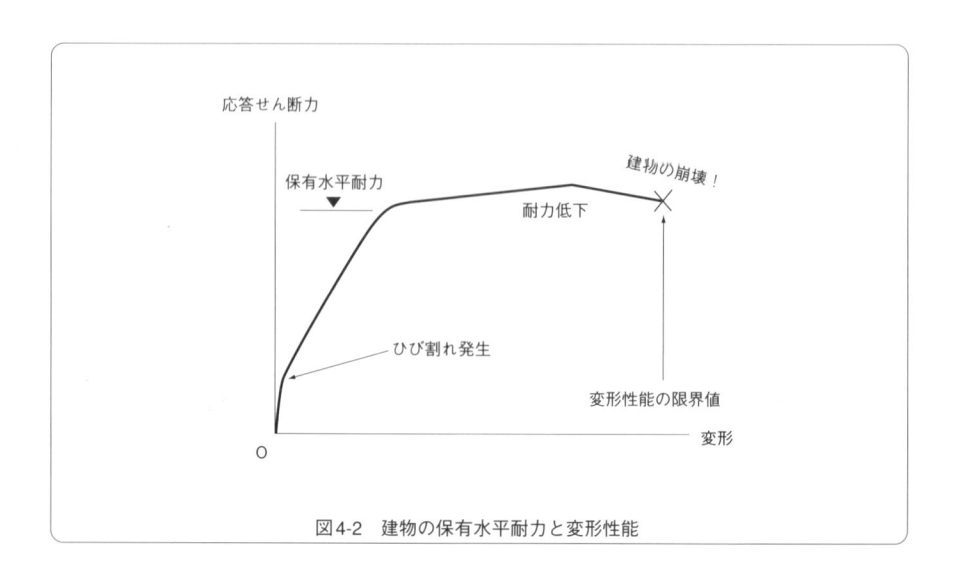

図4-1　全体パース

図4-2　建物の保有水平耐力と変形性能

RC建物の耐震設計の流れ

　日本建築学会から刊行されている「鉄筋コンクリート造建物の終局強度型耐震設計指針・同解説」(1990年)[1]ならびに「鉄筋コンクリート造建物の靭性保証型耐震設計指針・同解説」(1999年)[2]では，構造計画の段階で建物の降伏機構を設定した後に，その機構に従って，降伏機構設計と降伏機構保証設計という2つのフェーズに分けて，構造部材の設計を進める考え方が提示されています。降伏機構設計では，ヒンジを計画する部位の曲げ強度や変形性能などが確認され，降伏機構保証設計では，非ヒンジ部の曲げ設計や全部材のせん断設計が行われます。本章の提案もこれに沿う形で，前半では降伏機構設計，特に部材の変形性能に着目した設計を試み，後半では降伏機構保証設計，特に部材のせん断設計に関して検討します。

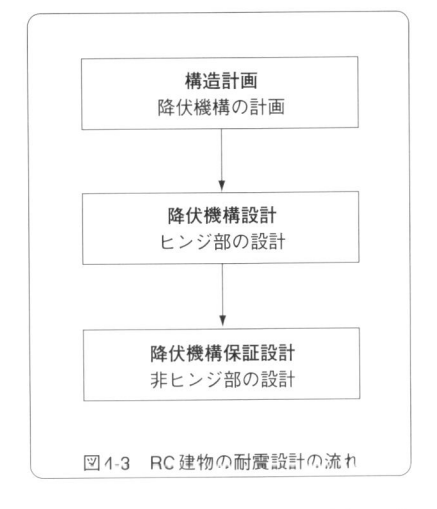

図4-3　RC建物の耐震設計の流れ

4.2 部材の変形性能の限界値はデータの蓄積を利用する

　部材の変形性能の限界値は，例えば図4-4に示したような方法で求めることができます[10],[12]。この図は柱に関する既往の多くの実験結果を参考にして，軸応力度やせん断余裕度といった因子が変形性能の限界値に及ぼす影響を分析し，評価式の作成を試みたものです。図の縦軸は実験結果を，横軸には作成した評価式により求めた予測値がプロットされています。変動係数は0.26と決して小さくありませんが，このような方法により部材の変形性能を予測することは可能であると考えています。なお，参考にした既往の実験結果は文献10)に示されています。

　変形性能の確率分布は，対数正規分布と仮定されることが多いようです。このような仮定の妥当性は今後，推定式とともにデータの蓄積により検証されていかなければなりません。確率分布を対数正規分布と仮定するならば，変動係数はコンクリート強度，主筋強度，せん断補強筋強度，ならびに推定式といった変数の変動係数から，二乗和の平方根により求めることができます。推定式の変動係数は，テイラー展開による一次近似式を用いて求められます。

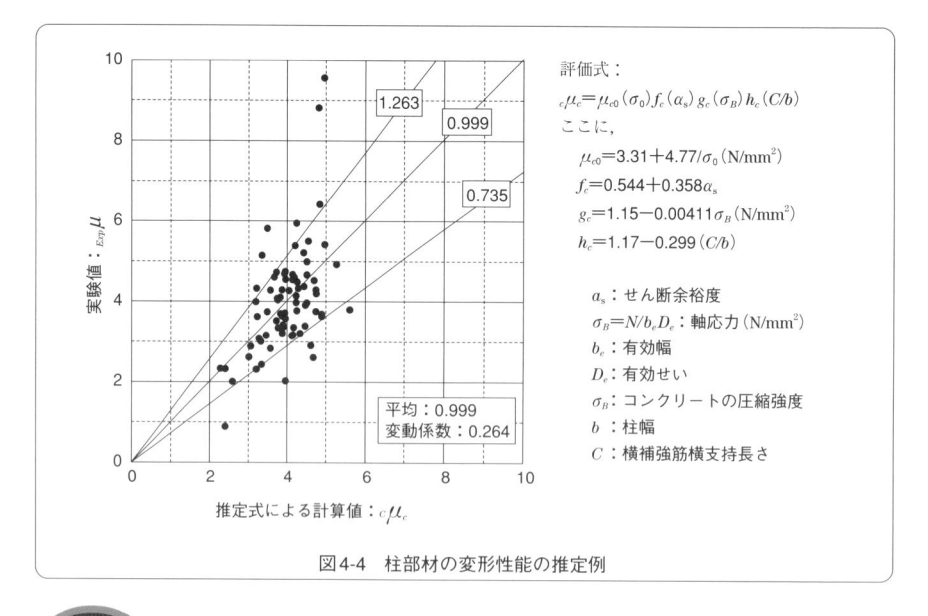

評価式：
$_c\mu_c = \mu_{c0}(\sigma_0) f_c(\alpha_s) g_c(\sigma_B) h_c(C/b)$

ここに，
$\mu_{c0} = 3.31 + 4.77/\sigma_0 \,(\text{N/mm}^2)$
$f_c = 0.544 + 0.358\alpha_s$
$g_c = 1.15 - 0.00411\sigma_B \,(\text{N/mm}^2)$
$h_c = 1.17 - 0.299(C/b)$

α_s：せん断余裕度
$\sigma_B = N/b_e D_e$：軸応力（N/mm²）
b_e：有効幅
D_e：有効せい
σ_B：コンクリートの圧縮強度
b：柱幅
C：横補強筋横支持長さ

平均：0.999
変動係数：0.264

図4-4 柱部材の変形性能の推定例

4.3 破壊確率評価の方法

　一般に耐震設計クライテリアは，設計用地震荷重と設計用耐力値の大小関係を比較することで照査されます。本章では変形を指標とするので，地震荷重効果に相当するものは応答変形となります。耐力値は部材の変形性能の限界値となります。以降では，これを変形限界と呼ぶことにします。

　さて，前節で変形限界の確率分布が求められたので，次に部材の応答変形について述べます。建物の供用期間中の部材の応答変形の確率分布が評価できれば，これと変形限界の分布とから破壊確率が評価できます。部材の応答変形の分布を求めるには，①地震動強さの確率特性，②地震応答の非線形性，③構造システムの各部の変形分布，といった複雑な要因を明らかにする必要があります。ここではまず①と②，つまり建物の代表的な応答変形の確率分布をどのように捉えていくかということを議論します。③の問題については，次節において言及します。

　図4-5に示すように，建設地点の地震動強さの確率分布（図4-5（A））を用意します。グラフは1－（非超過確率），すなわちハザードカーブの形で表しています。日本建築学会「荷重指針」に示されているHazenプロットなどの方法を用いたり，あるいは既往の文献から極値分布のパラメータを参照するなどの方法が可能です。次に，図4-5（B）に示すように建物の応答と入力強度の関係を求めます。地震応答解析によっても求めることは可能ですが，個別の地震動から得られる応答でなく，想

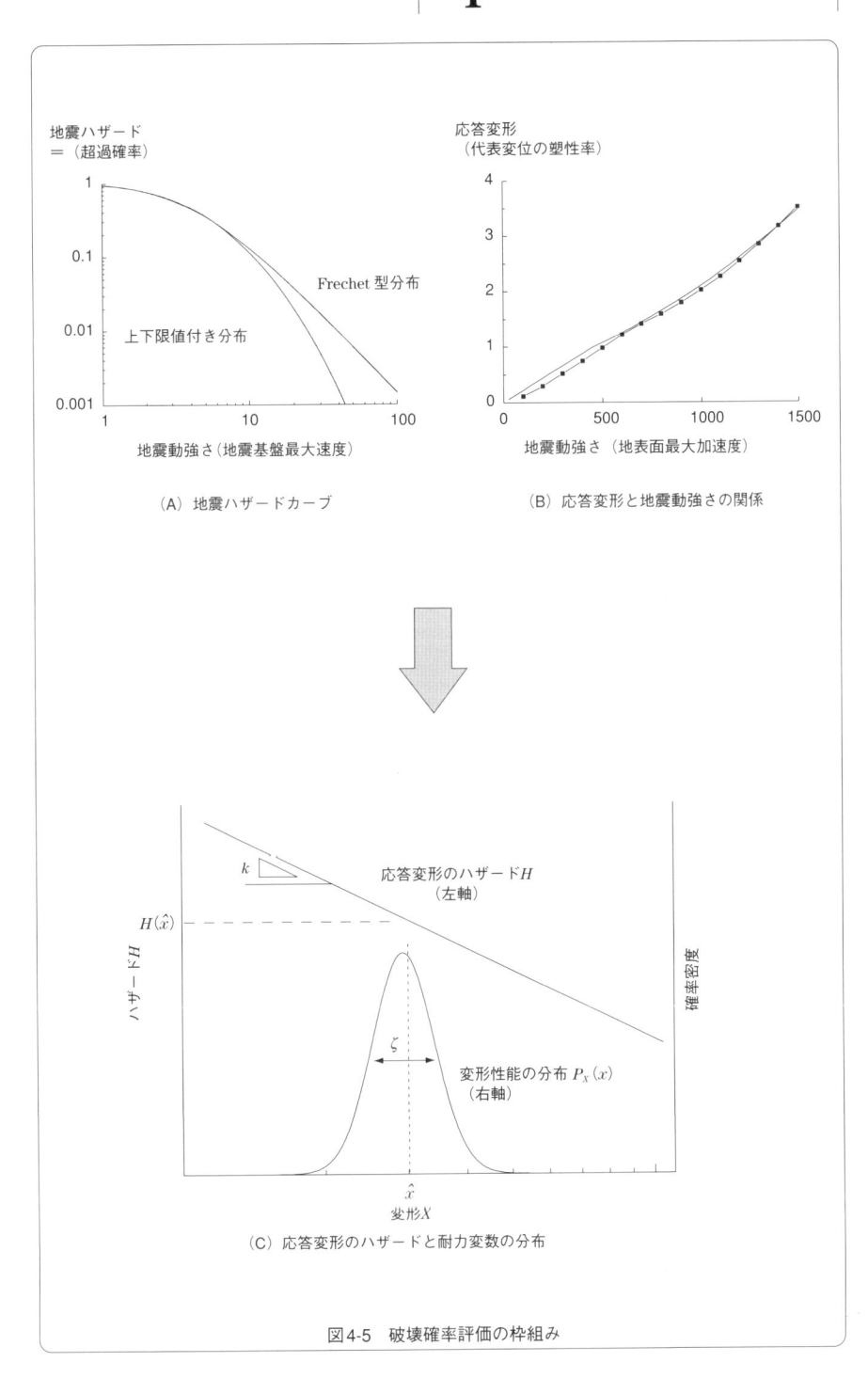

第**4**章 変形を指標としたRC建物の限界状態設計法

(A) 地震ハザードカーブ

(B) 応答変形と地震動強さの関係

(C) 応答変形のハザードと耐力変数の分布

図4-5 破壊確率評価の枠組み

定するスペクトル特性を有する模擬地震動による応答，すなわちサンプル波形の集合平均を求めることが必要となり，現実的には解析ツールなどの制約もあって困難です。しかし，改正建築基準法の限界耐力計算に用いられている減衰補正係数や等価減衰定数などを用いれば，このような関係を比較的簡単に導くことが可能です。

(A)，(B)の関係が求められれば，両者の関係から地震動強さのパラメータを消去する形で，応答変形の確率分布すなわち，応答変形のハザードHを求めることができます。前節で述べた変形限界の確率分布と応答変形ハザードを用いて，「応答変形が変形限界を超過する」場合を破壊の定義とし，積分計算を実行すれば求めるべき破壊確率が評価できます。

特に荷重項がFréchet型，耐力項が対数正規型の分布に従う場合には，下式によりこの破壊確率が求められることが知られています（Cornellの方法[6]）。

$$P_f = H(\hat{x}) \cdot \exp\frac{k\zeta}{2} \tag{4.1}$$

ここに，$H(x)$：応答変形のハザード関数
　　　　k：応答変形のハザード関数$H(x)$の両対数グラフ上での勾配
　　　　ζ：変形限界の対数標準偏差
　　　　$\hat{x}$：変形限界の中央値

以上により，変形を指標とした破壊の確率を評価する方法が一通り示されました。細部について言えば，例えば，地震動強さのパラメータはハザード関数の評価では基盤最大速度であり，建物への入力の場合には基礎での地動最大加速度となっていますので，両者を関係づける必要があります。表層地盤の特性を精密に反映させるためには，これらの間にも複雑な関係を想定しなければならないかも知れませんが，ここでは，単純な線形の関係があるものとしました。

地震動最大値の確率分布はFréchet分布が妥当であるという意見が多数ある一方で，Fréchet分布では再現期間の長い領域で，超過確率が過大になるという指摘があり，上下限値付きの極値分布がよく適合するという研究もあります[4]。上下限値付き分布の場合，両対数軸でハザード関数は直線にならないし，仮に，Fréchet分布としても，建物の地震応答と入力強度の関係やその他の因子を考慮すると，応答変形のハザード関数が両対数軸上で直線とはならないので，上述のCornellの方法は適用できないということが考えられます。しかし，実際に計算を行ってみると，現実的な構造物の応答の非線形性や変形限界のばらつきを想定した範囲では，応答変形のハザード関数を変形限界の中央値における接線で近似しても，厳密な数値積分と比較して実用上差し支えない値が得られることがわか

ります。そこでここでは，式（4.1）を採用することにします。

4.4 建物の各部材の変形と代表変形の関係

　前節において，建物の代表変形の変形限界の確率分布と地震動最大値の分布が与えられれば，変形を指標とした破壊の確率を規範とする設計法が可能であることを示しましたが，実際には，建物の代表変形の変形限界は，確率分布のみならずその期待値すら評価することは困難です。設計法としても，断面詳細により定まる部材の変形限界が照査されたり，あるいは，各部材毎に信頼性指標が示され，それが所与の条件を満たしているかどうかを確認する，というスタイルになっている方が都合がよく思われます。そこで，ここでは建物の各部材の変形と代表変形の関係について議論し，さらに前節で示した方法を用いて，いかに各部材の信頼性指標を求めるか，すなわち変形限界を推定していくかという方針について述べます。

　建物の各部の変形を1自由度系の応答変形に結びつけるには，静的弾塑性解析の結果を用います。ただし，実際に評価しなければならないのは，動的な応答なので，静的解析と動的応答の差異を考慮する必要があります。一般的な傾向として，例えば最大層間変形という量についていえば，静的な解析に比べ，動的な応答ではその高さ方向の分布が一様化するという傾向がみられます。この様子を図4-6に示します。図中のPGAは地表面最大加速度（Peak Ground Acceleration）です。動的応答における変形分布の一様化の傾向は，入力強度が

動的解析による応答層間変形角（実線）と，対応する等価変位における静的解析結果（点線）との比較。現行の耐震設計レベル2は，概ねこの図のPGA＝500cm/s^{2}に対応します。動的解析における地震動は荷重指針に規定される応答スペクトルに準拠しており，複数の波形による応答の平均値を評価しています。この例ではPGAのレベルが大きくなるとき，静的解析結果と動的応答の差がやや拡大することが認められます。

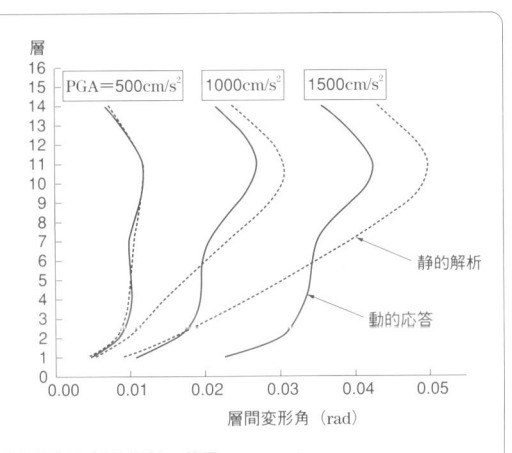

図4-6　動的解析と静的解析の差異

大きいときに顕著になり，静的解析の結果との差が拡大します。この理由は，建物の高次のモードに起因する動的増幅効果により，部材端のモーメントが上昇し，層の塑性化が促進されるためと考えられます。

建物の各部変形と入力地震動強度の関係を，動的解析によって求めた例を図4-7に示します。この図は，図4-6の入力レベルについて，さらに細かく分割して横軸にとり，縦軸に建物各層の最大応答層間変形角をそれぞれ示したものです。図4-7のそれぞれの線が，図4-5（B）に対応しますので，これらをそれぞれ評価すればその層の破壊確率が評価できます。ただし，個別の設計毎に図4-7のような関係を求めるというのは大変なことであり，さらに入力地震動の設定，応答の統計的評価といった手続きを増やすことにもなります。そこで，このような関係を静的弾塑性解析の結果で代用することを考えます。図4-6で静的解析が動的応答に対して，危険側の値を与える領域においては，それなりの設計的対処をしておくことにします。

部材の変形を代表変位と関係付け，その部材の破壊確率を導くのは，以下のような手続きで行います。

動的な各層の層間変形角 $\theta_i^{present}$ を，以下のように与えます。

$$\theta_i^{present} = max(\theta_i,\ \theta_R) \qquad (4.2)$$

ここに，θ_i：静的解析によるi層の層間変形角

θ_R：代表変形を等価高さ[11]（建物の各層の高さを水平変形と質量で重み付けした平均値）で除した代表変形角

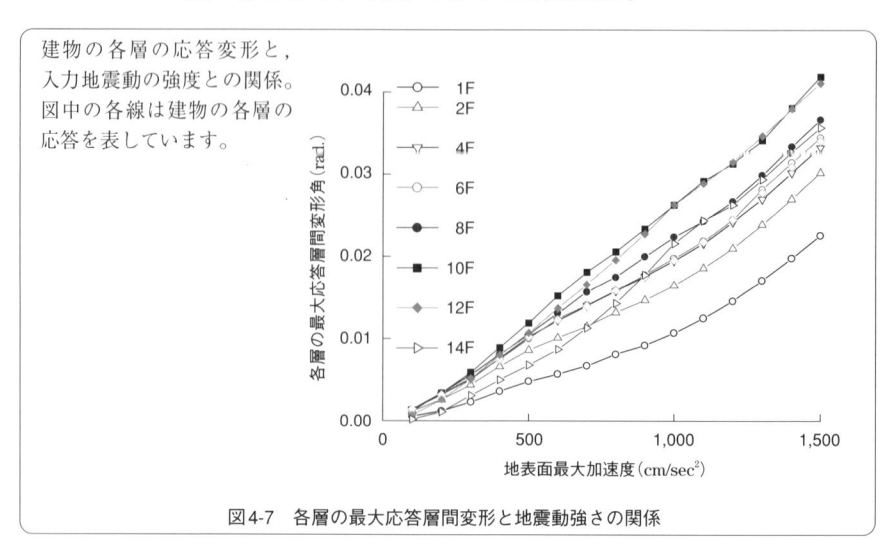

建物の各層の応答変形と，入力地震動の強度との関係。図中の各線は建物の各層の応答を表しています。

図4-7　各層の最大応答層間変形と地震動強さの関係

さらに，層間変形角と部材の塑性率μの関係は，静的解析のそれらの比から類推できるものとし，

$$\mu_i{}^{present} = max(\theta_i, \theta_R) \times \frac{\mu_i}{\theta_i} \tag{4.3}$$

として，塑性率を与えます。

以上により，代表変形と各部材の塑性率の関係が求められたので，Cornellの方法に従って，部材個々の破壊確率が求めることができます。

図4-5（B）の関係は，減衰補正係数F_h，等価減衰定数hをそれぞれ，

$$F_h = \frac{1.5}{1+10h}, \quad h = \gamma_1\left(1 - \frac{1}{\sqrt{\mu}}\right) + 0.05 \tag{4.4}\;(4.5)$$

とすれば，建物の代表変位の塑性率μ_Rは，

$$\mu_R = \left(\frac{1.5}{1.5+10\gamma_1} \frac{S_V}{\omega_y \delta_y} + \frac{10\gamma_1}{1.5+10\gamma_1}\right)^2 \tag{4.6}$$

ここに，S_V：地震動の速度応答スペクトル
　　　　ω_y：降伏点等価円振動数
　　　　δ_y：降伏点変位
　　　　γ_1：定数で0.25

上式は，実際の応答とよく対応することが確認されています[14]。この式を，

$$\mu_R = (aS_V + b)^2 \tag{4.7}$$

という形で表し，同様の形で部材塑性率と入力レベルの関係を，

$$\mu_i = (a_i S_V + b_i)^2 \tag{4.8}$$

と表します。結論的には部材の塑性率と代表変形の塑性率の比，

$$c_i = \frac{\mu_i{}^{present}}{\mu_R} \tag{4.9}$$

を用いて，

$$a_i = \sqrt{c_i}\; a \tag{4.10}$$
$$b_i = \sqrt{c_i}\; b \tag{4.11}$$

となります。これで入力強度レベルと部材の塑性率の関係が求められたので，地震動の最大値の分布と併せて，応答のハザード関数を評価し，これと部材の変形限界の分布と併せて，Cornellの方法を適用すれば，変形をベースにした部材の破壊確率が評価できます。

先ほど述べた「それなりの設計的対処」を，図4-7および**図4-8**で説明します。図4-8の中には図4-6の動的応答と静的解析の関係が再掲されています。さらに，静的解析における「建物全体の平均的な変形角」を示しています。設計時点では，動的応答の特性をいちいち求めることはしないで，静的解析で代用するのですが，その場合には平均的な層間変形角より小さな値は採用しないで，どの層でも最低

設計時の計算の中で，動的応答特性（図の実線）を得ることが困難なことが多いので，静的解析（点線）の結果にて代用するのだが，その場合に最低値として平均的な層間変形角（破線）を採用すれば動的応答が概ね包絡される。

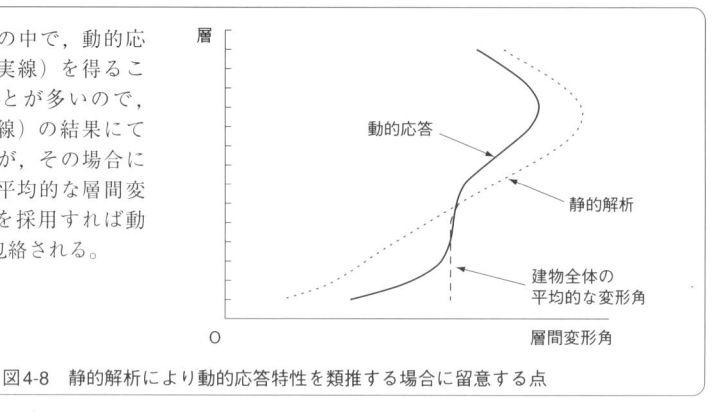

図4-8　静的解析により動的応答特性を類推する場合に留意する点

でも平均的な変形角よりも大きな値に対して設計することにします。このような方法を用いれば，静的解析の結果が危険側の値を与えている下層の領域についても，動的応答を包絡した形になっていることを図4-8で確認できます。

4.5　断面計算例

供用期間50年間における建設地点でのハザード関数として，図4-9に示すものを用います。これはFréchet分布[5]，上下限値付き極値分布[4]に，距離減衰式の変動を対数標準偏差0.7と設定して求めたものです。地表面最大加速度と地震基盤最大速度の間の関係は，日本建築学会「荷重指針」に例示されているように，最大加速度値は最大速度値の15倍，地震基盤から工学基盤への増幅率を2倍，さらにⅡ種地盤を想定して地表への増幅率を1.2として線形の関係を仮定しています。

表4-1に部材の断面表を示します。建物は一般的なRCのラーメン構造で，解析では「キ」の字型にモデル化します。柱部材の変形性能の限界値は前述の評価式を用い，梁部材については，文献10)に示された評価式を用いて求めます。梁部材の変形性能の限界値は上層階の極端に大きな部材を除き，塑性率の中央値が4.3〜5.7，変動係数が0.36となります。

図4-10の各階の梁と1階の柱脚部に示された数値が，部材変形に立脚した破壊確率から（1.19）式に定義される信頼性指標を求めたものです。梁部材は2.4〜2.8程度の値となっているのに対して，1階の柱脚部は2.14と少し小さくなっています。変形限界を超過する応答変形により，破壊が引き起こされるという視点で信頼性指標を評価してみた結果，相対的にクリティカルになるのが，この建物の場合1階の柱脚部であるという結論が得られたことになります。より高い耐

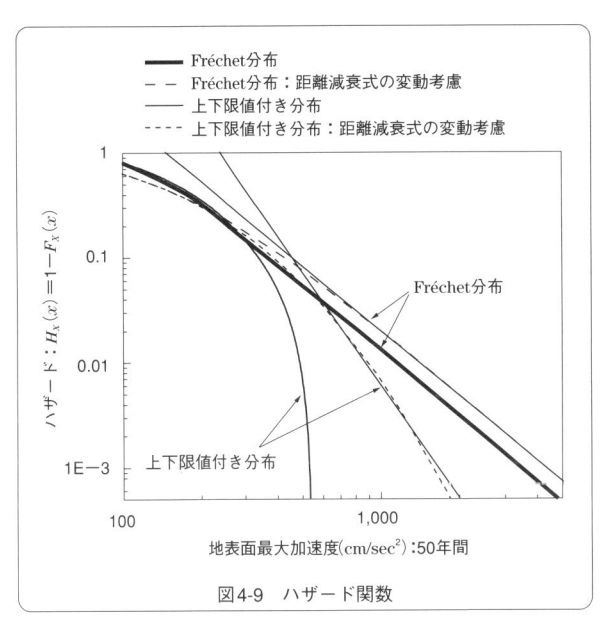

図4-9 ハザード関数

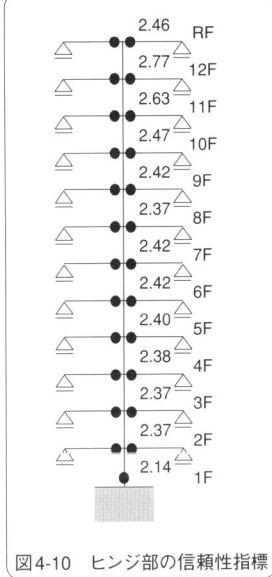

図4-10 ヒンジ部の信頼性指標

表4-1 断面表

階	梁 $B \times D$ (mm)	梁 主筋	柱 $B \times D$ (mm) 主筋	F_c (N/mm²)
R	500×700	上4－D29 下3－D29		
10	↓	上4－D29 下4－D29	800×1000 10－D29、4－D16	27
9	↓	上4－D32 下4－D35	↓	↓
8	550×750	上4－D35、1－D32 下4－D35	↓	↓
7	↓	上4－D35、2－D35 下4－D35、1－D35	↓	↓
6	↓	上5－D35、1－D35 下5－D35、1－D35	↓	↓
5	↓	上5－D35、3－D35 下5－D35、3－D35	↓	↓
4	600×750	上5－D35、2－D35 下5－D35、2－D35	↓	30
3	↓	上5－D35、2－D35 下5－D35、2－D35	800×1000 10－D32、4－D16	↓
2	600×800	上5－D35、1－D35 下5－D35	↓	33
1	↓		↓	↓

震安全性を求めるならば，1階柱脚の配筋ディテールを信頼性指標2.5程度の値をクリアするようなものとすることが望まれます。また信頼性指標で，2.0の値が得られるような変形限界を確保するという設計を，各部位について行うことで，変形限界に応じたきめの細かいディテールが得られ，実現する建物は各部分に過不足のない安全性が確保された，合理的なものとなります。

4.6 せん断強度の信頼性指標

前節では，建物の降伏機構として全体降伏機構，すなわち梁が先行して降伏し，建物全体が効率的にエネルギーを吸収するような形態を計画し，ヒンジ部位の設計を行いました。このような設計段階は降伏機構設計と呼ばれています[1]。以下の節では，そのような機構が建物に成立することを保証する設計について述べます。特に部材のせん断強度に対して，どのように考えるかを示します。強調される点は，降伏機構設計における信頼性指標と同じ土俵に乗った信頼性指標を評価するという点です。

4.7 降伏機構保証設計と限界状態設計法

耐震設計では，構造計画の段階で降伏機構を設定し，想定した降伏機構で最終的な破壊に至るものとして設計を進めます。限界状態設計法で表示される信頼性指標も，想定した降伏機構が生ずることを前提としたものです。想定外の破壊が起こると，耐力やエネルギー吸収能力が不足して，小さな外力で破壊に至ることがあります。したがって，想定外の破壊形式の発生を防ぐための処置を施さなければ，想定した降伏機構が生ずることを前提として求めた信頼性指標は過大評価になります。このようなことが起こらないようにするためには，想定外の降伏機構が生ずる可能性を，ある水準以下に抑える必要があります。

降伏機構を保証する設計を，限界状態設計法に取り込むには，降伏機構保証設計の信頼性指標を評価する必要があります。降伏機構保証設計の耐力の余裕度を設定するときには，メカニズム時に部材に生ずる力を荷重と捉えて，部材強度のばらつきなどを考慮して定めるのが一般的です。このような考え方が用いられるのは，静的増分解析では部材に生ずる力の最大値がメカニズム時の存在力で定まり，地震力に関係なく荷重が定まるためです。しかし，このような考え方をその

> せん断破壊は建物の破壊形式の中でも，設計者にとって最も「都合の悪い」もののひとつです。

写4-1　せん断破壊した建物の一例

まま限界状態設計法に持ち込むことには，以下に述べるような問題があります。
1) 耐震設計では地震荷重が主な荷重効果であるが，メカニズム時の外力が荷重効果とみなされています。したがって，同じ信頼性指標として機能しません。
2) 静的増分解析では，メカニズム時の部材力を超えることはありませんが，地震力を受ける場合は動的な増幅効果によって，メカニズム時の部材力を超える力が生じます。動的な増幅効果を地震荷重の大きさに無関係な係数で表示することがありますが，動的な増幅効果が地震力に依存することが無視されており，論理的な整合性がありません。

　限界状態設計法に降伏機構保証設計を取り込むためには，地震荷重を荷重効果とする基準期間内の信頼性指標の評価法を提示する必要があります。

4.8　せん断破壊の確率の評価

　降伏機構保証設計のうちでせん断設計については，動的増幅効果に簡単な近似を持ち込むことで，信頼性指標の近似評価式が得られます。基準期間内の地動最大加速度の確率分布がFréchet分布，せん断強度が対数正規分布に従うとして，図4-11に示すように最大応答せん断力が地動最大加速度に対して，メカニズム時を境として2折線で近似できるとすると，超過確率が図4-12のように表され，これを3折線で近似すると，前述のCornellの方法により破壊確率が次式で与えられます[11]。

$$P_f \approx \Phi(k_1 \varsigma - \ln \alpha_q^{1/\varsigma}) k_0 (\alpha_q x_f)^{-k_1} \exp\left[\frac{k_1^2 \varsigma^2}{2}\right]$$
$$+ k_0 \left\{\frac{\alpha_q - 1 + \eta}{\eta \, x_f^{-1}}\right\}^{-k_1} \left[\left\{\Phi({}_B k_1 \varsigma) - \Phi({}_B k_1 \varsigma - \ln \alpha_q^{1/\varsigma})\right\} \exp\left(\frac{{}_B k_1^2 \varsigma^2}{2}\right)\right.$$
$$\left. + \left\{1 - \Phi({}_R k_1 \varsigma)\right\} \exp\left(\frac{{}_B k_1^2 \varsigma^2}{2}\right)\right]$$
(4.12)

ここに,

$${}_B k_1 = \frac{k_1 \{\ln(\alpha_q - 1 + \eta) - \ln \eta\}}{\ln \alpha_q}$$

$${}_R k_1 = \frac{k_1 \{\ln(\alpha_q e^{n\varsigma} - 1 + \eta) - \ln(\alpha_q - 1 + \eta)\}}{n\varsigma}$$
(4.13)

k_0, k_1はFréchet分布のパラメータ, α_qは中央値で表示したせん断余裕度, ςはその対数標準偏差, $\Phi(\ )$は標準正規確率分布関数です。η, x_fは図4-11中に示します。この評価式では, 地震荷重が荷重効果となっていて, 動的増幅効果の地震力への依存性も, 弾性時の増加率に対する勾配比 η をパラメータとして考慮されています。

このような評価式を用いることで, 荷重と基準期間が統一され, 他の破壊形式と信頼性指標と相互に比較することが可能になり, グレードに連動した降伏機構保証設計が可能になります。

ここに掲げた評価式は, 表計算ソフトを利用すれば比較的簡単に計算できますが, 設計式としてはやや煩雑すぎるという憾みがあります。さらに簡略化して, 2折線で近似すると次式になります。

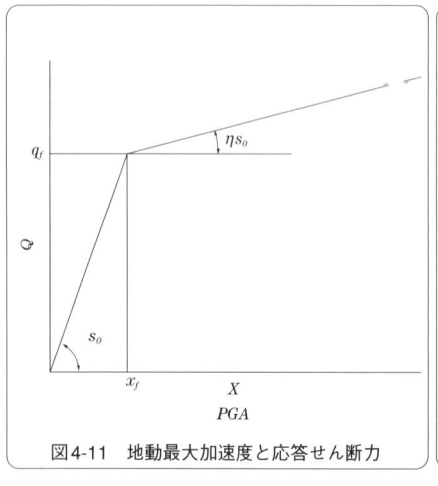

図4-11 地動最大加速度と応答せん断力

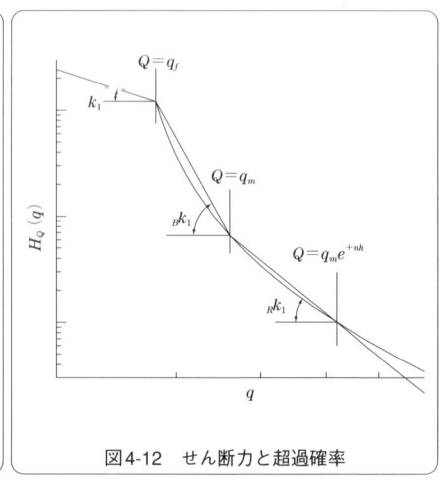

図4-12 せん断力と超過確率

$$P_f \approx \Phi(k_1\varsigma - \ln \alpha_q^{1/\varsigma}) k_0 (\alpha_q x_f)^{-k_1} \exp\left(\frac{k_1^2 \varsigma^2}{2}\right)$$

$$+ k_0 \left\{\frac{\alpha_q - 1 + \eta}{\eta\, x_f^{-1}}\right\}^{-k_1} \left\{\Phi\left(_B k_1 \varsigma\right)\right\} \exp\left(\frac{_B k_1^2 \varsigma^2}{2}\right) \tag{4.14}$$

ここに，

$$_B k_1 = \frac{k_1\{\ln(\alpha_q - 1 + \eta) - \ln \eta\}}{\ln \alpha_q} \tag{4.15}$$

上式では，$Q > q_m$ での折り曲げは無視されていますが，耐力が大きい側，すなわちハザードの小さい側の破壊確率への寄与は小さいので，そのことで生ずる誤差は実用上無視できるものと考えられます。

4.9 パラメトリックスタディ

式（4.12）あるいは式（4.14）によれば，せん断の破壊確率と設計度数の関係が陽な形，すなわち単純な数式で表わされていますので，どの変数がどのような影響を及ぼすかということを考察するのに，都合がよいと言えます。**図4-13**は信頼性指標βとせん断余裕度α_Qの関係を示したものです。極値分布としては，図4-9中の"Fréchet分布＋距離減衰式の不確定性考慮"のパラメータを用いています。図の縦軸は，破壊確率を信頼性指標の値に変換して表示しています。動的増幅効果を表す係数ηは，高さ（階）により$0.05 \sim 0.5$程度の値を取り得ますが，せん断設計として最も重要になる1階の柱について考えた場合，その値は概

図中に書き込まれたk_0, k_1のパラメータは，Fréchet分布で近似した地震動最大値の分布を表わします[11]。ここでは，50年間の超過確率10％の地動最大加速度値として約410cm/s²のものを与えています。x_fは建物がメカニズムに達する地動加速度であり，本例ではベースシアー係数が0.36程度の標準的な建物を考えています。

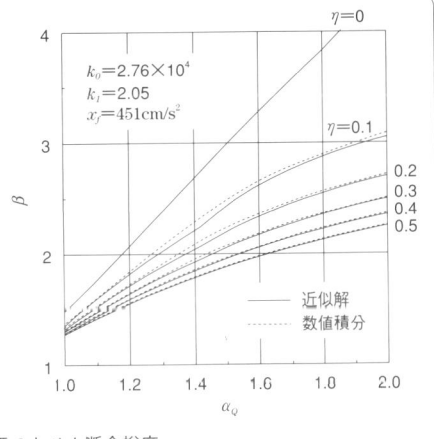

図4-13 信頼性指標βとせん断余裕度α

図4-14 信頼性指標 β メカニズム時のせん断力を荷重項として評価した信頼性指標（横軸）と地震荷重に対して評価した信頼性指標の関係

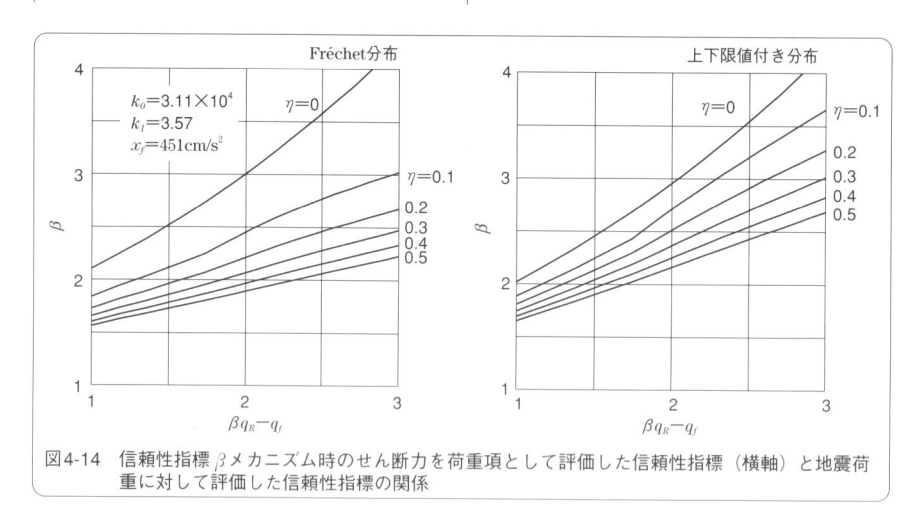

ね0.1〜0.2程度と考えられます。図から特に注目したいことは動的増幅効果を無視した場合，すなわち，本来そうではないのに誤って $\eta = 0$ としてしまった場合には，危険側の値，すなわち過大評価の信頼性指標を得るということです。例えばせん断余裕度が1.5のときに，$\eta = 0.1$ では，$\beta = 2.5$ なのに対して，$\eta = 0$ とした場合には $\beta = 3$ となってしまいます。図4-13によれば，所定の信頼性指標を得るために，どの程度のせん断余裕度を確保する必要があるかということが明示的に示されるので，設計時に見通しがよくなります。

曲げ強度に支配されるメカニズム時のせん断力を荷重項として評価される信頼性指標と，地震荷重に対して評価したせん断破壊の信頼性指標の関係を**図4-14**に示します。$\eta = 0$ の場合についてみると，概ね $\beta q_{R}-q_{f}$ に1を加えたものが β になっています。これは，図4-9からわかるように，Fréchet分布の場合も上下限値付き分布の場合も，$x_f = 451\mathrm{cm/s^2}$ に対応する超過確率が約0.1であり，これを β に換算すると1.3程度になることに人筋では対応します。もう少し正確な議論をするならば，強度がメカニズム時のせん断力を下回るサンプルの平均的な強度はメカニズム時のせん断力よりは小さく，これを超過する確率は x_f の超過確率より大きくなります。$\beta q_{R}-q_{f}$ と β の差が1.3より小さいのは，そのためであると言えます。

4.10 今後の課題

本章では提示した設計法を一通り実行することを優先したために，いささか乱

暴に過ぎる仮定を行ったり，経験的な式によった部分がいくつかあります。以下に，ここまでの考察の中で不十分な点や，今後より詳細に検討していくべき技術的課題を列挙します。

1) 部材の変形限界の評価

部材の変形限界の確率分布を求める場合に，大きく分けて2つの方法があります。一つは，過去の実験データの蓄積から着目したパラメータと，変形限界の関係を回帰する方法で，もう一つは，力学モデルに立脚した理論的アプローチにより関係式を導くものです。

本章では前者の方法を用いましたが，後者の方法が理想的であることはいうまでもありません。鉄筋コンクリートの分野では，経験式を用いることが多いように見受けられますが，設計法の枠組みが理想的なコンセプトに立脚しているというのであれば，この部分についても妥協することなく理論的アプローチを追求すべきでしょう。

2) 地表面での地震動の極値分布の評価

地震動の極値分布は，地震基盤での最大速度といった変量に対して，統計資料が整理されていることが多いようです。この情報に建設地点の表層地盤の特性を取り込み，地表面での地震動強さの極値分布を評価すれば，より詳細な設計となるのですが，ここでは概略的な関係式を用いています。地盤物性の不確定性などについてより詳細に研究を行い，直接的に表層地盤による影響を設計法に盛り込んで行くことが必要でしょう。

3) 静的解析と動的応答の差異

静的解析の結果から，動的な応答を類推する一方法を示していますが，本来は動的な応答解析により設計行為を行うのが本筋かも知れません。しかし，この場合以下のような点に留意する必要があります。過去の特定の強震記録を，将来起こり得る地動の一般的なモデルと考えることは難しい[8]ので，動的解析では確率論的な意味での模擬地震動のサンプルセットによる応答の統計量を評価する必要があります。しかしながら，現在の設計環境の中ですべての建物のすべてのケースについて，このような評価を行うことは大変です。これは，演算コストの問題ではなく，そのような評価の手続きを導入することに，困難が伴うことが予想されるということです。むしろ，動的応答と静的弾塑性解析の差分を把握しておき，汎用的な設計法としては静的弾塑性解

析の結果のみを用いて，評価が可能な方法を考えるべきではないでしょうか。必要以上に（計算機ではなく）設計者に負担を要求する設計法は悪であると筆者は考えるのですが，この点についても，今後議論の余地があるように思われます。

4）解析モデルの信頼性

冒頭で示した図4-2の荷重-変形関係には，降伏後に変形が進行したときに，建物耐力が低下する現象があることを示してあります。大きな変形になれば，少なくとも $P\text{-}\Delta$ 効果（上層部の質量の変位により生ずる付加的な力による変形）の影響は表れるでしょうし，変形限界ぎりぎりのところを照査ポイントとするのならば，部材特性に起因する応力降下も多かれ少なかれ免れない可能性があります。例示した解析ではこれらの特性は捨象して，降伏後も部材は弾性剛性の1／1000の剛性を保持するものとしていますが，より詳細なモデル化を考えるべきかも知れません。さらに，このようなモデル化には大きな不確定性が付き物ですので，これらによるばらつきも定量的に評価する必要があるでしょう。

【参考文献】

1) 日本建築学会；鉄筋コンクリート造建物の終局強度型耐震設計指針・同解説，1990.10
2) 日本建築学会；鉄筋コンクリート造建物の靱性保証型耐震設計指針・同解説，1999.8
3) 日本建築学会；建築物荷重指針・同解説，1993.6
4) 壇一男，神田順；上下限値を有する極値分布を用いた地震危険度解析，建築学会論文報告集，第363号，昭和61年5月
5) 尾崎昌凡，北川良和，服部定育；地震動の地域特性に関する研究（その1）―地震活動に基づく地震動期待値とその応用―，建築学会論文報告集，第266号，昭和53年4月
6) C. A. Cornell : Calculating building seismic performance reliability : A basis for multi-level design norms, 11th WCEE, paper No. 2122, 1996
7) 高田毅士他；耐震性能の確率表示と地震荷重，建築学会大会振動部門PD「これからの地震荷重と今後の課題」，1999.9
8) 柴田明徳；最新耐震構造解析，森北出版，1981
9) 村上秀夫，藤井栄，森田司郎；鉄筋コンクリート造内部柱・梁接合部単位架構の変形性能に関する検討（接合部データベース解析その2），日本建築学会構造系論文集，No.523, pp.103-110, 1999.9
10) 福島寛二，岡野創；鉄筋コンクリート造柱の変形性狙ノ関する実験データベースの作成と検討，日本建築学会大会梗概集，C-2, pp.147-148, 2000.9
11) 岡野創，前川利雄；鉄筋コンクリート造建物のせん断余裕度と基準期間内せん段破壊確率，日本建築学会構造系論文報告集，No.542, 2001.4
12) 岡野創，前川利雄，福島寛二；荷重効果の非線形性を考慮した鉄筋コンクリート造骨組みの信頼性評価－変形性能を指標とする建築物の耐震信頼性，構造工学論文集，Vol.47B, 2001.3

第5章

層崩壊を防ぐために
構造システムの破壊安全性を調べる

写5-1　兵庫県南部地震による中間層崩壊例

5.1 層崩壊の危険度を知ることが安全な建物の設計に繋がる

(1) 崩壊しにくい建物とは

　兵庫県南部地震では，中高層建物の中間階の崩壊やピロティ形式を中心とする特定階の崩壊が多発しました。このような層崩壊を防ぐために，日本建築学会の「鉄筋コンクリート造建物の靭性保証型耐震設計指針・同解説」[1]（以下，靭性設計指針という）などでは，梁降伏先行の全体崩壊メカニズムが確実に形成されるように設計することを大前提にしています。この理由は，特定階に変形が集中する場合と比較して，地震時のエネルギー吸収能力が圧倒的に大きく，建物崩壊に対して非常に大きい余裕度が期待できるからです。

(2) 限界状態設計法を用いて，層崩壊の危険度を評価できないか

　靭性設計指針では，全体崩壊メカニズムが形成されれば，部分的には柱曲げ降伏を許容（柱本数で40％以下）しています。これは，部分的に柱が曲げ降伏しても，層崩壊には至らないという判断があるためです。ただし，柱曲げ降伏の本数を40％以下にする根拠については，言及されていません。

　限界状態設計指針[2]（以下，LSD指針という）の鉄筋コンクリート造でも，全体崩壊メカニズムを達成するするために，柱降伏に対して，建物の目標信頼性指標（β_T）とは別に，保証設計用の信頼性指標を設定することになっています。この保

証設計用の信頼性指標は，梁曲げ降伏の状態を荷重側とし，柱の曲げ耐力を耐力側としています。このために，地震荷重との関係が定かではない点や，どれ位の信頼性指標を設定すればよいのかが明確ではないなどの問題点があります。

　靭性設計指針やLSD指針における不明確な部分は，建物の構造システムとしての信頼性が不明であることに起因しています。本章では，設計に適用できる実用的な信頼性解析手法を用いて，層崩壊確率を算出する1つの方法について述べてみます。

5.2 層崩壊に関する最近の研究から

　層崩壊は，特定の層（複数層も含む）の柱脚と柱頭すべてに曲げ降伏ヒンジが発生する曲げ降伏型の層崩壊と，1本の柱崩壊が引き金となって連鎖的に破壊が進展するせん断破壊型の層崩壊に，大別できます。

(1) 曲げ降伏型の層崩壊に関する研究例

　曲げ降伏型の層崩壊の研究例を，以下に紹介します。小谷ら[3]は，フレーム応答解析の結果から，25％の梁降伏型節点があれば特定層の変形集中は避けられるという結論を導いています。小野ら[4],[5]は，確率極限解析法を用いて，梁降伏を確率的に先行させるための柱梁の曲げ耐力比（柱曲げ耐力／梁曲げ耐力）は1.4～1.65程度必要であると結論しています。ただし，部材間の耐力は相関なしを前提としています。中埜ら[6]は，高層鉄筋コンクリート造骨組の1節点に着目して，柱曲げ降伏確率を7％以下とするための柱梁の曲げ耐力比は1.2程度必要である，と述べています。ただし，建物（複数節点）でみた場合は，もっと大きな余裕度が必要となるのではないかと考察しています。

(2) せん断破壊型の層崩壊に関する研究例

　次に，せん断破壊型の研究例を紹介します。萱島ら[7]は，兵庫県南部地震で中間階が層崩壊した連層耐震壁を有する建物を解析的に検討して，壁に大きなせん断余裕度があっても，柱耐力の劣化に伴って層崩壊に至ることを指摘しています。桑村ら[8]は，柱の塑性変形能力にばらつきをもたせたフレーム応答解析の結果から，小さな地震入力でも柱が連鎖的に破壊して層崩壊に至ることを指摘しています。市之瀬ら[9]は，キの字型モデルのフレーム応答解析の結果から，層崩壊確率を5％以下とするためのせん断余裕率は1.3～1.4程度必要である

と結論しています。

　以上の研究成果から，曲げ降伏型の層崩壊に対しては，ある程度の柱降伏ヒンジが発生しても層崩壊には至らないであろうことが推察できます。逆に，せん断破壊型の層崩壊に対しては，鉛直材にかなりの耐力余裕度が必要であることがわかります。

5.3 複雑な確率計算をしなくても層崩壊発生確率は計算できる

(1) 代表的な構造システムの破壊現象とは

　層崩壊確率を算出するには，構造システムとしての破壊確率を算出する必要があります。**図5-1**に，構造系の破壊を表す代表例を示しています。

　直列システムは，どれか1つの破壊モードが発生した時点で，構造系が破壊する場合です。鉛直材のどれか1本がせん断破壊した場合，連鎖的にせん断破壊が進展すると考えれば，せん断破壊型の層崩壊がこのタイプになると考えられます。並列システムは，n個の破壊現象がすべて発生したときに，構造系が破壊する場合です。鉛直材が曲げ降伏しても耐力劣化が生じないとすれば，曲げ降伏型の層崩壊がこのタイプになると考えられます。

　破壊現象E_iの発生確率を$P(E_i)$とすると，直列システムの破壊確率$_sP(system)$は，

$$_sP(system) = P(E_1 \cup E_2 \cup \cdots \cup E_n) \tag{5.1}$$

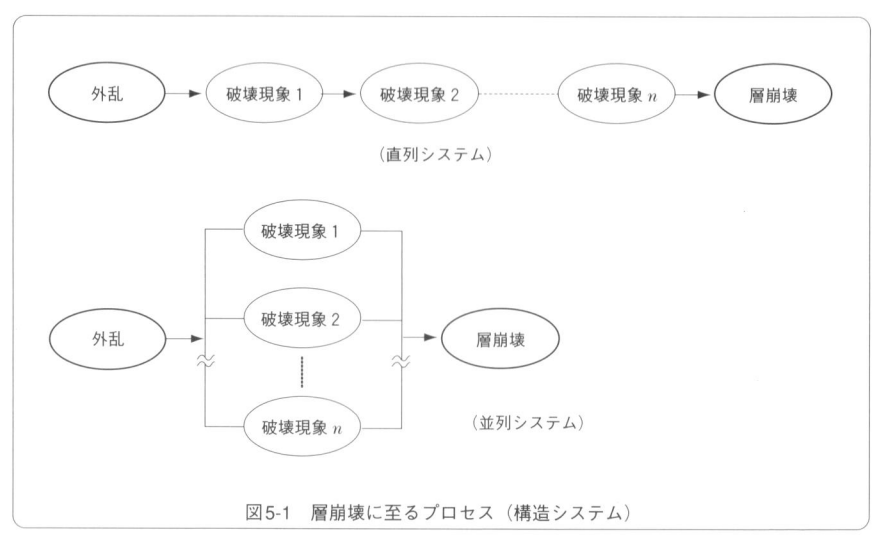

図5-1　層崩壊に至るプロセス（構造システム）

> 相関をもつ和事象や積事象の近似上下限解の紹介（文献10）より）
> 1) 和事象の近似解（m個の事象）
>
> $$P(E_1) + \sum_{i=2}^{m} max\left[\left\{P(E_i) - \sum_{j=1}^{i-1} P(E_j E_i)\right\}, 0\right] \leq P_f$$
>
> $$\leq \sum_{i=1}^{m} P(E_i) - \sum_{j=2}^{m} \max_{j<i} P(E_j E_i)$$
>
> 2) 積事象の近似解（2つの事象，この式を繰り返してm個の事象に適用）
>
> $$max\{q_1, q_2\} \leq P_f \leq q_1 + q_2$$
>
> $$q_i = \Phi(-\beta_i)\Phi(-\frac{\beta_j - \rho_{ij}\beta_i}{\sqrt{1-\rho_{ij}^2}})$$
>
> ここに，β_i：i事象の信頼性指標
> ρ_{ij}：$i-j$事象間の相関係数

という各破壊事象の和集合で表せます。

一方，並列システムの破壊確率 $_pP(system)$ は，

$$_pP(system) = P(E_1 \cap E_2 \cap \cdots \cap E_n) \tag{5.2}$$

という各破壊現象の積集合で表せます。これらの確率計算は，各破壊現象が相互に相関をもつことから，非常に困難な作業となります。そこで，これらの破壊確率を2次の近似上限解で推定する方法[10]が，実用的には有効だと考えられています。

5.4 部材間の耐力の相関性を調べる

(1) 破壊事象間の相関性の影響は大きい

構造システムの破壊確率を求める場合，個々の破壊事象相互の相関が非常に大きなファクターとなってきます。例えば，2つの事象の破壊確率がおのおの15.8％（$\beta=1$）とした場合，両者ともに破壊する確率を求めてみます。両者に相関がない場合は，2.5％（0.158×0.158）となります。完全相関の場合は，片方が破壊しているときには，もう一方も必ず破壊しているので15.8％となります。図5-2に，破壊確率と相関係数の関係をプロットしてみます。1つの事象の破壊

図5-2 破壊確率と相関係数の関係

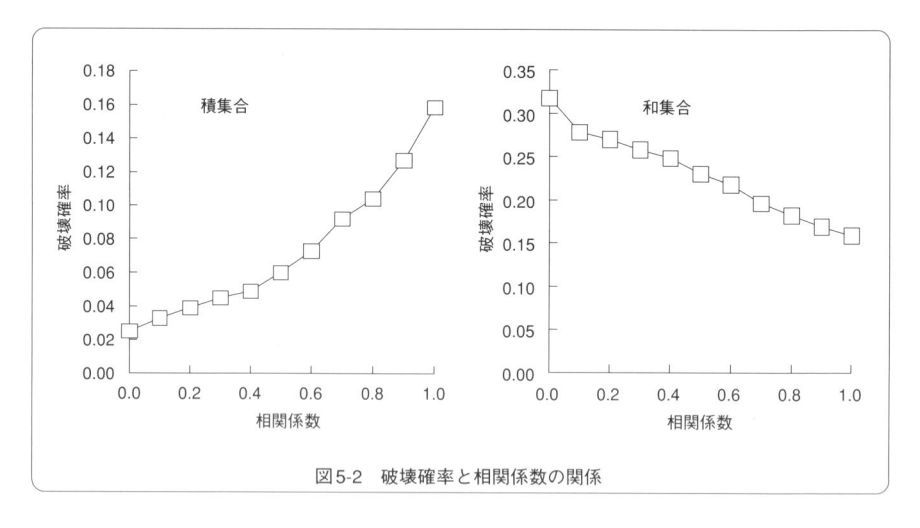

確率を，15.8％としています。計算は1,000回のモンテカルロシミュレーションの結果です。2つの事象でも相関係数の取り方で大きな差が生じてしまうのですから，建物の層崩壊確率を求める際の部材相互の相関係数をどれ位にするかは，非常に大きな問題です。

(2) RC造柱のせん断破壊に関する相関性を調べる

RC造柱のせん断耐力を例に，形状が同一の2つの柱の相関について調べてみます。靭性設計指針より，せん断耐力式は次式になります。

$$V_u = min(V_{u1}, V_{u2}, V_{u3},)$$

$$V_{u1} = \mu \cdot p_{we} \cdot \sigma_{wy} \cdot b_e \cdot j_e + (\gamma \cdot \sigma_B - \frac{5p_{we} \cdot \sigma_{wy}}{\lambda})\frac{b \cdot D}{2}tan\theta$$

$$V_{u2} = \frac{\lambda \cdot \gamma \cdot \sigma_B + p_{we} \cdot \sigma_{wy}}{3} b_e \cdot j_e$$

$$V_{u3} = \frac{\lambda \cdot \gamma \cdot \sigma_B}{2} b_e \cdot j_e \tag{5.3}$$

ここで，

- μ ：トラス機構の角度
- p_{we}：有効補強筋比
- γ ：コンクリート圧縮強度有効係数
- b_e ：トラス機構の有効巾
- b ：断面巾
- λ ：トラス機構の有効係数
- σ_{wy}：横補強筋信頼強度
- σ_B ：コンクリート圧縮強度
- j_e ：トラス機構の有効成
- D ：断面成

$\tan\theta$：アーチ機構角度

この評価式における耐力の変動要因を考えてみます。

- 評価式自体のばらつき
- コンクリート強度のばらつき
- 補強筋強度のばらつき
- 施工（鉄筋位置）のばらつき
- 外形寸法のばらつき

　この変動要因のうち，外形寸法については変動が小さいと考えられますので，変動要因から除外します。

　評価式自体のばらつきについて考えてみます。評価式と実験値との比較は，靭性設計指針より，V_{exp}/V_{cal}の平均値が1.28，変動係数が15％となっています。このばらつきは以下の理由により，評価式と施工のばらつきに分解します。試験体は，実構造体と比較して非常に精度よく製作されていると予想されますが，施工のばらつきはあると予想されます。この変動を5％とし，部材相互で無相関とします。残りの変動（$14\% = 100\sqrt{0.15^2 - 0.05^2}$）は，部材形状や使用材料に対する評価の偏りと考え，同一の形状と材料からなる2つの部材を比較する場合は，部材相互で完全相関とします。

　コンクリート強度のばらつきは，LSD指針より，平均値が1.25，変動係数を10％とし，部材相互で無相関とします。

　補強筋強度のばらつきは，LSD指針よりSD295Aを用いるとして，平均値が1.25，変動係数を5％とし，部材相互で完全相関とします。

　施工のばらつきは，部材寸法に対する鉄筋位置のばらつきを10％と仮定し，

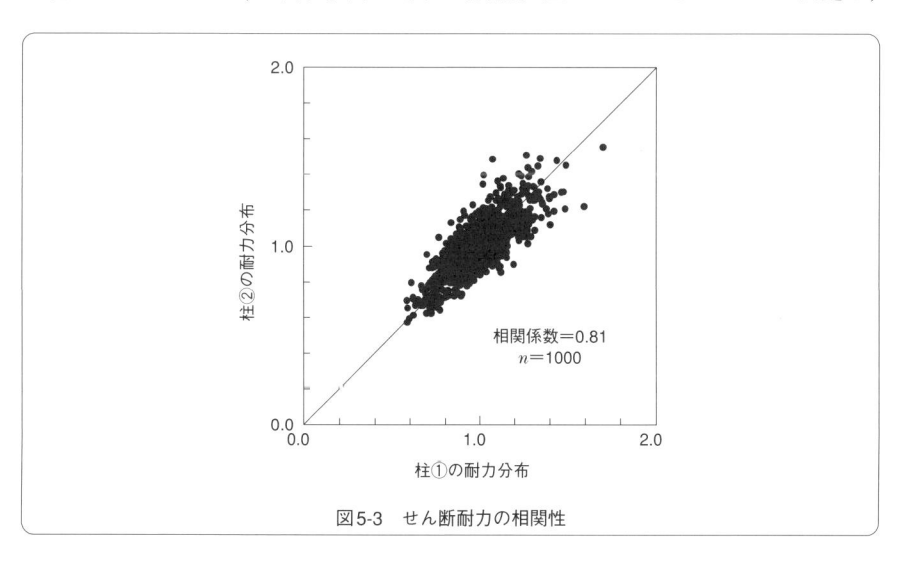

図5-3　せん断耐力の相関性

部材相互で無相関とします。

以上の設定より,おのおのの変動要因は正規分布に従うとして,2本の柱に対してモンテカルロシミュレーション($n=1,000$)を行います。その結果を**図5-3**に示します。部材間の耐力には高い相関性があるものの,完全相関を仮定すれば,図5-2から,和集合の場合のシステムの破壊確率は小さく計算されるため,危険側の評価になってしまいます。

5.5 近似解法で精度は問題にならないか

図5-4に,前節の5.3で述べた構造システムの破壊確率(和集合と積集合)を求める近似解法と,モンテカルロシミュレーション($n=3,000$)との比較を示します。個々の破壊事象に対する信頼性指標を2($P_f=2.3\%$),事象間の相関係数を前節の検討より0.8に設定しています。和集合は,せん断破壊型の層崩壊を想定しています。また積集合は,曲げ降伏型の層崩壊を想定しています。同図から,和集合に関してはよい精度でシステムの破壊確率を計算できることがわかります。しかし,積集合は,確率のオーダーが小さくなることも一因(確率が小さくなると,試行回数を増やさなければモンテカルロの精度も悪くなる)ですが,近似解の精度もあまりよいとは言えません。ただし,曲げ降伏型の層崩壊は,1階当たりの柱本数が非常に少ない建物でない限り,崩壊パターンに対して支配的にはならないと考えているので,設計上は大きな問題にならないと思います。

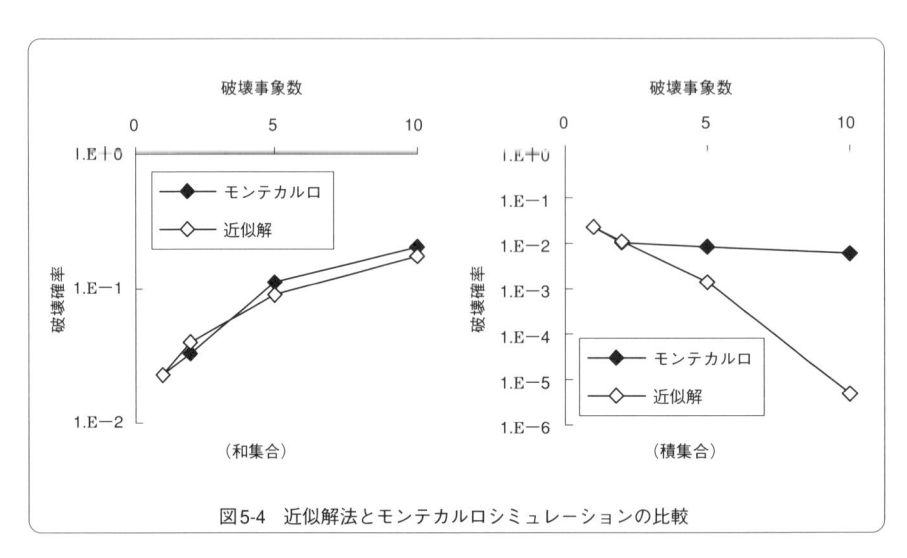

図5-4 近似解法とモンテカルロシミュレーションの比較

5.6 せん断破壊型の層崩壊確率近似解の精度を検証する

(1) 検証する条件

せん断破壊型の層崩壊の定義は，着目している層で，どれか1本の柱がせん断耐力に達した状態とします。柱のせん断耐力は，塑性変形量に従って変化します。ということは，建物の塑性化によってせん断耐力が変化し，また地震荷重と発生する応力（荷重効果）も非線形となります。後述する5.8の計算例では，破壊パターンを場合分けし，耐力側のみの評価（条件付き確率）で層崩壊確率を計算していますが，ここでは問題を単純化するため，強度型の骨組を想定します。つまり，塑性変形量が0で，地震荷重と荷重効果が線形と仮定します。

(2) 計算結果の比較

近似解は，同じせん断耐力をもつ複数柱の個々の破壊確率の和集合で計算します。地震荷重やせん断耐力の統計量は，LSD指針を用いますが，近似解が正規分布を仮定しているため，これらの確率分布を正規分布に近似します。また，各柱のせん断耐力の相関係数は0.8とします。一方，精算解は対数正規分布をもつ地震荷重とせん断耐力から，モンテカルロシミュレーション（$n=3,000$）により，せん断耐力が柱に作用するせん断力を下回る確率を計算します。図5-5に両者の比較を，$P_f=2\%$と5%とするためのせん断耐力の余裕度という形で示しています。実用的には，近似解で十分な精度が得られると考えます。また，せん

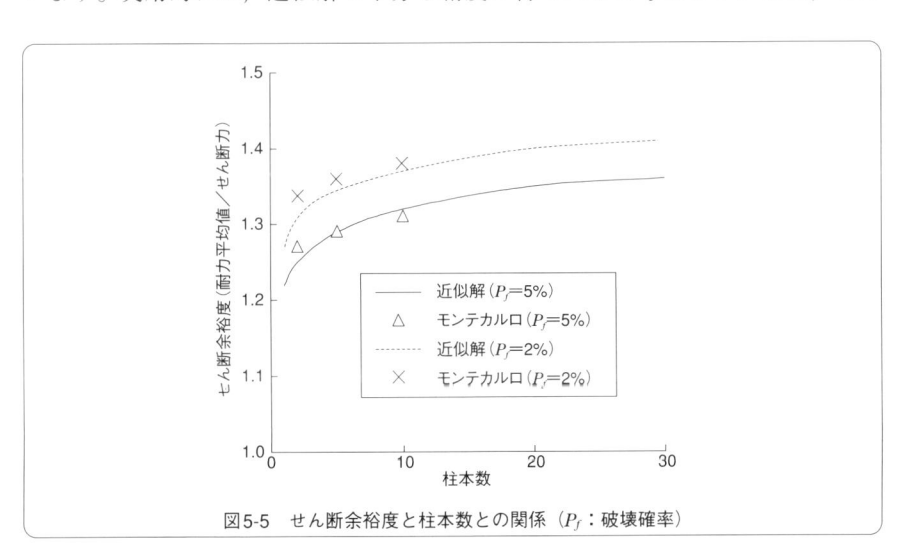

図5-5 せん断余裕度と柱本数との関係（P_f：破壊確率）

断余裕度は,既往の研究と同様に1.25〜1.45程度必要となります。

5.7 弾塑性解析を用いた場合の信頼性指標の計算について

　弾塑性解析を用いて荷重効果(架構応力など)を算定した場合,地震荷重より荷重効果の確率分布を変換することが困難になります。弾塑性解析を用いると,地震荷重と荷重効果との関係が非線形になります。荷重効果の確率分布を求めるためには,目標信頼性指標を複数個設定して,荷重効果の分布をある確率関数に近似する作業が必要となります。これは大変な作業を必要とするので,簡略化できないかと考えます。靭性型建物において,建物の終局安全性を検討する地震力レベルでは,建物はほぼメカニズム状態に達しています。この状態での地震力の増減は,変形の増減に敏感で,架構応力の変動は小さくなります。すなわち,荷重側の変動が架構応力に及ぼす影響は小さいので,式(5.4)で示す耐力側のみの確率分布で,信頼性指標を評価することにします。得られた信頼性指標が目標信頼性指標よりどれ位大きいかを問題にせず,単に大きいことのみを確認するのであれば,この評価式でよいと考えます。

$$\beta = \frac{R_n - R(\beta_T)}{\sigma_r \cdot \alpha_r} \tag{5.4}$$

　ここで,　$R(\beta_T)$:部材の設計荷重効果(確定値)
　　　　　R_n　:部材耐力平均値
　　　　　σ_r　:部材耐力の標準偏差
　　　　　α_r　:部材耐力の分離係数

5.8 現行設計法で設計されたRC造事務所ビルの層崩壊を検討する

(1) 建物概要

　RC造の純ラーメン構造の想定建物に対して,供用期間が50年で標準グレード(基準法レベル)という条件で,3つの限界状態を設定しています。3つの限界状態とは,安全限界・修復限界・使用限界であり,各限界状態で地震荷重時を,使用限界状態で鉛直荷重時を検討しています[11]。

　建物概要を**図5-6**に示します。本章では,現行の設計法で設計された当該建物の層崩壊についての検討例を紹介します。

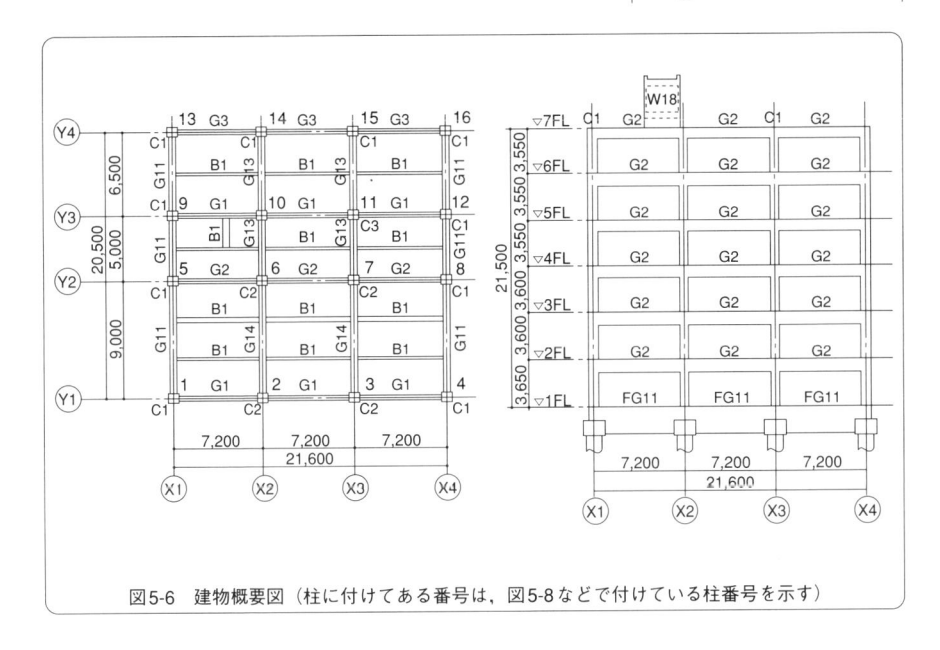

図5-6 建物概要図（柱に付けてある番号は，図5-8などで付けている柱番号を示す）

（2）安全限界の定義と目標信頼性指標

安全限界状態は，極めてまれに起こる外乱に対して，構造物がその安定を失う限界点と定義し，目標信頼性指標は現行設計法と同レベルとなる $\beta_T = 2$（地表面加速度＝414gal，応答倍率を2.5とすると，応答加速度＝1,035gal）とします。

（3）層崩壊確率の算定手順

層崩壊確率の計算フローを図5-7に示します。以下に，このフローに従って，具体的な計算方法を述べます。

①柱曲げヒンジ発生確率 $P({}_{bm}E_{i,k})$

静的弾塑性解析で得られた柱梁曲げモーメント分布を用いて，柱曲げヒンジの発生確率を算定します。弾塑性解析ですでに柱に曲げヒンジが発生している部分については，安全側に曲げヒンジ発生確率を100％とします。柱曲げヒンジの発生確率を算定する際に考慮する確率変数は，柱曲げ耐力 ${}_cM_u$，梁曲げ耐力 $\sum {}_fM_g$，節点モーメントの上下柱への振り分け率 f，振り分けられた節点モーメントの危険位置への変換 γ を考慮します。

k 階，第 i 端の曲げヒンジ発生に関する信頼性指標 $\beta({}_{bm}E_{i,k})$ および曲げ降伏確率 $P({}_{bm}E_{i,k})$ は，下記性能関数の平均値 μ_{zb} と標準偏差 σ_{zb} を用いて，次式で表します。

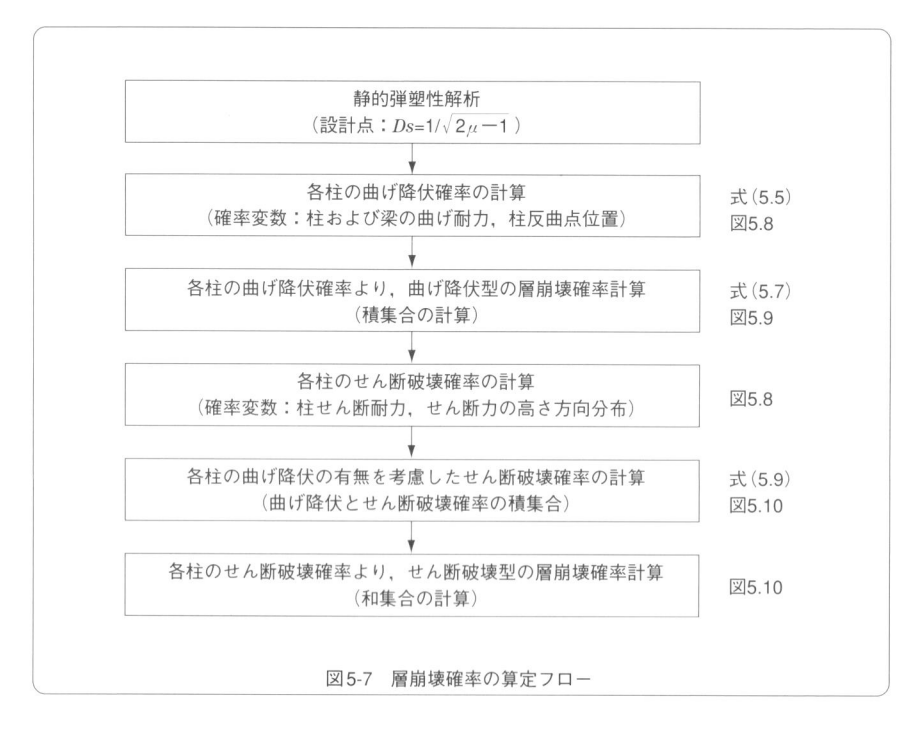

```
┌─────────────────────────────────────────────────────┐
│                静的弾塑性解析                          │
│           (設計点:$Ds=1/\sqrt{2\mu-1}$)                │
└─────────────────────────────────────────────────────┘
                        ↓
┌─────────────────────────────────────────────────────┐    式(5.5)
│           各柱の曲げ降伏確率の計算                      │   図5.8
│  (確率変数:柱および梁の曲げ耐力,柱反曲点位置)          │
└─────────────────────────────────────────────────────┘
                        ↓
┌─────────────────────────────────────────────────────┐    式(5.7)
│    各柱の曲げ降伏確率より,曲げ降伏型の層崩壊確率計算    │   図5.9
│              (積集合の計算)                           │
└─────────────────────────────────────────────────────┘
                        ↓
┌─────────────────────────────────────────────────────┐
│          各柱のせん断破壊確率の計算                     │   図5.8
│  (確率変数:柱せん断耐力,せん断力の高さ方向分布)        │
└─────────────────────────────────────────────────────┘
                        ↓
┌─────────────────────────────────────────────────────┐    式(5.9)
│   各柱の曲げ降伏の有無を考慮したせん断破壊確率の計算     │   図5.10
│        (曲げ降伏とせん断破壊確率の積集合)              │
└─────────────────────────────────────────────────────┘
                        ↓
┌─────────────────────────────────────────────────────┐
│  各柱のせん断破壊確率より,せん断破壊型の層崩壊確率計算   │   図5.10
│              (和集合の計算)                           │
└─────────────────────────────────────────────────────┘
```

図5-7　層崩壊確率の算定フロー

$$\mu_{zb} = {}_cM_u - \Sigma_j {}_jM_g \times f \times \gamma \tag{5.5}$$

$$\beta({}_{bm}E_{i,k}) = \mu_{zb} / \sigma_{zb}$$

$$P({}_{bm}E_{i,k}) = \phi\{-\beta({}_{bm}E_{i,k})\}$$

②柱のせん断破壊確率 $P({}_{sq}E_{i,k})$

　層せん断力の高さ方向の分布はSRSS(1次から3次の振動モードの自乗和平方根による重ね合わせ;後述)により求めていますが,層せん断力の高さ方向の変動を考慮するために,設計でよく用いられる観測波や模擬波13波を用いて,弾性応答計算を行います。その結果を**表5.1**に示します。

　静的弾塑性解析から得られた柱モーメントと,応答せん断力の高さ方向のばらつきを考慮した設計用せん断力 Q_d,および標準偏差 σ_d は次式で評価できます。

$$Q_d = C_k \cdot \Sigma_c M / h_0$$

$$\sigma_d{}^2 = V_{ck}{}^2 \cdot (\Sigma_c M / h_0)^2 + C_k{}^2 \cdot (\sigma_{cM1}{}^2 + \sigma_{cM1}{}^2) / h_0{}^2 \tag{5.6}$$

　ここに,C_k は階応答せん断力係数/増分解析の階せん断力係数,h_0 は柱内法スパン,V_{ck} は階応答の変動係数,σ_{cMi} は柱応力の標準偏差(算定方法は文献11を参照)を示します。

　せん断耐力は,曲げ降伏前と曲げ降伏後の2種類の耐力を計算します。せん断

表5-1 高さ方向のせん断力の分布（1階を1で規準化）

	応答平均	変動係数	SRSS	A_i分布
6F	0.292	0.082	0.288	0.317
5F	0.516	0.078	0.523	0.504
4F	0.687	0.074	0.721	0.663
3F	0.823	0.055	0.871	0.799
2F	0.930	0.029	0.964	0.912
1F	1.000	0.000	1.000	1.000

耐力は，曲げ降伏の有無で変化するのですから，せん断破壊確率は曲げ降伏確率により変化します。本項の$P(_{sq}E_{i,k})$は，曲げ降伏の確率を無視したせん断破壊で，④項で曲げ降伏の確率を考慮したせん断破壊確率を計算します。

層せん断力の高さ方向の分布

1) SRSS（Square Root of Sum of Squares；応答スペクトル法）

$$Q_{Ei} = \sqrt{\sum_{m=1}^{k}\left[\left(\sum_{j=i}^{n} w_j \cdot \beta_m \cdot \mu_{jm}\right) SA(T_m, h_m) / g\right]^2}$$

ここに，Q_{Ei}：i階の層せん断力　　W_j：j階の重量
　　　　β_m：m次の刺激係数　　μ_{jm}：j層のm次振動形
　　　　$SA(T_m, h_m)$：m次の固有周期，減衰定数に対応する加速度応答

2) A_i分布（建築基準法）

$$C_i = Z \cdot R_t \cdot A_i \cdot C_0 \qquad A_i = 1 + \left(\frac{1}{\sqrt{\alpha_i}} - \alpha_i\right)\frac{2T}{1+3T}$$

ここに，C_i：i階の層せん断力係数　　Z：地域係数
　　　　R_t：振動特性係数　　C_0：標準せん断力係数
　　　　A_i：層せん断力の建物の高さ方向の分布を表す係数

---

③柱曲げ降伏による層崩壊確率$P(_{bm}E,_{k-l})$

柱曲げ降伏によるk階からl階の層崩壊は，すべての柱（n本）両端に曲げ降伏ヒンジが発生する確率として計算できます（k階は柱脚，l階は柱頭）。

$$P(_{bm}E,_{k-l}) = P(_{bm}E_{1,k} \cap _{bm}E_{2,k} \cap \cdots \cap _{bm}E_{n,k}) \cap P(_{bm}E_{1,l} \cap _{bm}E_{2,l} \cap \cdots \cap _{bm}E_{n,l}) \tag{5.7}$$

この確率計算は，前節の5.3で示した近似上限解を用います。

④柱せん断破壊による層崩壊確率；$P(_qE_{\cdot k})$

　柱のせん断破壊は着目層で1本でも発生すれば，連鎖破壊を引き起こして層崩壊に至ると考え，直列システムで検証を行います。

　考慮する破壊パターンを以下に示します。
- 曲げ降伏前のせん断，付着割裂破壊：$_sE$
- 片側曲げ降伏後のせん断，付着割裂破壊：$_{b1q}E$
- 両端曲げ降伏後のせん断，付着割裂破壊：$_{b2q}E$

　k階，第i柱の曲げ降伏前のせん断破壊確率；$P(_sE_{i,k})$，は，

$$P(_sE_{i,k}) = P(\overline{_{bm}E_{i1,k}} \cap \overline{_{bm}E_{i2,k}} \cap {_{sq}E_{i,k}}) \tag{5.8}$$

　ここに，$_{bm}E_{i1,k}$は柱脚部曲げ降伏，$_{bm}E_{i2,k}$は柱頭部曲げ降伏，$_{sq}E_{i,k}$は未降伏条件（塑性変形が0）でのせん断破壊を示します。$_qE_{i,k}$は②項で求めた曲げ降伏前のせん断耐力と柱に作用するせん断力との比較です。

　また，￣は余事象を示します。残る2つのせん断破壊確率も同様の式で表現されます。なお，せん断耐力と曲げ耐力に関する相関係数は0.3とし，それ以外の事象の相関係数は0.7とします。

　k階，第i柱でせん断破壊が発生する確率$P(_qE_{i,k})$，は，上記3現象の和集合で表されます。

$$P(_qE_{i,k}) = P(_sE_{i,k}) + P(_{b1q}E_{i,k}) + P(_{b2lq}E_{i,k}) \tag{5.9}$$

　着目層（柱n本）で，1本でも柱がせん断破壊する確率は，前節の5.3で示した近似上限解を用いて計算します。

（4）算定結果

　試設計建物の3階に着目して，柱単独の曲げ降伏とせん断破壊確率を計算した結果が**図5-8**になります。確率計算は，荷重効果と耐力の単純比較で，例えば"曲げ降伏前せん断破壊"というのは，曲げ降伏をしないという条件は無視し，耐力式の塑性変形角を0にした耐力と柱の設計用せん断力の比較です。図の縦軸は，前節の5.7で示した耐力側から求めた信頼性指標となります。また，横軸の柱番号は図5-6で示す番号です。同図より，内柱の柱脚で曲げ降伏に対する信頼性指標が目標信頼性指標2を下回っていることから，曲げ降伏の恐れがある部材となります。

　各柱の曲げ降伏確率より，並列システムとして曲げ降伏型の層崩壊確率を算定した結果が**図5-9**です。すべての層崩壊パターンを足し合わせた結果が図中の

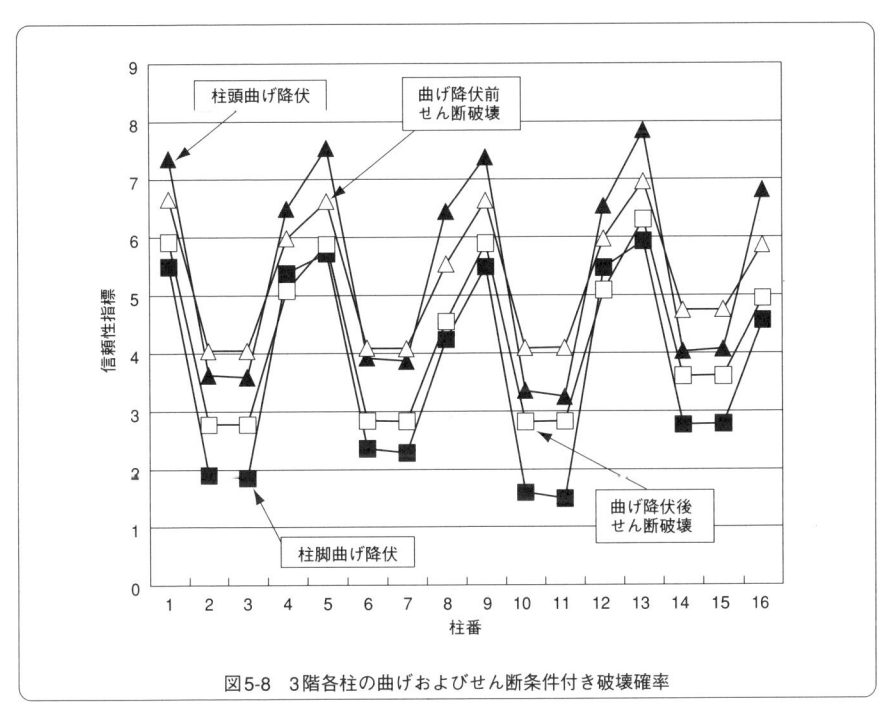

第**5**章 層崩壊を防ぐために

図5-8 3階各柱の曲げおよびせん断条件付き破壊確率

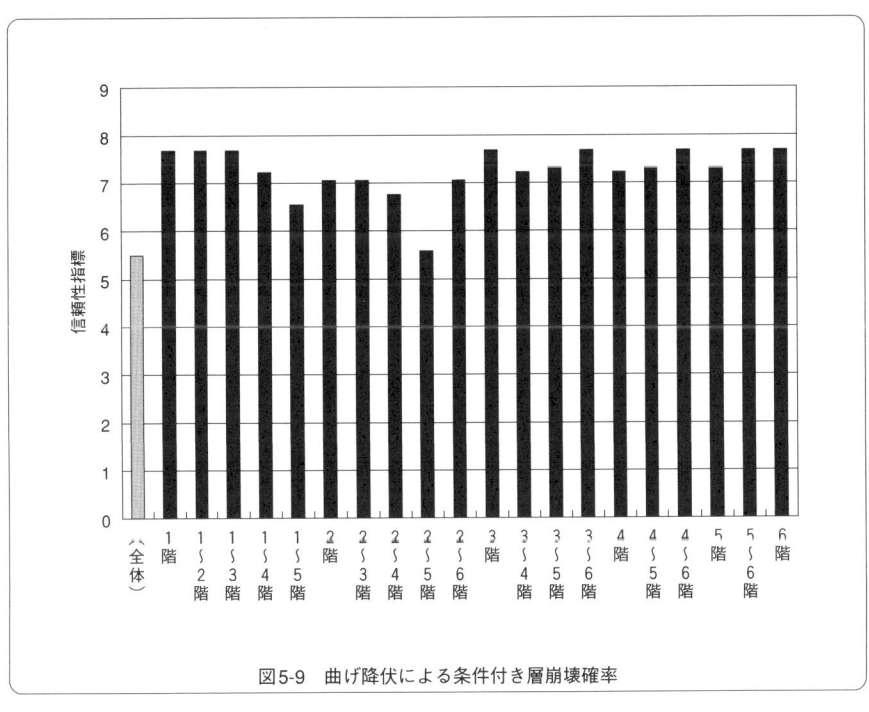

図5-9 曲げ降伏による条件付き層崩壊確率

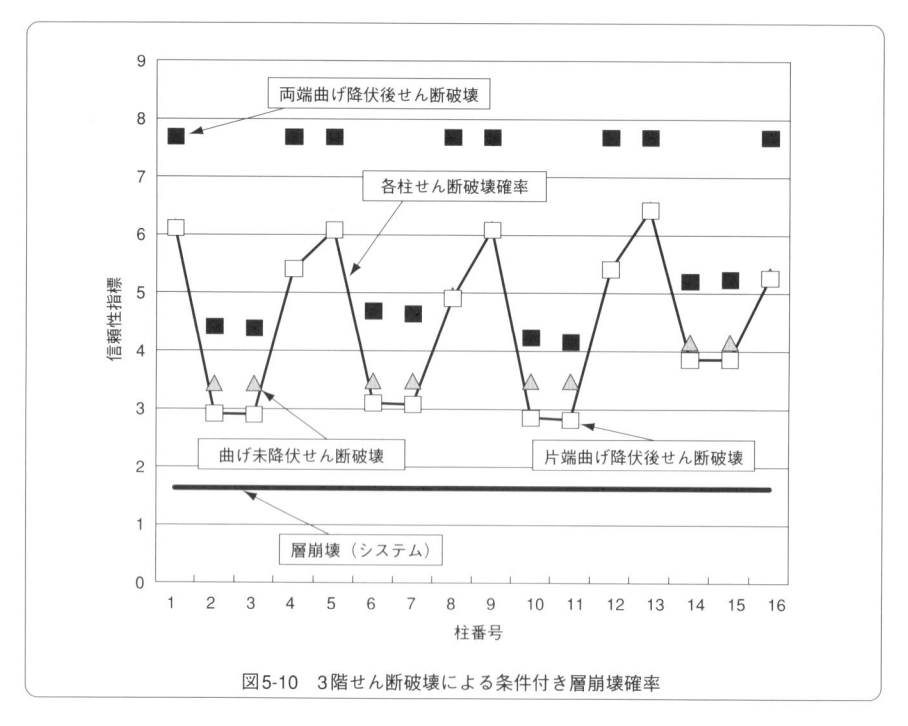

若き建築構造技術者に向けて——限界状態設計法の挑戦

図5-10 3階せん断破壊による条件付き層崩壊確率

（全体）で示すもので，信頼性指標は5.5程度となり，目標信頼性指標2よりはるかに大きくなっています。曲げ降伏型の層崩壊が起こる可能性は，無視できるオーダーだと言えます。

図5-10は，図5-8で示す各柱のせん断破壊確率を基に，曲げ降伏条件を考慮して算出した各柱のせん断破壊確率と，直列システムとしてのせん断による層崩壊確率とを示しています。各柱単位の信頼性指標は約3程度あるのですが，建物としての信頼性指標（層崩壊：システム）≒1.7は目標信頼性指標を下回っています。

例えば，柱番号2と3のおのおののせん断破壊に対する信頼性指標は約3.0（$P_f = 0.00135$）です。この設計例では，各柱のせん断破壊に対する相関係数は0.7を仮定しています。柱2と3のどちらかがせん断破壊する確率は，前節の5.3で示した近似式より，以下のようになります。

$$_U P(E_2 \cup E_3) = P(E_2) + P(E_3) - P(E_2 E_3)$$
$$= 0.00135 \cdot 2 - 0.00014 = 0.00256 = \phi(-2.8)$$

$$_L P(E_2 E_3) = \phi(-\beta_2) \cdot \phi\left(-\frac{\beta_3 - \rho \cdot \beta_2}{\sqrt{1-\rho^2}}\right)$$
$$= \phi(-3.0) \cdot \phi(-1.26) = 0.00135 \cdot 0.104 = 0.00014$$

このように，柱2本のどちらかがせん断破壊する確率は，信頼性指標で3.0か

表5-2　3階内柱の断面変更の変形性能の確認

部位	3階内柱	3階内柱（変更）
断面形状		
$B \times D$	700×700	700×700
主筋	16−D25	16−D25
補強筋	2−D13@100	2−D13@100
軸力	180ton	180ton
部材変形角	0.99%	0.99%
設計曲率	2.53×10^{-4}	2.53×10^{-4}
限界曲率	2.15×10^{-4}	2.61×10^{-4}
余裕度	0.85	1.03
判定	NG	OK

ら2.8に下がります。柱本数が増えれば信頼性指標は下がっていき，設計例では1.7まで下がることになります。

そこで，せん断破壊確率の高い内柱について，**表5.2**に示すように横補強筋量を増やすことで，信頼性指標を満足するように変更します。

また，内柱は曲げ降伏の恐れがある部材となるので，靭性設計指針の検討式により，変形性能が確保されていることを確認します。

5.9　試設計を通して知り得たこと

柱の曲げ降伏による層崩壊を防止するために，既往の研究[4),5),6),11)]では柱の曲げ耐力余裕度（COF，節点位置での集計）を，どの程度にするか論じられています。計算例のCOFを示したのが**図5-11**です。この図からわかるように，各節点でのCOFは大きなばらつきをもちます。特に，外柱節点は大きなCOFとなります。**図5-12**に信頼性指標とCOFの関係を示します。ただし，単層崩壊のみを取り上げています。図中の太実線は，すべての節点で同一のCOFになるように，柱耐力を調整したものです。同図から，曲げ降伏による層崩壊は最小のCOFに

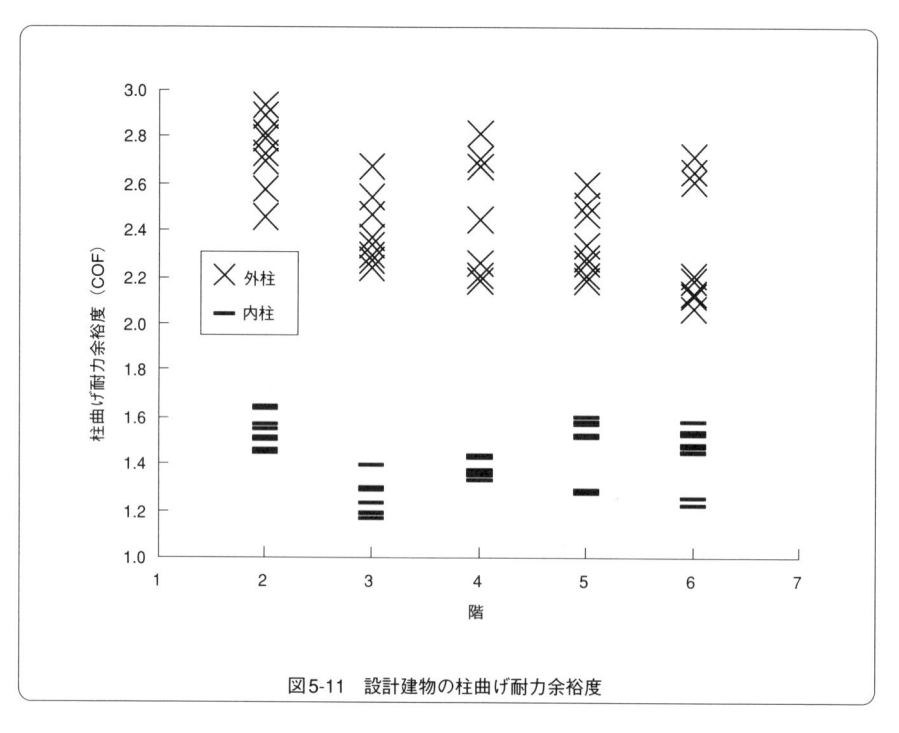

図5-11 設計建物の柱曲げ耐力余裕度

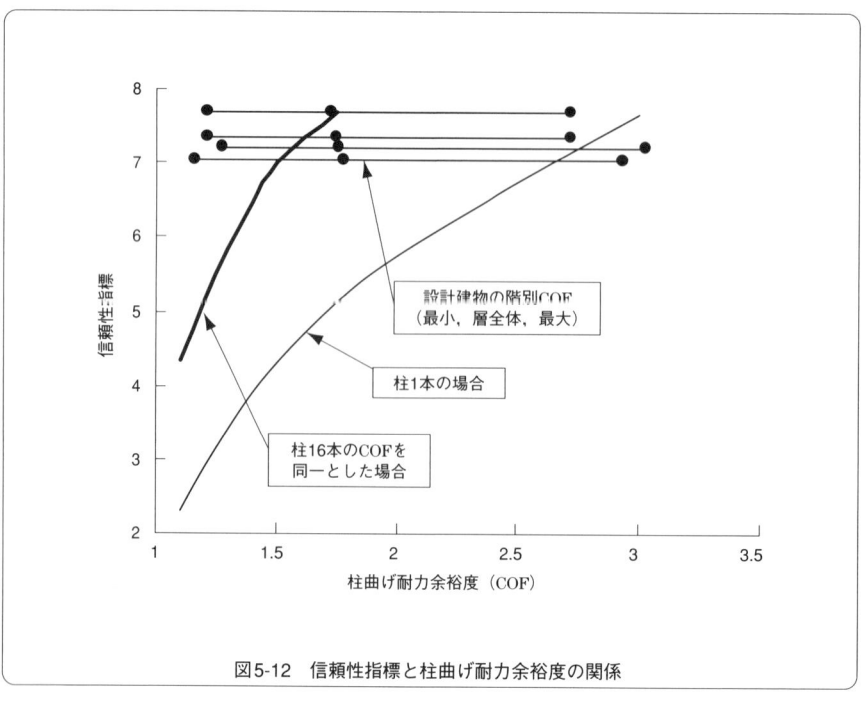

図5-12 信頼性指標と柱曲げ耐力余裕度の関係

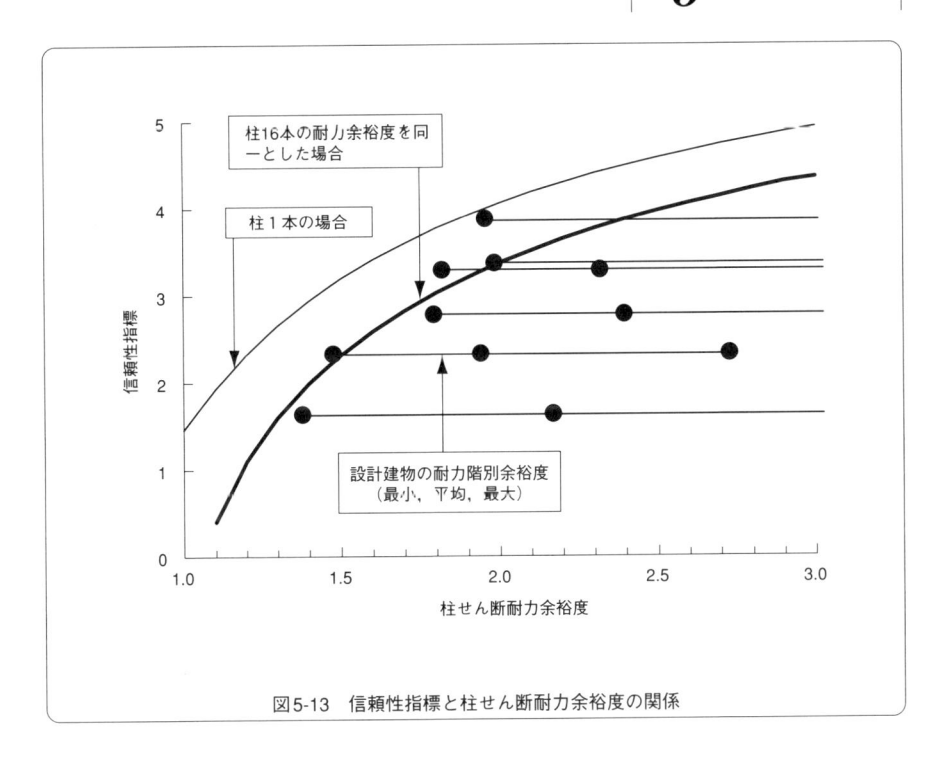

図5-13 信頼性指標と柱せん断耐力余裕度の関係

依存せず，層全体のCOF（柱耐力の集計／梁耐力の集計）で概ね信頼性指標が評価できると言えます。柱の曲げ終局設計は，柱1本毎のクライテリアを設定する必要がないということになります。

次に，せん断による層崩壊を防止するためには，柱個々の信頼性指標を目標信頼性指標より大きくしておく必要があります。設計例では，柱の信頼性指標は最も小さい柱で3弱ですが，システムとしての信頼性指標は2弱にまで下がってしまい，設計変更することになります。図5-13に，設計建物の階単位のせん断耐力余裕度（最小，平均，最大順）と，層崩壊確率の関係を示します。また，図中の細実線は柱1本の耐力余裕度と信頼性指標の関係を，太実線は柱16本が同じ耐力余裕度とした場合に，システムの層崩壊に対する信頼性指標の関係を示します。同図より，曲げ型の層崩壊と異なり，最小の耐力余裕度でシステムの崩壊確率が決定する傾向となります。設計例の場合は，目標信頼性指標2を得るための柱せん断耐力余裕度は1.4～1.5程度となります。柱本数が大きくなるほど，要求される余裕度は大きくなります。

以上，設計例を交えて層崩壊に対する検討を行ってきたのですが，未検討の部分や仮定を行った部分，検証が不十分な部分が多々残されています。信頼性

解析の手法を活用することにより,より信頼性の高い建物の設計が行えるように,今後も検討を続けていきたいと思います。

【参考文献】
1) 日本建築学会；鉄筋コンクリート造建物の靭性保証型耐震設計指針・同解説, 1999
2) 日本建築学会；建築物の限界状態設計指針, 2002
3) 服部敦志・川端一三・小谷俊介・小室努・原一樹；応答変形制御設計法（その6）柱降伏型と梁降伏型とが混在するRC造建築物, 建築学会大会梗概集, 1997
4) 小野徹郎・趙衍剛・吉原和宏；確率極限解析法を用いた平面骨組構造物のCOF評価法, 構造工学論文集, Vol.43B, 1997
5) 吉原和宏・小野徹郎・趙衍剛；梁降伏型メカニズムを確率論的に実現させる目標COFに関する一考察, 建築学会大会梗概集, 1997
6) 森口英樹, 中埜良昭, 藤原薫；部材強度のばらつきを考慮した柱梁耐力比と柱ヒンジ発生確率, 建築学会構造系論文集, 1998/7
7) 萱嶋誠・小倉桂治・川端一三・高山正春・鈴木裕美・原一樹萱島ほか；中間階層崩壊の解析的検討（その2）, 建築学会大会梗概集, 1996
8) 桑村仁, 佐藤義也；強震を受ける柱降伏型多層骨組の脆性連鎖崩壊, 建築学会構造系論文集, 1996/5
9) 梅野達三（名古屋工業大）・市之瀬敏勝・R.D.Abimanyu；RC純フレーム構造物における層せん断余裕率, 建築学会大会梗概集, 1998
10) 星谷勝・石井清；構造物の信頼性設計法, 鹿島出版会
11) 日本建築学会；1999年度日本建築学会設計競技（技術部門）作品選集, pp201〜,「限界状態設計法を適用したRC造事務所ビルの構造設計」

第6章

長生きの建物をつくる

時間軸を考慮した設計法を用いて

6.1 「建物が長生きである」ということ

　日本における建物の建替え間隔は約30年と言われ，それは材料劣化などによる供用期間というより，意匠上の陳腐化や設備機能の低下から建替えられているようです。

　したがって，建物を長く使うためには意匠的な陳腐化，設備機能の低下の制限から解き放たれることが必要ですが，例えば100年先のデザインの潮流や設備機能の発達を見込んで，建物を計画することは事実上不可能に近いことです。したがって，変化への追随性や柔軟性に富むものが，長寿命につながることになります。つまり，内装や間仕切り，設備容量，設備配置に可変性，追随性が必要条件となります。ここで構造躯体に関しては，「その更新・可変」は建替えと同意味となってしまうため，長寿命化のためには構造躯体は変更なし，すなわち不変なものとしなければならず，それがスケルトン・インフィル（S.I.）の思想となっています。換言すれば，一般のS.I.は構造体を変化させず，インフィルとしての設備や間仕切りに可変性，追随性を要求することによって，長寿命化を図る建物と言えます。

　一方，わが国のように地震国の場合，上記で定義されたS.I.には問題が生じます。それは耐久性の高い部材を採用しても，地震によって損傷する可能性があることであり，躯体に長寿命，不変性を要求し，供用期間を長くすればするほど地震に遭遇する確率が高まり，結果として長い供用期間における安全性を同レベルにするために，躯体断面が大きくなり，初期コストや意匠，機能性を落とすことになることです。耐用年数を今まで通りに30年，あるいは長寿命として3世代75年程度を想定している場合には，一般のS.I.の延長としても評価できるでしょう。しかし，建物の供用期間を200年やそれ以上と考えた場合には，さらに構造躯体をも不変的な部分と更新可能な部分に意図的に区別し，それぞれの供用期間を変化させることが，本来目指すべきS.I.であり，問題解決に有用と思われます。そこで，大きく供用期間が異なる架構（躯体）を混在させるような，より発展的なS.I.を実現できないか，を考えてみることにします。

　図6-1はその発展的なS.I.を模式的に表したものです。スケルトンは樹木で表せば，根（基礎）や幹（不変架構）に相当します。一方，インフィルは枝（更新架構）・葉（更新可能な内外装）であり，それらが更新されることで幹の長寿命化が可能となります。またスケルトンを恒久的な人工地盤，インフィルを人工地盤に建つ，期限付き架構（建替えを想定）と捉えることもできます。

第 **6** 章　長生きの建物をつくる

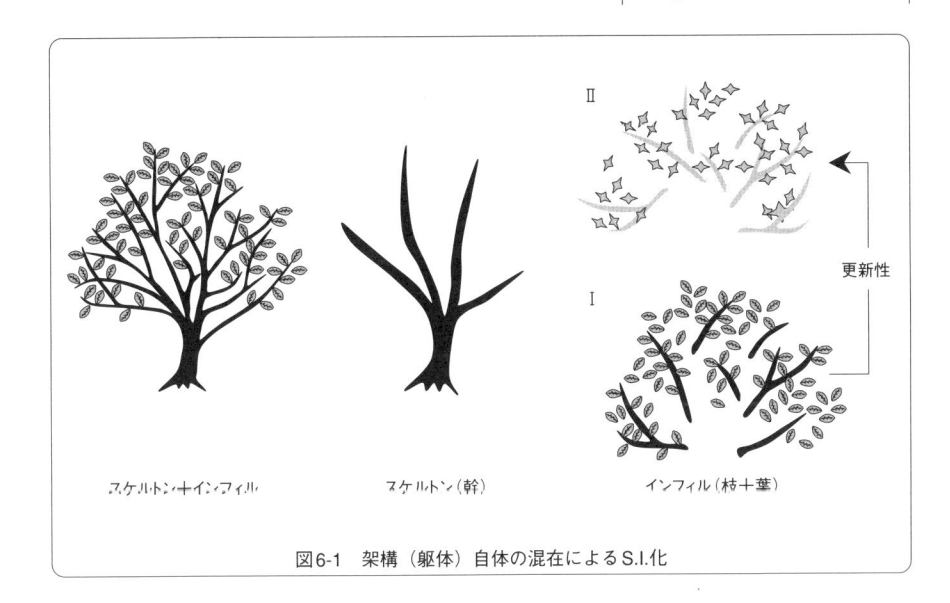

スケルトン+インフィル　　　スケルトン（幹）　　　インフィル（枯+葉）

図6-1　架構（躯体）自体の混在によるS.I.化

6.2　「従来型S.I.」から「発展的S.I.」へ

　このように大きく供用期間が異なる架構の混在による発展的S.I.を実現するためには，以下のテーマがあります。

①供用期間が異なる混合架構の安全性評価法

　構成架構の供用期間を替えた不変架構と可変架構をそれぞれ適切に評価し，さらに建物全体としての安全性を定量的に把握することができるでしょうか。

②魅力的な空間と経済性

　安全性を把握する手法を見出すことができたとして，設計された建物の部材断面が現実的な寸法に収まるか。また，コスト的にも，メリットがある魅力的なものとなり得るでしょうか。

③インフィル早期損傷の容認

　供用期間が大きく異なるということは，スケルトンが損傷する可能性は極めて稀ですが，インフィルは早期に破壊する可能性が高いことになります。つまり，供用期間に合致させた短い期間（例えば15年）に対する破壊確率は容認できるレベルになった場合でも，一般建物と同程度の基準期間（例えば50年）で考えると損傷の確率は大きくなり，破壊確率は高まることになりま

す。この「早期に壊れる可能性が高い」ことを許容するということは、「地震などの損傷によって早く建替えできる、あるいは建替えるきっかけが欲しい」という、不思議な感覚を容認できるかということです。

反面、「インフィルがよく壊れることによってスケルトンが助かり、長生きができる」という、事象となるのであれば、それはインフィル早期損傷を容認する理由となるのではないでしょうか。その早期損傷の是非については、早期に破壊するインフィルの最終崩壊モードを、人命に影響の少ないものとすることが最低条件でしょう。

6.3 S.I.に要求される性能概要

さて、次節から具体的な架構を限界状態設計法[1]を用いて設計するのですが、その前に一般的にS.I.を設計する場合の要求性能をまとめておくこととします。最終的に提案する架構が、この要求性能を満足できるかが問題となります。

(1) 意匠と設備

意匠的には無柱空間で、間取り等の制約がないことが長寿命化には求められます。また、事務所空間としては少なくともフリーアクセスのOAフロアや高天井高が要求されるでしょう。一方、設備的にはシャフトを自由に配置できることが、最低限求められると思われます。

(2) 構造

スケルトン・インフィルの構造躯体は、従来型S.I.で定義されているように「不変的で壊れにくく、強い躯体」を実現するよりも、前述したように躯体についても高度更新性とし、「壊れにくい部分と壊れても変更可能な架構の合理的な混在」を考えます。もし、そのような構造躯体（架構）が提案できれば、躯体も更新可能ですので、一層の長寿命化が実現できます。

(3) 施工，メンテナンス性

施工的な建替えやすさを考えると、スケルトン架構部分に作業床としての機能を有していることや、インフィル接合部分を溶接接合ではなく、ボルト接合として取り替えを容易にすることなどが挙げられます。また、市街地においては改修に配慮し、極力、乾式部材を多用した架構がメンテナンス性や施工的に有利となります。

（4）経済性

S.I.によって長寿命化が可能になると仮定しても，イニシャルコストで類似建物の数倍のコストがかかってしまっては，実現性に乏しいと思われます。したがって，社会通念として容認できる程度のコストアップに留める必要があります。

6.4 建物評価のための限界状態設計法

これらの3つのテーマに対し，「魅力的な空間と経済性」および「インフィル早期損傷の容認」については，本章の後半で具体的に架構を設計することにより，その可否を判定することとします。最初のテーマである「供用期間が異なる混合架構すなわちS.I.」の定量的安全評価については，従来の設計法ではうまく対応できませんが，限界状態設計法を適切に活用することで対応可能になります。

さらに，この限界状態設計法を用いることによる付帯的メリットとして，「時間軸を考慮したコスト換算」が可能になることが挙げられます。

建物への要求性能の一つとして，コストに係わるものがありますが，ここではコストをイニシャルコストではなく，期待総費用で考えます。期待総費用は，イニシャルコストと建物供用期間中の地震に損傷費用の期待値を加えたものと考えます。設備のランニングコストは耐震性能との関わりが薄いため，ここでは除いてあります。これは，いわゆる構造体としてのライフサイクルコストにあたるものと言えます。限界状態設計法などを適用し，損傷を確率的に捉えることにより，供用期間などの時間軸を考慮した損傷コスト換算が可能となります。例えば，供用期間中に小破から倒壊が発生する確率を算出し，それを総和することにより，期待総費用が算出されます。

6.5 「供用期間6倍，期待総費用30％減少，廃棄物30％低減」を目指したS.I.

（1）建物概要と要求性能

敷地は，東京の都心部を想定しています。約350m^{2}の敷地に，商業兼事務所ビルを計画します。高さ制限は60m，容積率制限は1000％です。

建築主ニーズとして，供用期間200年の長寿命建物が求められたとします。

期待総コストおよび環境側面の要求は200年間を考えた場合に，インフィルを短いサイクル（15年，20年など）で更新したとしても，期待総費用を30％以上

図6-2 建物概要[7), 8)]

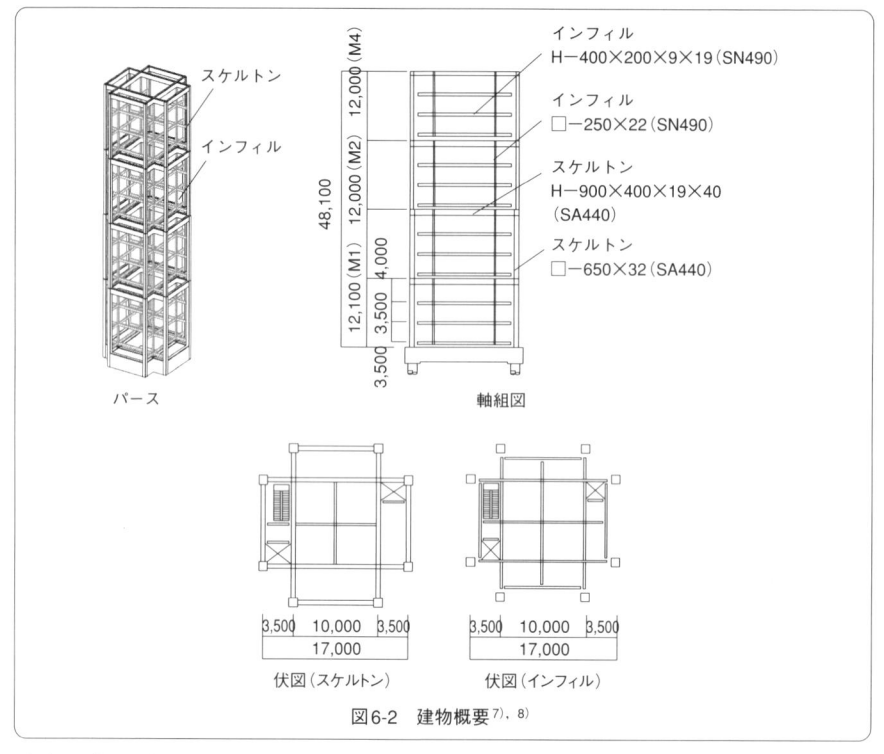

減少できる建物で，かつ建替え時に発生する廃棄物量も，通常建物に比して30％以上低減することができるものです。

そのような性能とトレードオフの関係にあるイニシャルコストの増加額は，同規模の建物に対して15％以内が要求されたとします。

(2) 工学量としての目標性能の把握

設計者として，上記の定性的な要求性能を工学量で表現された目標性能として，設定する必要性があります。要求性能としてスケルトンの供用期間は200年としますが，次にインフィルの更新サイクルを決定しなければなりません。現在，30年間で建物が陳腐化することが多いことから，20年をその供用期間とします。したがって，スケルトン200年とインフィル20年，すなわち供用期間比10：1の部分架構から構成される混合架構を考えることとなります。

表6-1 各供用期間（供用期間比10：1）

	スケルトン	インフィル
供用期間	200年	20年

さて，前述したとおり，スケルトンは高耐久性材料で構成されるばかりでなく，200年間はほとんど損傷を起こさない架構でなければなりません。反面，インフィルは供用期間200年を想定した場合，損傷を受ける可能性が高いものとも言えるわけですが，その損傷によって地震エネルギーを吸収し，スケルトンの長寿命化を助ける役割を担わせる架構にできれば有効です。

ただし，損傷する場合でもインフィルは衝撃的な破壊が起こらない崩壊モードとなるような架構形態，あるいは部材配置への配慮が必要となります。

(3) 目標信頼性指標の設定

スケルトンは200年，インフィルは20年をその供用期間とすることとしたのですが，次にエンジニアが関与する重要事項の一つとして，各目標信頼性指標を決定することが挙げられます。

最初に，検証すべき目標性能（クライテリア）に対する限界状態のレベルを設定します。ここで検証すべき限界状態が多いほど，フェイルセーフが働くことになりますが，検証ポイントが増えるため設計が煩雑になります。また，一般的には多くの検証ポイントを設けても，クリティカルな場合が他を包括してしまいます。建築基準法において，損傷限界（使用限界）の検証は短期許容応力度設計，安全限界の検証は保有耐力計算で行っています。しかし，D_s値の導入や層間変形角制限などにより，損傷限界である短期許容応力度設計で決まる部材の方が多いと思われます。一方，高層建築物など特殊な建物の設計などにおいては，安全限界と言うよりは，損傷限界（レベル1）と修復限界[2]（レベル2）に相当する水準での検証と言えるのではないでしょうか。

また，一般に使用限界は「架構の損傷」という意味と「居住性や機能」という意味と両者を含むものと考えられますが，ここでは「架構の損傷」は損傷限界，「居住性と機能」は使用限界として区別することにします。

(4) 5段階の限界状態に対する検証

上記の内容と言葉の定義を踏まえ，本建物の検証ポイントを，以下の5段階とします。
- スケルトン：損傷限界状態
- インフィル：安全限界状態，修復限界状態，損傷限界状態
- インフィル：さらに使用限界状態

したがって，スケルトンは損傷限界状態，インフィルは安全，修復，損傷，使用限界状態の合計5つの限界状態を考えることになります。ここでスケルトン

の安全限界,修復限界の検証を省略した理由は,スケルトンの性能がかなり高く設定されており,スケルトンと連成するインフィルの状態を考えると,スケルトン損傷限界時を超えるクライテリアは架構全体を考えるとあまり意味がないと思われるからです。また,スケルトンにおいて使用限界の検証を省略した理由は,スケルトンには人が居住しておらず,さらに外装もインフィルにつけられていることによるからです。

【テクニカルノート1:スケルトンとインフィルの最適信頼性指標】

S.I.それぞれの供用期間中のコストを最低にする最適信頼性指標は,第1章における式(1.39)を参考にして,以下に算出します。

- スケルトン

$$\beta_{Mopt}(200_{yrs}) = -\alpha_{QM} V_{QM} + \sqrt{(\alpha_{QM} V_{QM})^2 + 2\ln\left(\frac{g_M}{\sqrt{2\pi}k_M \alpha_{QM} V_{QM}}\right)} \tag{6.1}$$

- インフィル

$$\beta_{Sopt}(20_{yrs}) = -\alpha_{QS} V_{QS} + \sqrt{(\alpha_{QS} V_{QS})^2 + 2\ln\left(\frac{mg_S}{\sqrt{2\pi}k_S (1+nr_S) \alpha_{QS} V_{QS}}\right)} \tag{6.2}$$

ここで各係数に下表の値を用いると,修復限界に対するコスト最小化のための信頼性指標 β は,スケルトンで200年に対して $\beta = 2.3$,インフィルで20年に対して $\beta = 1.5$ となります。

また,インフィルの終局限界に対しては200年間に n 回の建替えをし,20年間の破壊確率を,200年間の破壊確率を近似的に m 倍 ($m = 10$) することを前提としています。

表6-2 最適信頼性算定のための諸元

部 位	供用期間(年)	地震荷重効果		コスト上昇係数 k	建替えコスト		被害コスト係数 g
		分離係数 α_Q	変動係数 V_Q		予定回数 n	建替えコスト係数 r	
スケルトン	200	0.7	0.5	0.1	0	—	3.0
インフィル	20	0.9	0.7	0.1	9	1.3	2.0

第6章 長生きの建物をつくる

【テクニカルノート2：異なる限界状態に対する信頼性指標】

損傷限界に対する信頼性指標は，下式で表されます[3]。

$$\beta_{SLS} = \frac{\overline{Q_y} - \overline{Q}}{\sqrt{\sigma_Q^2 + \sigma_{Qy}^2}} \tag{6.3}$$

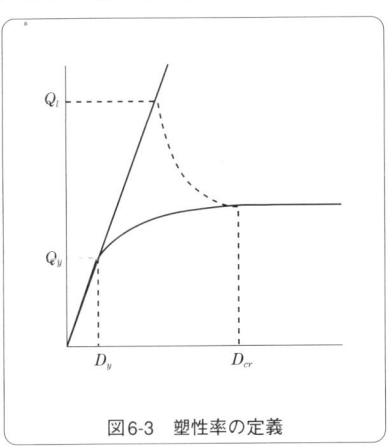

同様に修復限界に対する信頼性指標は，以下となります。

$$\beta_{RLS} = \frac{\overline{Q_l} - \overline{Q}}{\sqrt{\sigma_Q^2 + \sigma_{Ql}^2}} \tag{6.4}$$

上式で Q は応答せん断力，符号の上のバーは平均値を示します（他の符号は図6-3参照）。

$$R_\mu - \frac{Q_l}{Q_y} = h(\mu_{cr}) \tag{6.5}$$

もし，部材が損傷限界で設計されているならば，必要降伏せん断力の平均値は以下となります。

図6-3 塑性率の定義

$$\overline{Q_y} = \overline{Q} + \beta_{SLS}\sqrt{\sigma_Q^2 + \sigma_{Qy}^2} \tag{6.6}$$

この際，「損傷限界における信頼性指標」で設計された部材が，「修復限界」ではどのくらいの信頼性指標を有するかが問題となります。

もし，ニューマークのエネルギー一定則（比較的短周期の建物に適用される）を用いるならば，等価線形せん断力 Q_l は，塑性率（D_{cr}/D_y）と降伏せん断力 Q_y を用いて，以下で表されます。

$$Q_l = Q_y \sqrt{2\frac{D_{cr}}{D_y} - 1} \tag{6.7}$$

ここに，弾性剛性 k を導入すると，

$$Q_l = Q_y \sqrt{2\frac{kD_{cr}}{Q_y} - 1} \tag{6.8}$$

となります。

右辺の不確定量は Q_y と D_{cr} のみです。この式に1次近似を行うと，Q_l の平均値と分散は以下のようになります。

$$\overline{Q_l} = \overline{Q_y}\sqrt{2\frac{k\overline{D_{cr}}}{\overline{Q_y}} - 1} \tag{6.9}$$

$$\sigma_{Ql}^2 = \left(2k\frac{\overline{D_{cr}}}{\overline{Q_y}} - 1\right)^{-1}\left[\left(\frac{k\overline{D_{cr}}}{\overline{Q_y}} - 1\right)\sigma_{Qy}^2 + k^2\sigma_{Dcr}\right] \tag{6.10}$$

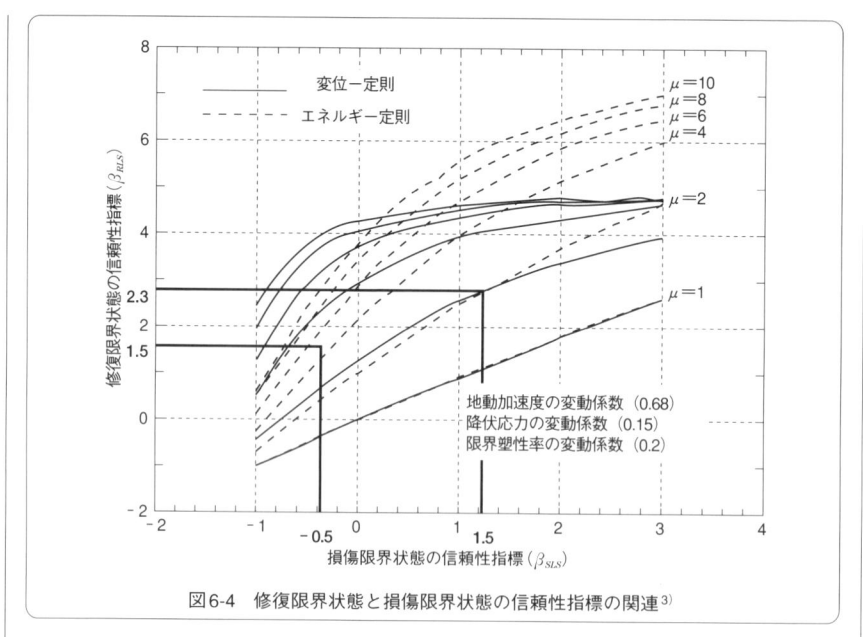

図6-4 修復限界状態と損傷限界状態の信頼性指標の関連[3]

したがって,

$$\beta_{RLS} = \frac{\overline{Q_l} - \overline{Q}}{\sqrt{\sigma_Q^2 + \sigma_{Ql}^2}} = \frac{\sqrt{2\overline{\mu}-1} - \overline{\eta}}{\sqrt{\overline{\eta}^2 V_Q^2 + \frac{1}{2\overline{\mu}-1}[(\overline{\mu}-1)^2 V_{Qy}^2 + \overline{\mu}^2 V_{Dcr}^2]}} \quad (6.11)$$

ここで, $\overline{\eta} = \dfrac{\overline{Q}}{\overline{Q_y}}$, $\overline{\mu} = \dfrac{\overline{D_{cr}}}{\overline{D_y}}$, $V_{Qy} = \dfrac{\sigma_{Qy}}{\overline{Q_y}}$, $V_{Dcr} = \dfrac{\sigma_{Dcr}}{\overline{D_{cr}}}$

これらの不確定量の値として,V_Q(地動加速度の変動係数)$= 0.68$,V_{Qy}(降伏応力の変動係数)$= 0.15$,V_{Dcr}(限界塑性変形の変動係数)$= 0.20$ を仮定すると,損傷限界と修復限界の2つの信頼性指標の関係は**図6-4**のようになります。

スケルトンは比較的長周期($T_1 = 2.67\text{sec}$)なので変位一定則,インフィルは比較的短周期(全体の固有値解析から $T_5 = 0.66\text{sec}$)なのでエネルギー一定則が適用されると仮定します。すると【テクニカルノート1】において評価された「修復限界」に対するスケルトンの最適信頼性指標 $\beta_{RLS} = 2.3$ は,「損傷限界」ではおよそ $\beta_{SLS} = 1.5$(限界塑性率 $\mu = 2.0$ として),「修復限界」に対するインフィルの最適信頼性指標 $\beta_{RLS} = 1.5$ は,「損傷限界」ではおよそ $\beta_{RLS} = -0.5$(限界塑性率 $\mu = 4.0$ として)変換して,読み取ることができます(図6-4参照)。

(5) 耐震グレードによる表示

　性能を単にある地震荷重に対してもつ，もたないという荷重の大きさで評価したり，建物自体の耐力や変形能力の現象のみで評価するのではなく，その地域において「ある頻度で生じる地震動の大きさ」によって，「どの程度の損傷になるのか」の両者の関係（例えば「6強の震度の地震動に対して修復性が損なわれる」など）で，評価する方が合理的です。

　その際，同じ耐力と変形性能の建物においても，その建物が建っている地域の地震活動度によって，耐震安全性は異なることが周知されなければなりません。建築基準法では地域係数が考慮されていますが，実際の地震ハザードに比べて差異は少なく抑えられています。現在，経済活動としての不動産投資信託などにおいては，建物性能として地震ハザードと建物耐震性能の両者から算定されるPML（Probable Maximum Loss（最大期待損失））という指標があり，建築基準法としての評価と別の確率的評価尺度が市民権を得つつあります。

　ここでは，その混在する架構のグレードを，想定地震とそのときの建物挙動の関係で規定し，目標グレードとして明示します。再現期待値などの評価は東京での値であり，日本建築学会荷重指針[4]の基本値，換算手法に準拠しています。表から建築基準法レベルより耐震グレードの高いスケルトンと，建築基準法最低レベルよりグレードの低い，インフィルの大きなグレード格差を読み取るこ

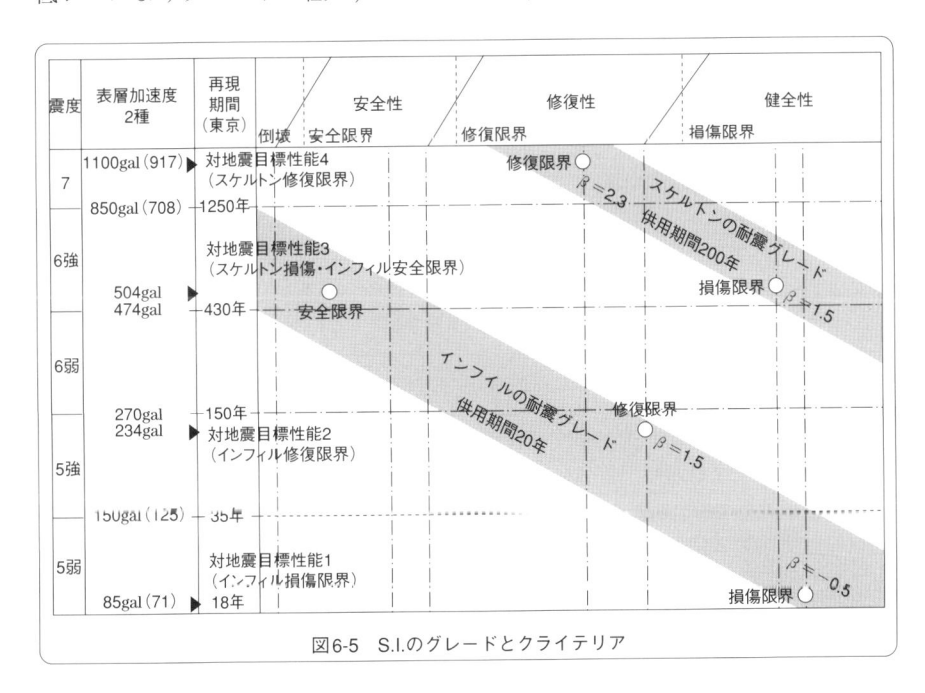

図6-5　S.I.のグレードとクライテリア

6.6 架構の特徴，適用技術と目標部材サイズ

長寿命化のための可変性，柔軟性を実現するために，ここで提案するS.I.に対し，具体的に以下のアイデアを盛り込みます．

(1) 意匠的フレキシビリティ（空間の快適性）

事務所内は無柱空間とします．また更新部分は極力スレンダーにし，インフィル柱は□-250×22，梁はH-400×200×9×19程度をイメージします．建物高さ48mの12階建事務所としては，画期的に細い柱となります．

(2) 設備的フレキシビリティ（設備への柔軟対応）

設備配管，ダクトはスケルトン部分の床と集約した縦シャフトを活用し，振り回しの自由度を高くします．

(3) 構造的フレキシビリティ（供用期間が異なる混合架構の実現）

周期の延びを最大限に期待するため，柱・梁は600N級鋼を使用し，かつスケルトンからインフィルを吊り下げること，さらには外装をインフィルに付け，スケルトンの変形制限を撤廃することにより，同規模の高さの一般建物よりも2倍程度，周期が長い建物を目標とします．

最終崩壊系を脆性的なものとしないために，インフィルの梁ヒンジ形成を高い確率で実現するとともに，吊り構造を採用することにより$P-\delta$効果や柱の座屈など，損傷後の重力による付加荷重の作用を抑制することを意図しています．

さらに，インフィルは早期に降伏するため，そこでエネルギーを吸収させ，スケルトンの応答値を減少させることができます．ダンパー効果としては，インフィルが降伏しない場合に比べて，スケルトンの応答加速度の15％程度減少を狙うことにします．

6.7 設計フローと各ルートにおける検証

(1) 設計法の展開

　性能設計とは本来，地震力などの外力条件とそれを受ける建物側の挙動を決め，そこに至る性能検証手法は問わない設計法と言えます。ここではその本来の主旨に倣い，数種類の設計法や評価手法を組み合わせて適用し，安全性や使用性を把握します。**図6-6**は本S.I.架構の各限界状態に対する検証法を示しています。

　図6-7は各検証法をフローに対応づけて表現したものですが，ここで，確率的な評価はフロー中の検証法Ⅰ（LRFDに基づく）で適用されています。この検証法Ⅰにおいて，本S.I.建物で考慮した限界状態に対する荷重・耐力一覧表を**表6-3**に示します。ここで，各限界状態における目標信頼性に基づいて，荷重，耐力係数が決定されています。各荷重の基本値やばらつき，それらの分布形はすべ

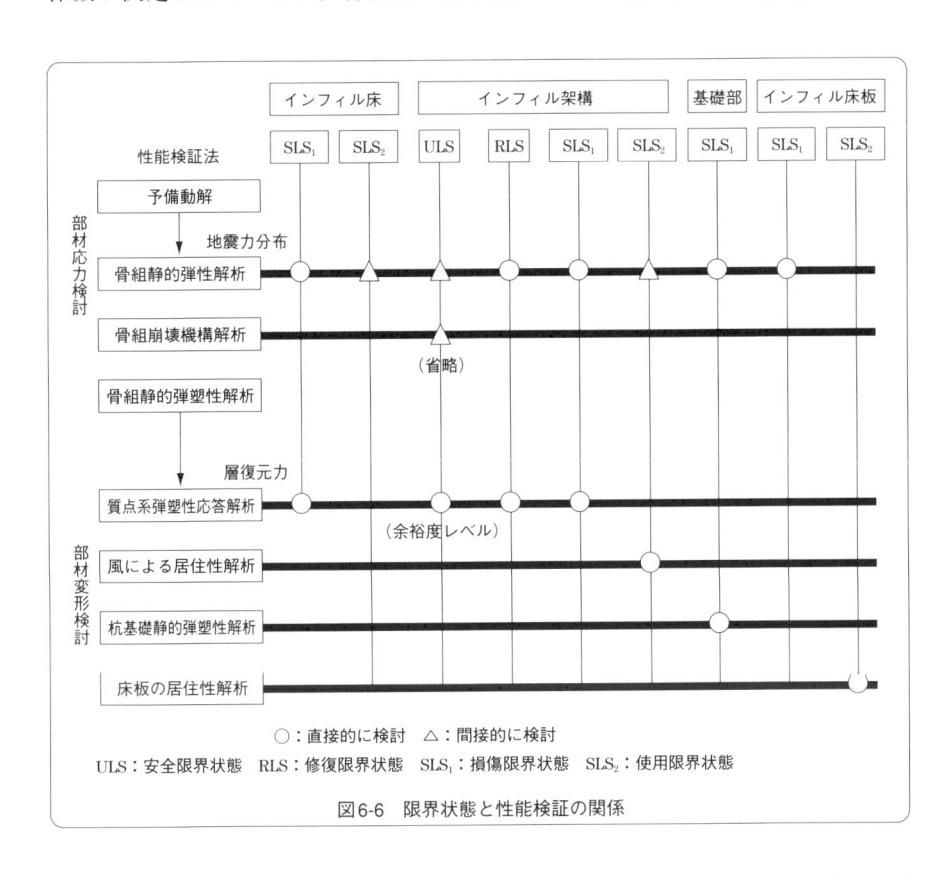

図6-6　限界状態と性能検証の関係

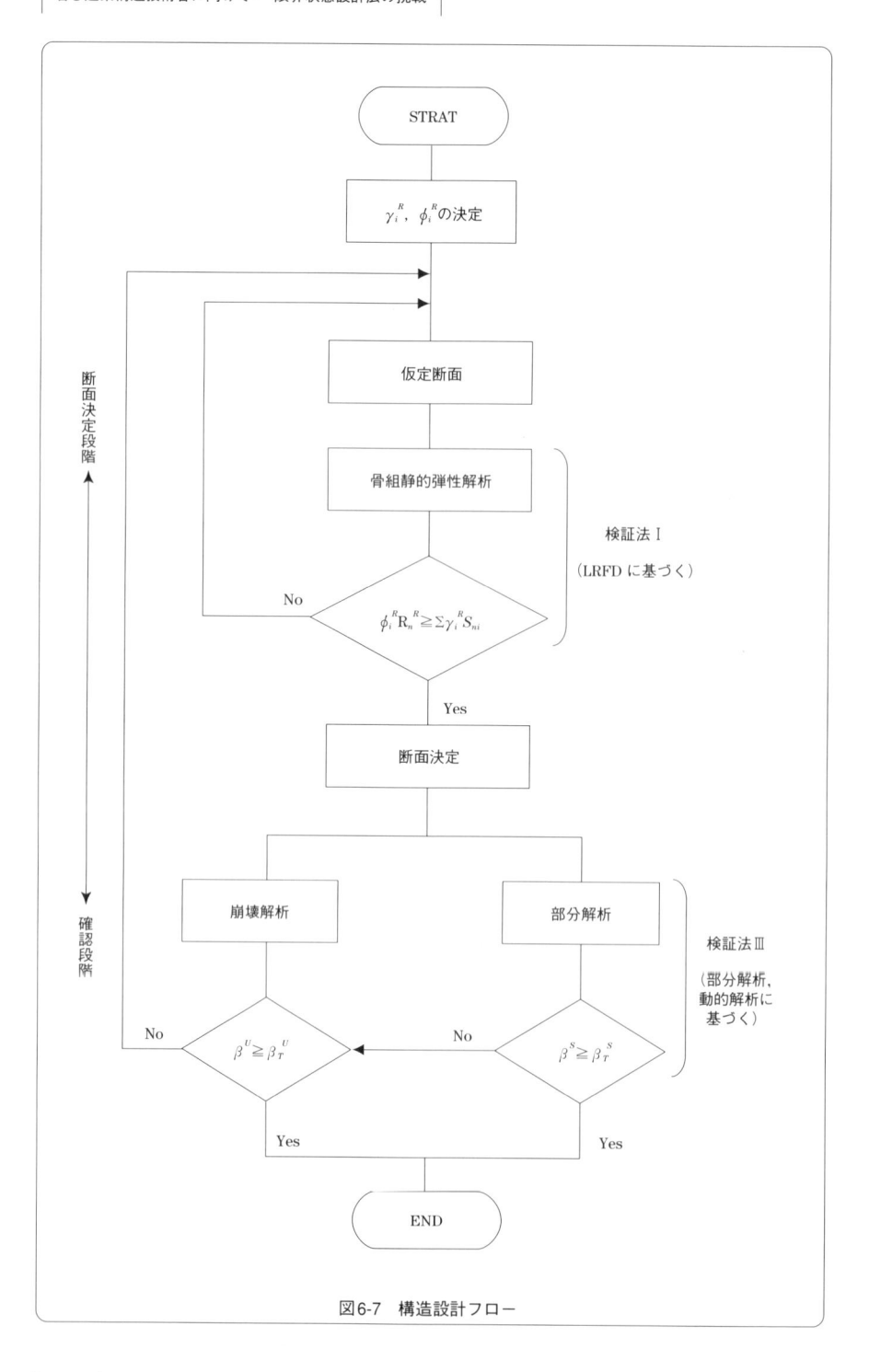

```
                    STRAT
                      │
                      ▼
            ┌──────────────────┐
            │ $\gamma_i^R, \phi_i^R$の決定 │
            └──────────────────┘
                      │
         ┌────────────▼
         │  ┌──────────────┐
         │  │   仮定断面    │
         │  └──────┬───────┘
         │         ▼
         │  ┌──────────────┐      ┐
         │  │ 骨組静的弾性解析 │      │
         │  └──────┬───────┘      │
         │         ▼              │ 検証法Ⅰ
         │    ◇ $\phi_i^R R_n^R \geq \Sigma \gamma_i^R S_{ni}$ ◇  │（LRFDに基づく）
         └──No─────┤              │
                   │Yes           ┘
                   ▼
            ┌──────────────┐
            │    断面決定   │
            └──┬────────┬──┘
               │        │
               ▼        ▼
         ┌────────┐ ┌────────┐       ┐
         │ 崩壊解析 │ │ 部分解析 │       │ 検証法Ⅲ
         └───┬────┘ └───┬────┘       │（部分解析、
             ▼          ▼             │ 動的解析に
      ◇ $\beta^U \geq \beta_T^U$ ◇  ◇ $\beta^S \geq \beta_T^S$ ◇  │ 基づく）
         No │           │ No          ┘
            │   Yes     │ Yes
            ▼           ▼
                  END
```

断面決定段階 ／ 確認段階

図6-7　構造設計フロー

第6章 長生きの建物をつくる

表6-3 荷重・耐力係数一覧表

部位	荷重組合せ	修復限界状態（RLS）補修困難（供用期間＝200年、20年）							損傷限界状態（SLS₁）弾性限超過（供用期間＝200年、20年）							使用限界状態（SLS₂）居住性支障／常時有害変形（基準期間＝1年）						
		β_T	D	Ls	Le	W	E	ϕ_U	β_T	D	Ls	Le	W	E	ϕ_R	β_T	D	Ls	Le	W	E	ϕ_S
スケルトン架構（柱梁）	D+Ls															2.5	1.0	1.2				—
	D+Le								2.5	1.0		2.5			0.8							
	D+Ls+W								2.0	1.0	0.5		1.8		0.9							
	D+Ls+E	(2.3)							1.5	1.0	0.45			2.8	1.0							
スケルトン基礎部	D+Ls								3.0	1.0	2.7				*1							
	D+Ls+E								2.0	1.0	0.5			3.0	*2							
インフィル	D+Ls															2.5	1.0	1.0				—
	D+Le	2.5	1.0		2.2			0.8	0.5	1.0		1.5			1.0							
	D+Ls+W	1.5	1.0	0.45		1.1		0.95	0.5	1.0	0.43		0.9		1.0	0.0	1.0	0.4			0.34	—
	D+Ls+E	1.5	1.0	0.45		1.3	0.8		-0.5	1.0	0.4			0.45	1.15							

（注）*1,*2：抗体の支持力、周面摩擦力、抗体の軸耐力、曲げ、せん断付着に関して耐力係数設定（各部設計参照）
　　　　— ：変形に関する確定的なクライテリアを設定

て日本建築学会の限界状態設計指針[1] に基づいています。

　また、一般には終局限界状態として基準期間50年、使用限界状態として基準期間を1年としますが、ここではスケルトン・インフィルという特殊な架構形態であるため、スケルトンの損傷限界に対して供用期間の200年を基準期間とみなし、一方インフィルの安全・修復・損傷限界に対しては供用期間20年をその基準期間とみなしています（表6-1参照）。

　この荷重・耐力係数が定まれば、あとは一般の静的設計により、各部材断面が決定されることになります。ただし、この検証法Ⅰでは耐力のみの検証を対象としているため、続く検証法Ⅱあるいは検証法Ⅲによって、崩壊モード（ここでは省略）や変形に対する確認を行います。

(2) 設定された限界値（静的解析，動的解析）

　表6-4および表6-5が設定された5つの限界状態と、そのレベルに対応した要求性能が、目標性能としての工学量に変換されたもの（設計クライテリア）です。目標性能が設定されれば、各種の設計法を駆使して、目標性能の具体的数値であるクライテリアを満足させることを検討できます。表6-5に示すように、本建物はインフィルに対して20年間に損傷が $1-0.31=0.69$、すなわち69％の確率で起こり得ることが合意されていることになります。ここではその背景は詳述しませんが、目標信頼性指標 β_T をいくつにするかを判断するために、バッ

表6-4　使用限界状態に対する目標性能（クライテリア）

	目標 β_T（基準期間）	スケルトン	インフィル
風による居住性	0.0≒非超過確率50%（1年）	—	学会「居住性能指針」[5]
床　振　動	2.5≒非超過確率99%（1年）	—	Meister「振動感覚曲線」[6]
梁のたわみ	2.5≒非超過確率99%（1年）	—	鋼構造限界状態設計指針

表6-5　地震荷重による各限界状態に対する目標性能（クライテリア）

	目標信頼性指標 β_T（基準期間）	スケルトン	インフィル
変形・塑性率（インフィル損傷）	−0.5≒非超過確率31%（20年）	(弾性状態)	弾性状態　応答塑性率 1.0以下　応答最大層間変形角 1/200以下
変形・塑性率（インフィル修復性）	1.5≒非超過確率93%（20年）	(弾性状態)	応答塑性率2.5以下　応答最大層間変形角 1/100以下
変形・塑性率（スケルトン損傷・インフィル安全性）	1.5≒非超過確率93%（20年，200年）	応答塑性率 1.0以下	（応答塑性率8.0以下）
変形・塑性率（スケルトン修復性）	2.3≒非超過確率99%（200年）	応答塑性率 2.0以下	—

クデータに基づく工学的判断が必要となります。

　これまでの構造設計では，本来重要事項であるべき「建築主との会話に基づく目標性能を，具体的数値であるクライテリアとして設定する」ことに，多くのエネルギーが費やされていたとは言えません。暗黙のうちに建築基準法レベルが唯一のグレード，唯一の性能クライテリアとなっていて，安全限界についての議論をはさむ余地が皆無だったのです。また使用限界については，振動規制法（1976），環境基本法（1993）以外に大きな法的拘束力もなく，「快適性」について問題意識が低かったことも事実です。今後，社会の成熟とともに社会の要求も高度化，多様化し，性能設計の導入と相まって，この「建築主との会話を通じて，要求性能を目標性能としての工学量に落とし込む部分」に力点が移動し，どのような荷重に対して，その部分がどのような挙動となり，それは実現象としてどう捉え得るのかを，設計者がよく吟味することになるでしょう。また，そのような活動が

表6-6　各限界状態に対応する地震荷重

解析ケース	地震荷重の基本値	荷重係数（γ_E）	最大加速度振幅
インフィル損傷限界		0.45	81cm²/sec
インフィル修復限界	180 cm²/sec	1.30	234cm²/sec
スケルトン損傷限界 （インフィル安全限界）		2.80	504cm²/sec

浸透して始めて，社会に構造技術が認知されるようになると思われます。反面，高度な解析プログラムが一般化し，またインプットやアウトプットの簡略化に伴い，解析や計算値算定へのエンジニアの投入エネルギーは薄められるに違いありません。

本建物の部材決定に，クリティカルである地震力の大きさを，各限界状態に対応付けて**表6-6**に示します。

6.8 クライテリアの設計検証とグレード確認

(1) 限界値と解析値（静的解析，動的解析）

設計された部材断面と，各種クライテリアに対する結果を示します。部材断面は，検証前に目標付けた寸法にほぼ収まります。特に，インフィルの柱は□250シリーズ，梁は細幅のH-400×200で実現されています。12階建の建物としては，画期的にスレンダーなものです。天井高は低床式フリーアクセスフロアで，$h = 75\text{mm}$ を見込んでも2,800mmを確保しています。本S.I.全体の単位面積

表6-7　スケルトン部材断面

床	柱断面	大梁断面 （　）は中央部
MR	—	BH-850×350×16×25
M4	□-550×28	BH-900×350×19×32（28）
M3	□-600×28	BH-900×400×19×40（36）
M2	□-650×32	BH-900×450×16×40
M1	□-700×40	基礎梁　$B \times D = 700 \times 2500$

表6-8 インフィル部材断面

床	階	柱断面	階	大梁断面
M4	S3	□-250×28	S3	BH-400×200×9×19
M3	S2	□-250×25	S2	BH-400×200×9×19
	S1	□-250×22	S1	BH-400×200×9×19
M2	S3	□-250×28	S3	BH-400×200×9×19
M1	S2	□-250×25	S2	BH-400×200×9×19
	S1	□-250×22	S1	BH-400×200×9×19

表6-9 クライテリアと解析結果

限界状態	部位	目標性能		解析結果		判定
		最大応答変形角	最大塑性率	最大応答変形角	最大塑性率	
インフィル損傷限界	インフィル	1/200	1.0	1/361	0.61	OK
インフィル修復限界	インフィル	1/100	2.5	1/130	2.33	OK
スケルトン損傷限界	スケルトン	クライテリアなし	1.0	1/66	0.77	OK
	インフィル	クライテリアなし	8.0	1/36	7.10	OK

当たり鉄骨量は約208kg/m²であり,同規模,同形態の一般建物の鉄骨量として160kg/m²を仮定すると,約30％増で収まっています。また,建物の1次固有周期は$T_1 = 2.67$秒であり,建物高さと$T_1 = 0.056h$の関係となり,一般的な同高さの鉄骨造建物$T_1 = 0.03h$に比べて,2倍程度の長周期が実現されています。

各解析結果は**表6-9**で示すように,目標信頼性に基いて設定された目標値に対して,すべて満足できる結果になっています。

(2) ダンパー効果

インフィルが損傷することによるダンパー効果により,スケルトンの最大応答塑性率の各階平均,最大層間変形角の各階平均値がそれぞれ約13および12％低減しています。また,「吊られているインフィル各階の応答加速度」と,「スケルトン階の応答値加速度」の応答倍率比は,0.80〜1.34とあまり増幅していません。

(3) 耐震グレード表での再確認

図6-5で,「想定する規模の地震とそれに対する建物挙動の関係」はS.とI.別個

に，信頼性指標 β で関連付けられたグレードとして表示されています。今回のケースでは，スケルトンが再現期間430年の500galの地震に対して，損傷限界にとまる確率は93％（$\beta = 1.5$）であり，インフィルが再現期間150年の230galの地震に対して，修復限界にとまる確率も93％（$\beta = 1.5$）となることを示しています。限界状態設計法を適用することによって，はじめてこのような確率的な表現が可能となります。また，「想定地震と建物挙動の関係」は，当該建物自体の性能が同じであれば，常に変化しないのではなく，大きい β を考えれば図6-5中で下の方へ，小さい β を考えれば上の方に，「想定地震と建物挙動関係」が移動することになります。

6.9 時間軸を考慮した期待総費用による比較

(1) S.I.と一般の建物の期待総費用の比較

スケルトンの供用期間として，200年間を考えた場合のS.I.と一般建物の期待総費用を比較します。期待総費用は初期コスト＋損傷期待値＋建替えコストで換算しています。なお，建替えには架設費，解体費も考慮しています。

スケルトンの性能を非常に高く設定したこと，また，12階建ではありますが，一般建物と比較してスケルトンのメガ床の分，床枚数が多いことにより，スケルトン・インフィル建物の初期コストは一般に比べて5％程度高くなっています。

一方，建替えコストについて建替え周期をスケルトンは200年，インフィルは20年ごと，一般建物は30年ごととすると，S.I.建物の期待総費用は一般建物の約2／3となり，当初の目標の30％の低減を充分満たす結果となります（コスト換算は表6-2内の諸元および式6.1，6.2によっており，コスト上昇係数 k および被害コスト係数 g の影響を大きく受けます）。

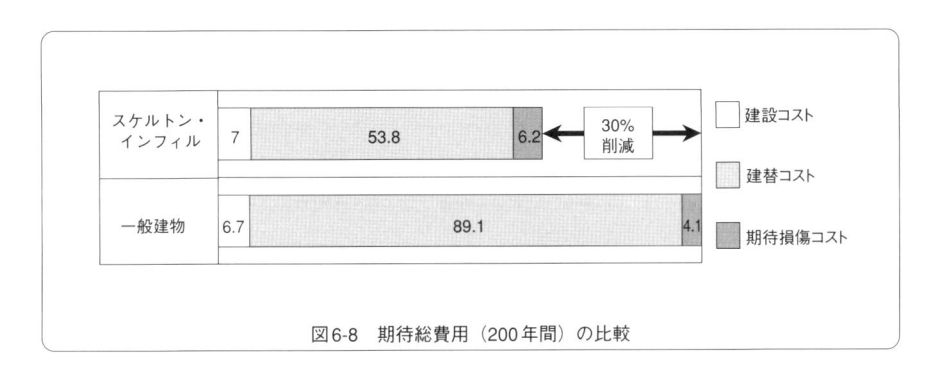

図6-8 期待総費用（200年間）の比較

表6-10 解体排出量（200年間）の比較

		本建物（インフィルのみを20年ごとに建替え）	一般建物（平均30年建替え）
鉄骨		210ton（78kg/m^2）	440ton（160kg/m^2）
コンクリート	地上部	420 m^3	770 m^3
	基礎梁	—	350 m^3
	杭	—	280 m^3

(2) 両者の産業廃棄物の比較

表6-10は廃棄物の排出量の比較です。本S.I.事務所の解体排出量は一般建物の約1／2と算出され，環境に対する大きな優位性が示されます。

これまでのスタディで，「供用期間6倍，期待総費用30％減少，廃棄物30％低減の架構」が供用期間を意図的に変えた架構の混在によって実現されます。冒頭で述べましたように，この架構は一般に言われるスケルトン・インフィルをより発展させ，架構自体をスケルトンとインフィルに分離し，混在させたものです。そこに限界状態設計法を適用し，さらに各種の設計法，評価法を適宜盛り込むことにより，はじめてその定量的な評価が可能となるのです。

6.10 長生きの建物の実現へ向けて

(1) 必ずかかるコストと期待値としてのコスト

スケルトン・インフィル建物のコスト換算は，時間軸を考慮したライフサイクルコスト的評価としています。時間軸を考慮したコストには，「必ず支出がある設備のランニングコスト」と「地震損傷期待コスト」があり，その違いの説明が充分なされなければなりません。「設備のLCC」に関しては，ある時間幅の間に予想通りにコストが発生し，その予想値の範囲を大きくはずれることはないものですが，「建物損傷期待コスト」は地震が生じない限り，実際の支出は0となり，耐震性向上のためのエキストラコスト分は高くつき，また，一度，大きな地震が生じた場合には，損傷額は一気に期待値を超えてしまうものです。両者の違いは，明確に区別されるべきでしょう。

今回のスタディは，このうちの設備ランニングコストの意味合いであるLCC

については検討対象としていません。一方で，供用期間200年を想定しているスケルトンの耐久性に関しては，一般の建物以上に配慮が必要となります。本スケルトンの構成材には素材的には一般鋼を用いており，高耐久性塗料などを用いて塗り替え周期を長くすることが考えられますが，超長寿命建物の維持管理コストの把握は今後の大きな課題です。

(2) 最適信頼性へのコスト関連情報

これまでのスタディにおける期待総費用の比較には，人的被害や建物外部被害による業務中断の影響を含んでいません。対象建物の性格にも大きく係わりますが，それらの情報を盛り込むことができれば，一般建物に比べてスケルトン・インフィル建物の効果が一層，顕著になるものと思われます。そのためにも，建物以外のコスト関連情報のデータ整備が望まれます。

(3) 地盤性状のばらつき，施工精度，不具合データと実現性能

性能を表示する，あるいは建物を確率的，定量的に評価した場合に，実際の建物の実現象はどうなるのかが，最終的には問題となります。

これまで述べてきた内容は，現時点での技術レベルを考えた場合の適切な手続き，約束事であり，実現象に大きく影響する地盤性状のばらつきや施工精度を考慮したものとはなっていません。したがって，確率的に評価しても，必ずしも実現象と合致することを保証するものではないとも言えます。ただし，これまでに述べてきた現設計の基準は，幾たびかの大地震の変遷を経て決まってきたものでもあり，クライテリアとしては社会に容認されている水準と解釈されます。その水準を概ね正解としたときに，各架構が確率を用いた定量値で，相対的に評価できることを意味しているとも言えます。

なお，地盤の力学性状は発生地震のレベルによっても大きく変化

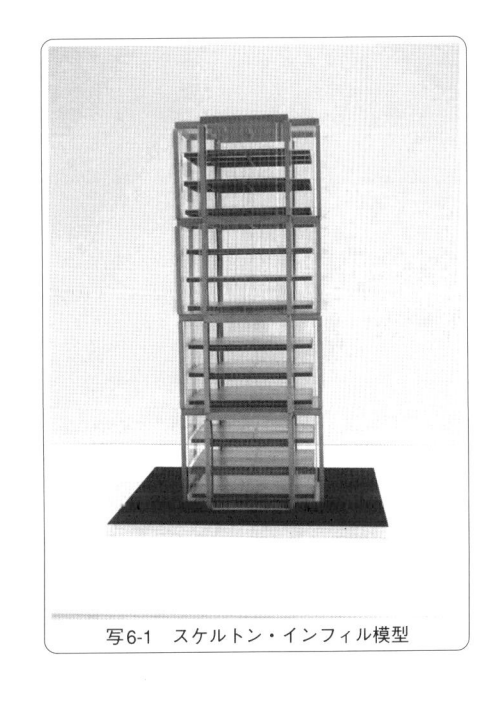

写6-1　スケルトン・インフィル模型

し，ばらつきが大きいため本来は確率的定量評価が望まれますが，現時点ではそれらが設計法に陽なかたちでは反映されていません．今後，地盤データの蓄積と扱いに関してさらなる研究が待たれます．一方，施工精度については施工や製作精度がどの位になっていて，その影響がどの位あるか，また，精度を上げるためにはどの位エキストラコストがかかるのかは，開示されるべき情報であると思われます．改正建築基準法では，鉄筋の圧接精度や鉄骨の溶接継手の食い違いや仕口のずれに関して，具体的な規制値が設けられました．その規定は，施工精度に関する一部の規定ではありますが，施工・製作の実情を把握するよい機会であると思います．

以上のように，実際の性能評価には難しい点も残されていますが，建物のグレードを上げて設計することが，損傷リスクを減じることは明らかです．つまり，建築基準法は唯一のレベルではなく，最低基準であることを認知してもらわなければなりません．そして，設計的にその最低基準からどの程度，安全性を高めた建物を目指すかを，建築主，広くは社会とともに議論し，設定された建物グレードの情報を開示する活動を重要視する必要があるでしょう．

今回のスケルトン・インフィルの提案[7],[8]は，供用期間を意図的に変えた混合架構により，建物の長寿命化を図り期待総費用と廃棄物を減じることが，イニシャルコストに対する小さなエキストラコストの付加で，可能になることをスタディしたものです．さらには，「供用期間を変えた架構を混在させる」とはどういうことかを熟考することで，建築主や社会が潜在的に求めている建物像が浮かび上がり，そのために設計者が何を考え，何を決めなければならないのか，また，判断指標として何が不足しているのかを顕在化させることができたと思います．

【参考文献】
1) 日本建築学会；建築物の限界状態設計指針，2002.11
2) 日本建築学会；建築物荷重指針・同解説，2004
3) T. Takada and K. Yamaguchi; Formulation of nonlinear LRFD and its application to codified design, ICOSSAR '01, 2001
4) 日本建築学会；建築物荷重指針・同解説，1993
5) 日本建築学会；建築物の振動に関する居住性能評価指針・同解説，1991
6) 日本建築学会；鋼構造限界状態設計規準（案），1990
7) 日本建築学会；1999年度日本建築学会設計競技（技術部門）
「限界状態設計法を活用した構造設計——オフィスビル」作品選集：供用期間が異なる混合構造からなる高度更新型事務所
8) T. Takada, T. Kashimura, T.Yagi, K. Tohyama, M. Higuchi ; AIJ Limit State design Competition : Highly adaptive office building composed mixed frames with different service lives, Probabilistic Mechanics and Stractural Reliability, 06. 2000

第7章

伝統的木の文化を再生させる

ばらついているからLSD

7.1 木を活かす設計に向けて

　自然素材を活用した木造は，日本古来より伝統的に用いられています。木材は単位重量当たりの強度，断熱保湿性などの性能が高く，居住環境や健康面に非常に優れています。しかし，自然素材のため，材料特性のばらつきや優劣の差が生じ，経年的な劣化や腐食，蟻害の影響を受けやすく，構法や材料にも地域性が存在します。さらに，木組接合部の構成の複雑さなどから，応力解析および性能の把握は極めて難しくなっています。

　このように，木質構造における構造上の諸性能の定量的な把握は難しいことから，応力解析および性能評価法に関する充分な手法が確立していない状況にあります。一方，兵庫県南部地震以降，木造建築物の耐震性の向上を図ることを目的に，接合部や実大建物の実験が多く行われ，応力や変形を論理的に評価しようという研究が盛んになっています。

　木質材料は，強度や剛性のばらつきが大きいため，必要以上の安全率を採った設計を行うと反って，断面が大きくなり，接合部の破損モードが不明解になります。これに対して，限界状態設計法（LSD：Limit State Design）を適用すれば，バランスがとれ，性能を定量的に評価することが可能となります。そこで，木質構造の構造安全性評価を困難にしている柱梁接合部の挙動について，限界状態設計法を活用することにより，構造性能を明解かつ合理的に捉えます。そして，構造性能のグレードを確率的に表現できる信頼性指標（安全性評価の尺度）を用いて，柱梁

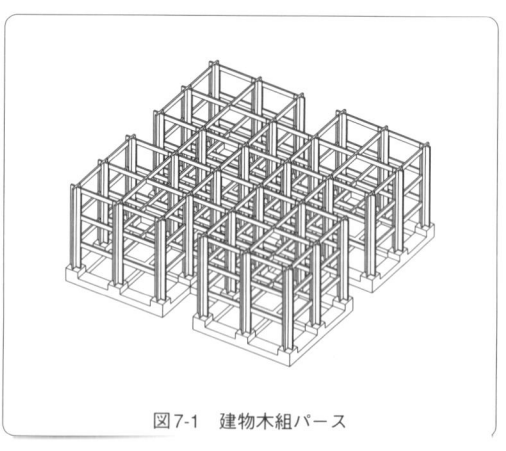

図7-1　建物木組パース

写7-1　伝統的木質構造（東大寺大仏殿）
　　　（出典＝奈良の古建築と空間 http://www.kt70.com）

接合部（ドリフトピンによるモーメント抵抗接合部）の破損モードを明確にすることにより，終局時における大梁接合部の先行塑性化を実現した木質骨組架構によるオフィスを提案します。

7.2 地球環境に優しい木造の採用

「木」という天然材料を用いた建物では，鋼やコンクリートの人工材料に比べて，眼に有害な紫外線の反射が少なく，人に優しい肌ざわりやぬくもりがあり，心を落ち着かせてくれます。これにより，知的創造環境（執務環境の快適化）にも適した空間を実現することができます。

木質系建物では，地球環境問題において地球温暖化にかかわる炭酸ガスCO_2放出量が，他の構法に比べて，材料生成時および建設時に著しく少ないため，資源・エネルギーの節約，地球環境保全には大きな利点があります。木は，CO_2を空気中から吸収し自身に固定化することで，温暖化防止に役立っています。固定化されたCO_2は，木が製材となった後も空気中に放出されることはありませんし，成長した木を伐採し耐久性の高い建物をつくり，木資源を有効活用するとともに，新たに若い木を育てることでCO_2の総固定量は増えていきます。木質構造のある建物では，CO_2の排出量は鉄筋コンクリート造の約1／2で，炭素固定

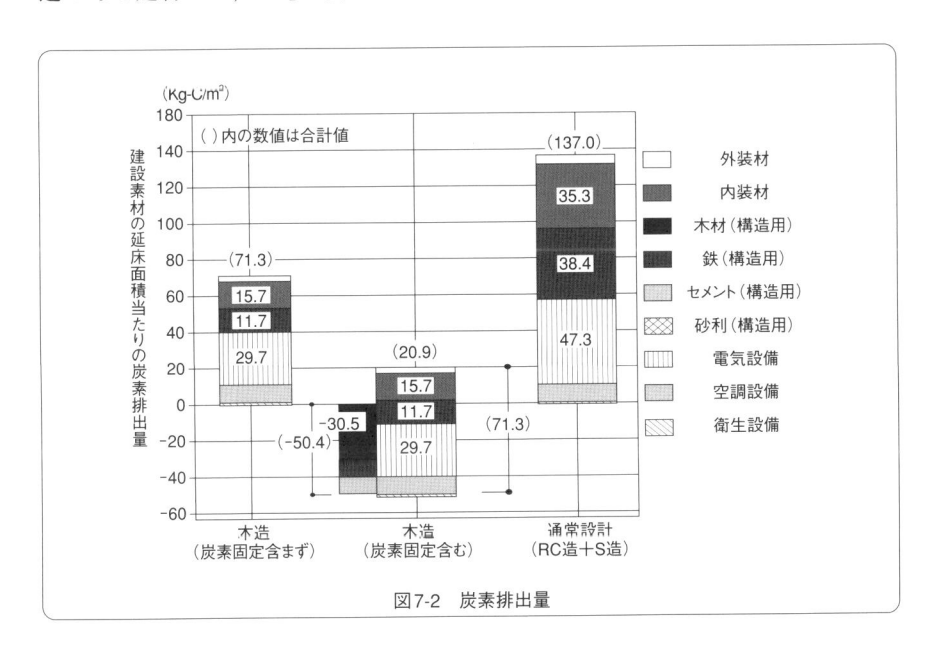

図7-2　炭素排出量

図7-3 木質オフィスの提案

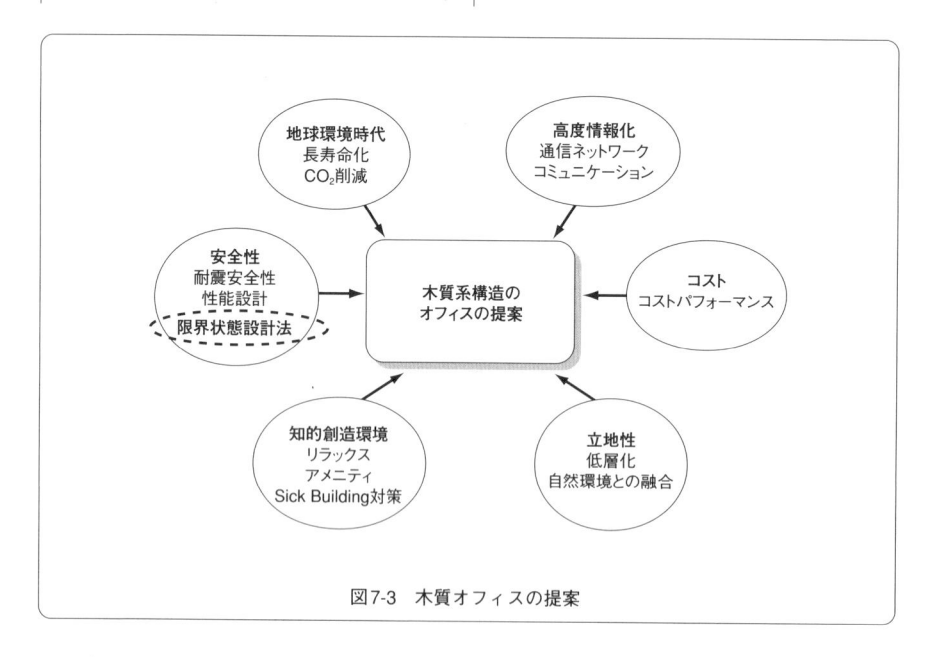

を考えると約1／7の排出量という試算もあります。

このように，地球環境に対する配慮に加えて，木造本来の耐久性の向上による長寿命化を図りながら，限界状態設計法による破壊確率の考え方を導入して，木質架構耐力を支配する接合部の耐震性能を向上させることにより，1世紀（100年）を超える供用期間を実現することが可能となります。

7.3 木材から木質骨組みへ

(1) 集成材の利用

木材ならではの長所を伸ばした集成材を，構造材料として使用します。
- 含水率を15％以下に乾燥して，反り，割れを防ぎ，強度アップを図ります。
- ひき板を積層することで，品質を均一化し，強度を高めます。
- 単位重量当たりの強度が鋼材の6倍と高く，建物の軽量化が図れます。
- 歴史的建造物で実証されているように，管理さえ怠らなければ，耐久性は非常に優れています。

一方，木質構造は，材料特性および接合形式が複雑でばらつきが大きく，以下の特徴のため，応力解析および性能の把握が困難であり，構造解析並びに構造性能評価を行う手法の確立が望まれています。

図7-4　集成材

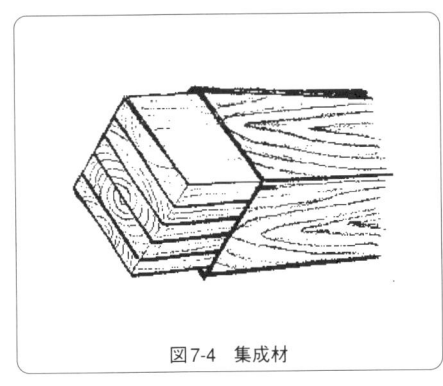

写7-2　木質架構[8]

【木質材料としての特徴】
- 材種材質が多種多様で，性能のばらつきが大きくなります。
- 木材繊維の方向に応じて直交異方性を示し，めり込みを除き脆性的破壊形式を示します。
- 環境（気温，含水率，蟻害），時間（クリープ変形が大）に大きく依存します。

【架構形式としての特徴】
- 接合形式が多様で，材質の特性から論理化が困難です。
- 剛性，強度が低く，非構造材の影響が他の構造形式に比べて大きくなります。
- 床剛性が低いため，耐力壁が存在する場合は架構の偏芯が大きくなります。
- 施工やメンテナンスによるばらつきが大きくなります。

(2) 木質架構の変形性能評価

　木質架構の性能を評価するために，最も重要な変形性能評価について，現在は実験値による評価に多く依存していますが，半剛接部（鋼板挿入，鋼板添え板方式など）では，接合部（ドリフトピンなど）の荷重－滑り特性を弾塑性ばね支持による梁理論を用いて，評価することが可能と考えられています。

　ドリフトピンは，欧米ではよく使われている接合具で，ドリフトは機械用語で「金属の孔に打ち込んで拡大する」という意味で，ピンは文字どおりピン（丸鋼）を言います。ボルトと違って，ピン径より少しだけ小さ目の先孔をあけて打ち込むために，がたつきの少ない接合部を構成できる特徴があります。

　木質架構の変形性能評価を行う手法として，限界状態設計法を用いた性能評価が有効であると考えられます。特に，半剛接部の変形性能評価に適用することで，木質骨組の破損モードを合理的に評価することが可能となります。

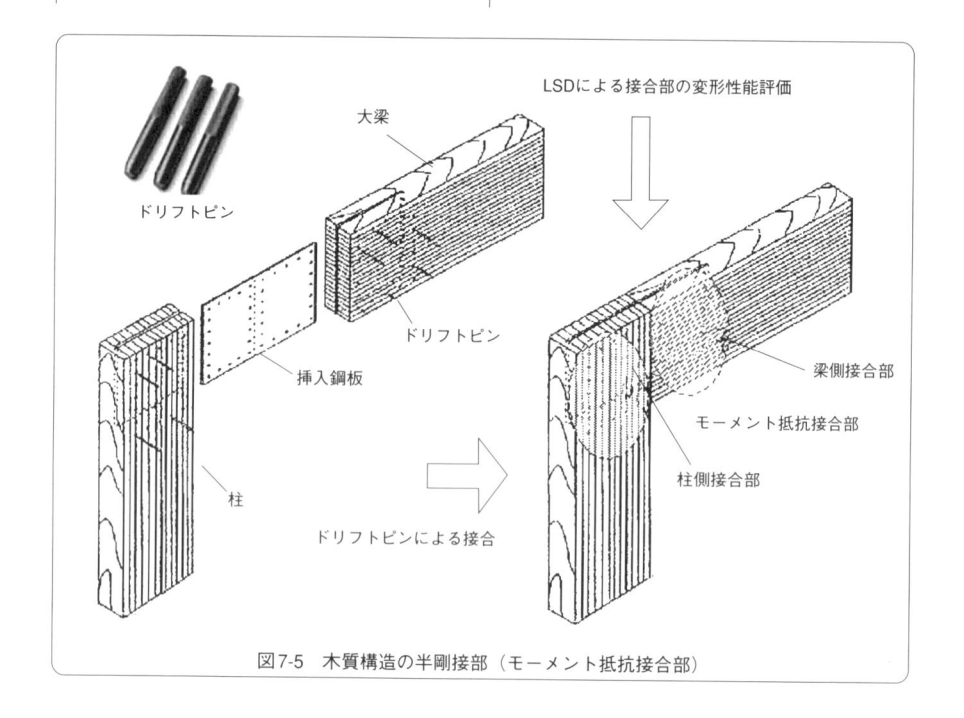

図7-5 木質構造の半剛接部（モーメント抵抗接合部）

7.4 知的空間を構成する木質郊外オフィス

(1) 郊外型オフィスの提案
- 郊外に知的創造空間を構成するために，木質架構を提案します．
- 架構形式は，地上3階建の6.3mスパンによるラーメン架構とし，2スパンの12.6m×12.6mから成るスモールオフィス空間を創造します．
- 柱材は，鉛直荷重の支持能力を失わないように，部材安全性の高い断面にするとともに，オフィス空間のデザインにも配慮した十字形状の柱とします．
- 柱と梁の接合部は，ドリフトピンを用いたモーメント抵抗接合とします．

(2) 明解な崩壊機構の設定
- メカニズムは接合部の降伏を先行させることで，柱，梁の主材部は損傷することがありません．
- ドリフトピンによるモーメント抵抗接合部は，正確に加工された場合は他の接合形式に比べて，初期剛性が高くなります．さらに，ドリフトピンの有効長さと径の比を大きくとることにより（木材板厚に対してドリフトピンの径を小さ

図7-6 郊外型オフィスの提案

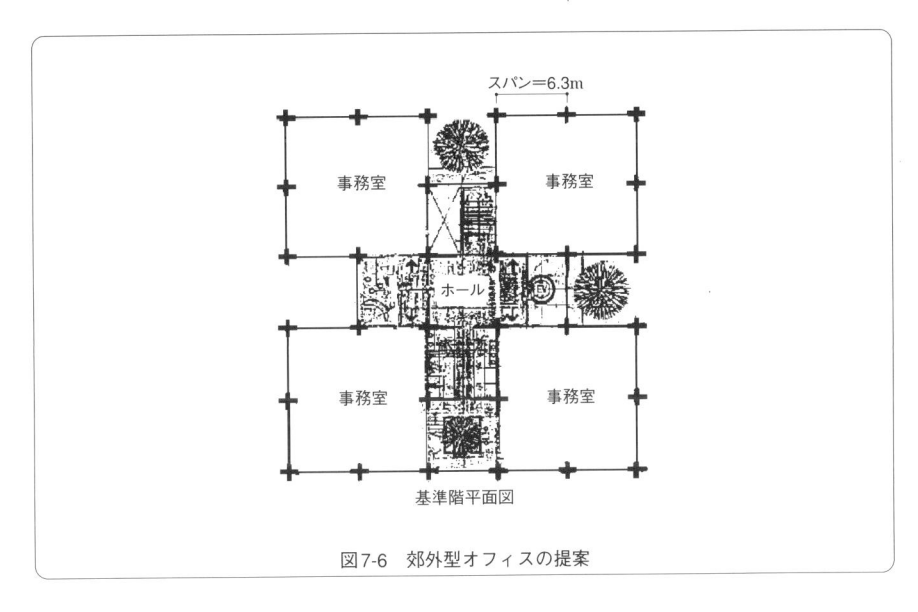

くする），木材のめり込み降伏よりもドリフトピンの曲げ降伏を先行させて，地震エネルギー消費能力を高めることで，架構の靭性を向上させます。
- 架構における降伏メカニズムは，モーメント抵抗接合部のみとし，梁端部接合部→最下層柱脚接合部→柱側接合部の順に降伏させることにします。特に，梁端部接合部の降伏を先行させることにより，仮に，残留変形が生じた場合には，その部位のドリフトピン部のみを交換すればよくなります。
- 従来では設計者が定めた割増係数で設計していた降伏部位の計画（梁降伏の保証など）を，具体的な数値による目標信頼性指標（破壊確率）にて評価します。

7.5 木質架構を創造する

(1) 設計概要
- 木質構造（大断面構造用集成材使用）では，材料，および構造性能実験データの蓄積が現状では少ないため，平均値および標準偏差等の統計的評価は「建築物の限界状態設計指針」[1]に拠ります。
- モーメント接合部をモデル化した非線形解析に基づいて，その荷重－変形関係を評価します。
- 建物全体の評価には，静的非線形解析だけでなく，非線形地震応答解析も行い，地震時における本設計法の効果を確認します。

(2) 限界状態における信頼性の設定

損傷を集中させる部位を明確に設定できるように、目標信頼性指標β_Tを設定します。すなわち、大梁端部接合部の塑性化を先行させ、その履歴減衰により、エネルギー消費を行うことを設計の目標として、柱側接合部、大梁主材、柱主材の順に破壊確率を低減させ、構造体の安全性を高めます（目標信頼性指標β_Tを

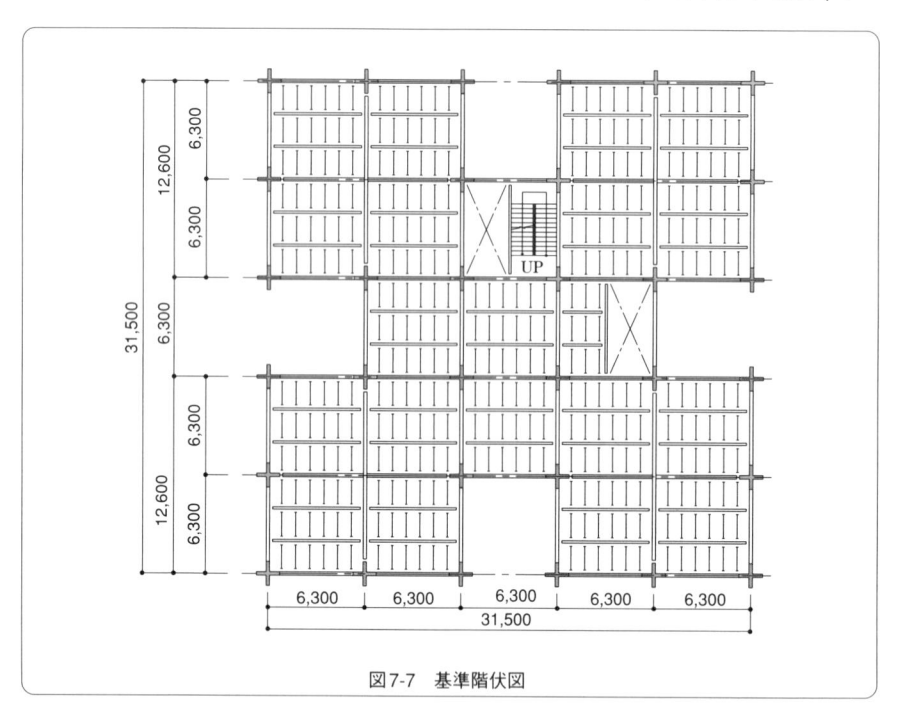

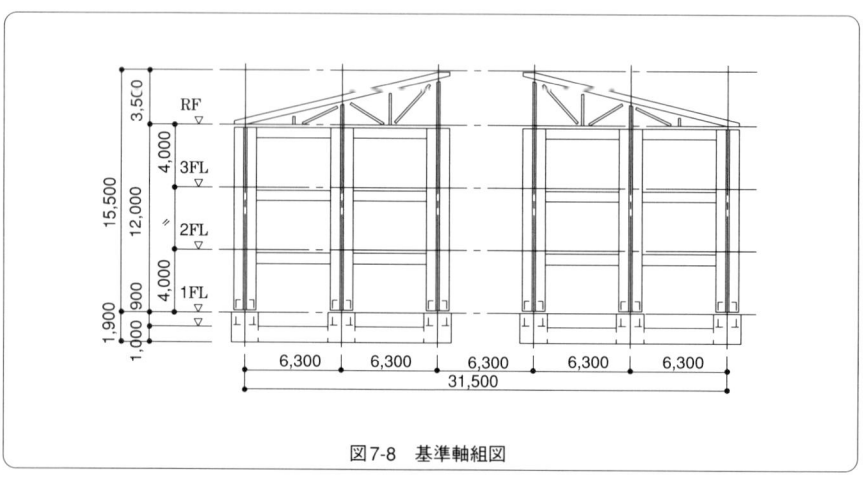

図7-7　基準階伏図

図7-8　基準軸組図

第 **7** 章 伝統的木の文化を再生させる

高く設定します）。終局限界状態にて，塑性化を先行させる大梁端部接合部の目標信頼性指標を $\beta_T = 2.0$（破壊確率として $P_{fA} \fallingdotseq 2.3\%$），さらに，柱側接合部，大梁主材，柱主材については，破壊確率が $P_{fA} \leqq 0.5\%$ 以下となるように $\beta_T \geqq 2.5$ と設定します。架構の層間変形角や梁の撓みは，接合部の信頼性評価の後，目標値以内であることを確認します。

```
          使用限界状態                           終局限界状態
      （通常の使用に関する限界状態）         （最大耐荷能力，最大変形能力に関する限界状態）
```

- 建物の機能を維持するため，ほとんどの部材に損傷が生じない。または，補修を要しない程度の損傷にとどまる。

- 構造物が倒壊，転倒しないようにし，人命を保護，および避難経路を確保する。

- 構造部材が弾性限界を超える応力，変形に達する状態
- 構造体に有害な変形が残留する限界状態
- 居住性，耐久性に影響を与える部分（柱梁接合部）が損傷する
- 不快感を感じさせる過度の振動が生じる

- 構造部材が破断，座屈し，柱梁接合部が破壊する状態
- 接合部などが破壊し，構造物が倒壊，転倒する限界状態
- 復元力が急激に低下する状態

接合部のドリフトピンが降伏しない
目標信頼性指標 $\beta_T = 1.0$
限界層間変形角 $\leqq 1/200$
梁の撓み $\leqq$ スパン／300

接合部のドリフトピンが塑性限界変形以下
目標信頼性指標 $\beta_T = 2.0$
限界層間変形角 $\leqq 1/75$

接合部の目標信頼性指標に着目（変形による評価）

接合部耐力	主材の曲げ耐力
大梁 1.0 → 柱 1.5	大梁 1.5 → 柱 2.0

接合部の目標信頼性指標に着目（変形による評価）

接合部耐力	主材の曲げ耐力
大梁 2.0 → 柱 2.5	大梁 2.5 → 柱 3.0

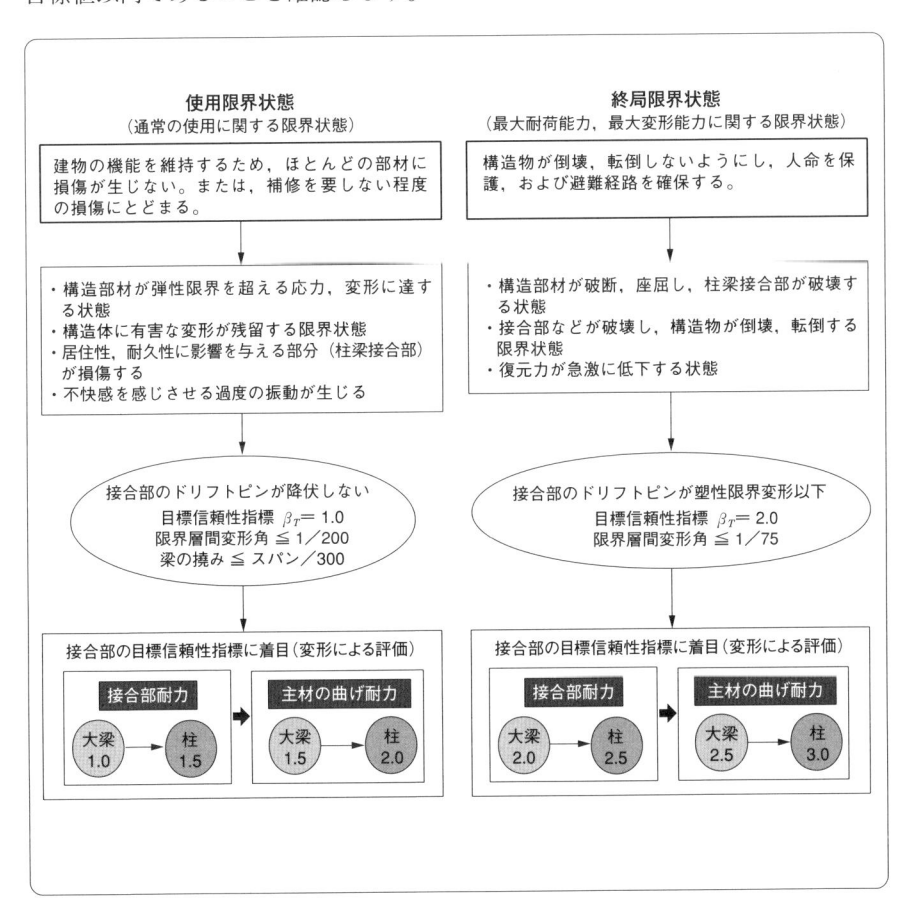

表7-1　目標信頼性指標 β_T 一覧：（　）は相当する破壊確率 P_{fA} (%)

	接合部耐力		主材の曲げ耐力	
	大梁	柱	大梁	柱
使用限界状態	1.0 (15.9)	1.5 (6.7)	1.5 (6.7)	2.0 (2.3)
終局限界状態	2.0 (2.3)	2.5 (0.5)	2.5 (0.5)	3.0 (0.1)

(3) 材料特性

- 使用材料

柱，大梁，小梁には，大断面構造用集成材を使用します。構造用集成材は，含水率，圧縮・引張・曲げなどに対する強度など，日本農林規格の厳格な適合基準をクリアしたものだけが供給され，工業製品のためバラツキは少なくなります。また，無垢材にありがちな反りや割れ，乾燥収縮を防ぐため，含水率を15％以下に設定し，狂いや縮みがほとんど発生しない寸法の安定性があります。

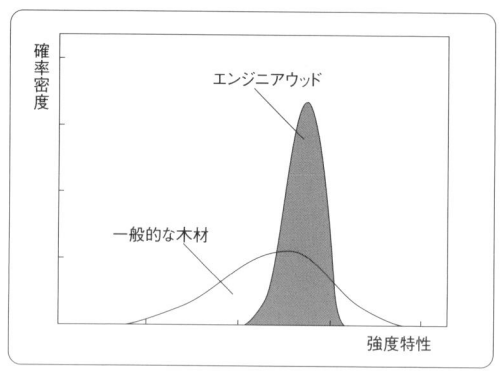

- 材料強度（使用限界耐力時は，終局限界耐力時の2／3倍とします）[1),4)]

日本農林規格の「大断面構造用集成材」終局限界耐力公称値を採用します。
圧縮＝330，引張＝285，曲げ＝405，せん断＝36（kgf/cm²）

- 弾性係数（クリープは，耐力の時間影響係数K_Tにて考慮します）[1),4)]

繊維平行方向：$E_L = 130 (\times 10^3 \text{kgf/cm}^2)$

繊維直角方向：$E_V = (1／25) \times E_L$

せん断弾性係数：$G = (1／15) \times E_L$

(4) 材料のばらつきに関する評価（「建築物の限界状態設計指針」[1),2)]準拠）

- 主材（大断面構造用集成材）：平均値／公称値＝1.33　　変動係数＝0.15
- 添板鋼板，ドリフトピン（SS400）

降伏強さ：平均値／公称値＝1.16　　変動係数＝0.13

- 接合部の耐力のばらつき

木材とドリフトピンのばらつきは独立として，接合部耐力を評価します。

平均値／公称値 ＝ $1.33 \times 1.16 = 1.55$

変動係数 ＝ $\sqrt{0.15^2 + 0.13^2} = 0.20$

接合部の解析から得られる接合部の荷重－変形関係における接合部耐力と，上記のばらつきを用いて，信頼性指標を評価します。

(5) 荷重

荷重は，「建築物荷重指針」[5)] および「限界状態設計指針」[1),2)] に準拠して算定します。なお，50年最大値の平均応答スペクトルに適合する模擬地震動を作

成して，地震応答解析時に使用します。荷重の組合せは，**表7-2**に示す12ケースとします。

表7-2 荷重の基本統計量[1]

		固定荷重 (D)	積載荷重 (L_S)	積載荷重 (L_E)	積雪荷重 (S)	風荷重 (W)	地震荷重 (E)
年最大値の分布	平均値/基本値	1.00	0.45	—	0.34	0.56	0.16
	変動係数	0.10	0.40	—	0.68	0.26	1.30
50年最大値の分布	平均値/基本値	—	—	1.52	0.97	0.96	1.05
	変動係数	—	—	0.26	0.22	0.14	0.70

(6) 設計フロー

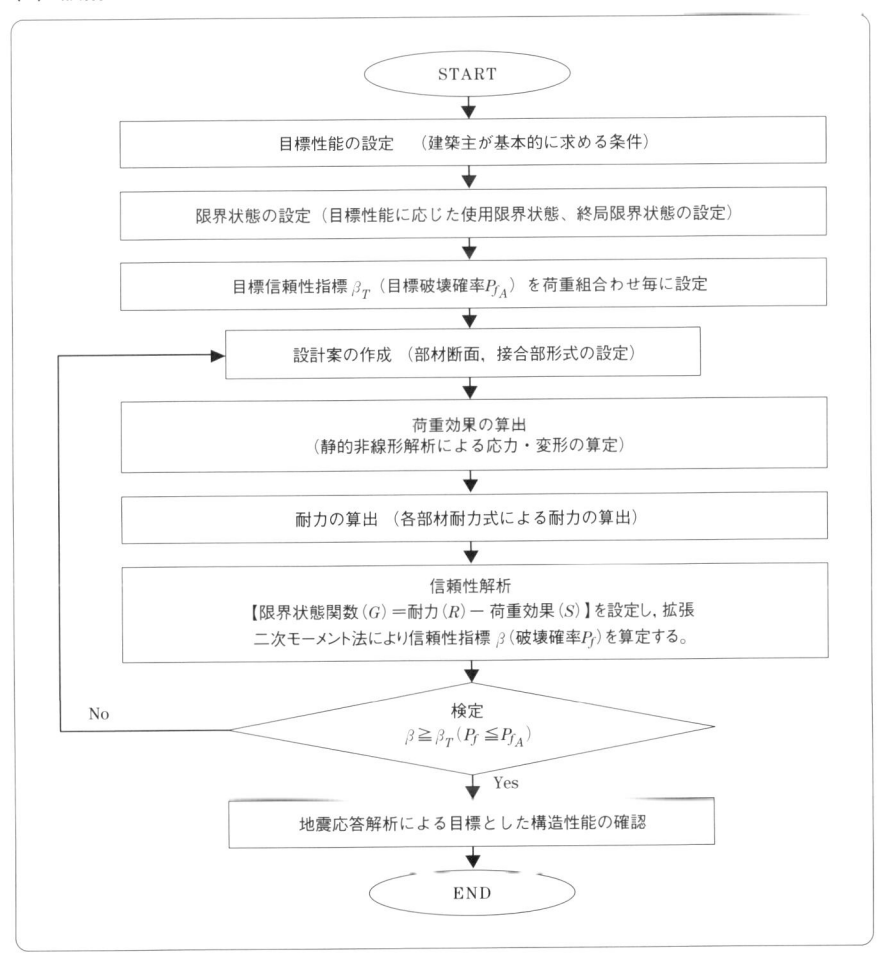

START
↓
目標性能の設定　(建築主が基本的に求める条件)
↓
限界状態の設定 (目標性能に応じた使用限界状態、終局限界状態の設定)
↓
目標信頼性指標 β_T (目標破壊確率 P_{f_A}) を荷重組合わせ毎に設定
↓
設計案の作成　(部材断面、接合部形式の設定)
↓
荷重効果の算出
(静的非線形解析による応力・変形の算定)
↓
耐力の算出　(各部材耐力式による耐力の算出)
↓
信頼性解析
【限界状態関数 (G) ＝耐力 (R) ― 荷重効果 (S)】を設定し、拡張二次モーメント法により信頼性指標 β (破壊確率 P_f) を算定する。
↓
検定　$\beta \geq \beta_T (P_f \leq P_{f_A})$
　No → 設計案の作成へ戻る
　Yes ↓
地震応答解析による目標とした構造性能の確認
↓
END

(7) 柱梁接合部まわり詳細図

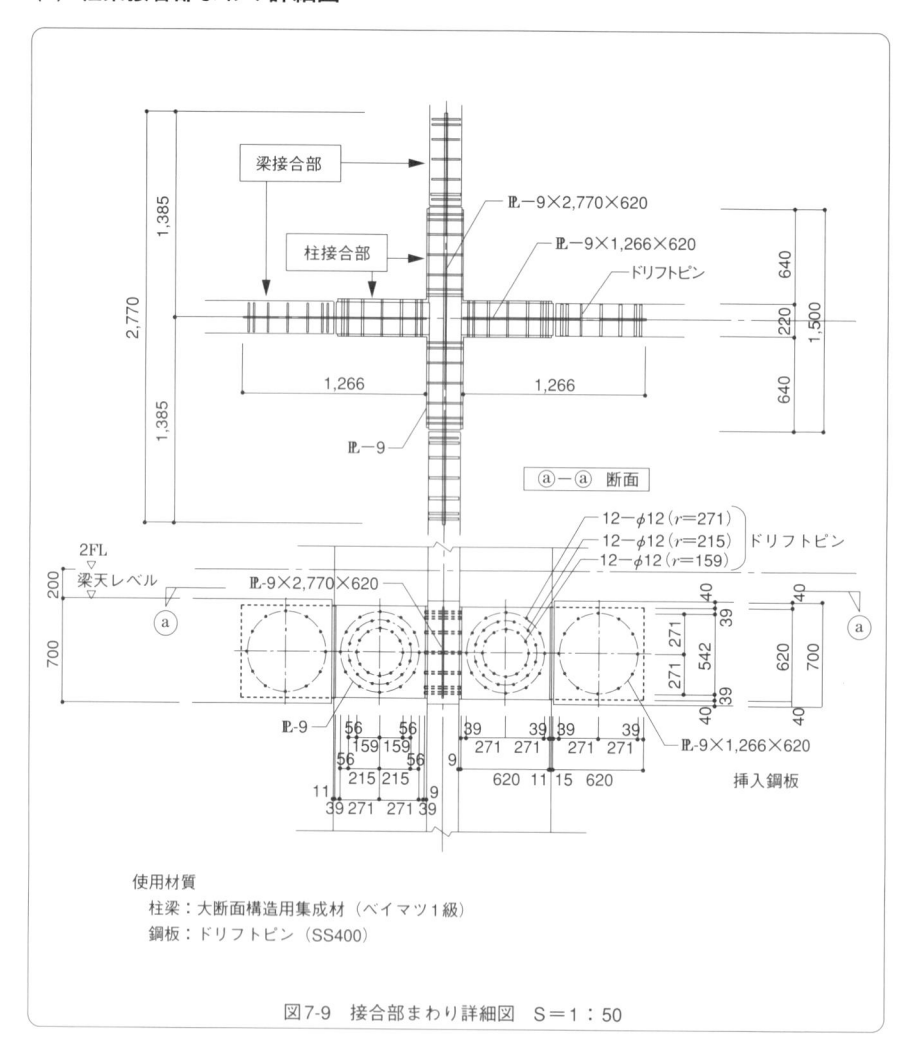

図7-9 接合部まわり詳細図　S＝1：50

使用材質
　柱梁：大断面構造用集成材（ベイマツ1級）
　鋼板：ドリフトピン（SS400）

7.6　柱梁接合部の性質をつかむ

(1) 架構解析モデル

　梁端部，柱端部，柱脚部のモーメント抵抗接合部を非線形回転ばね要素にモデル化して，架構全体の静的非線形応力解析を行います。モーメント抵抗接合部周囲は，梁－梁接合部－挿入鋼板－柱接合部－柱から成る連結モデルとし，各接合

図7-10 解析モデル

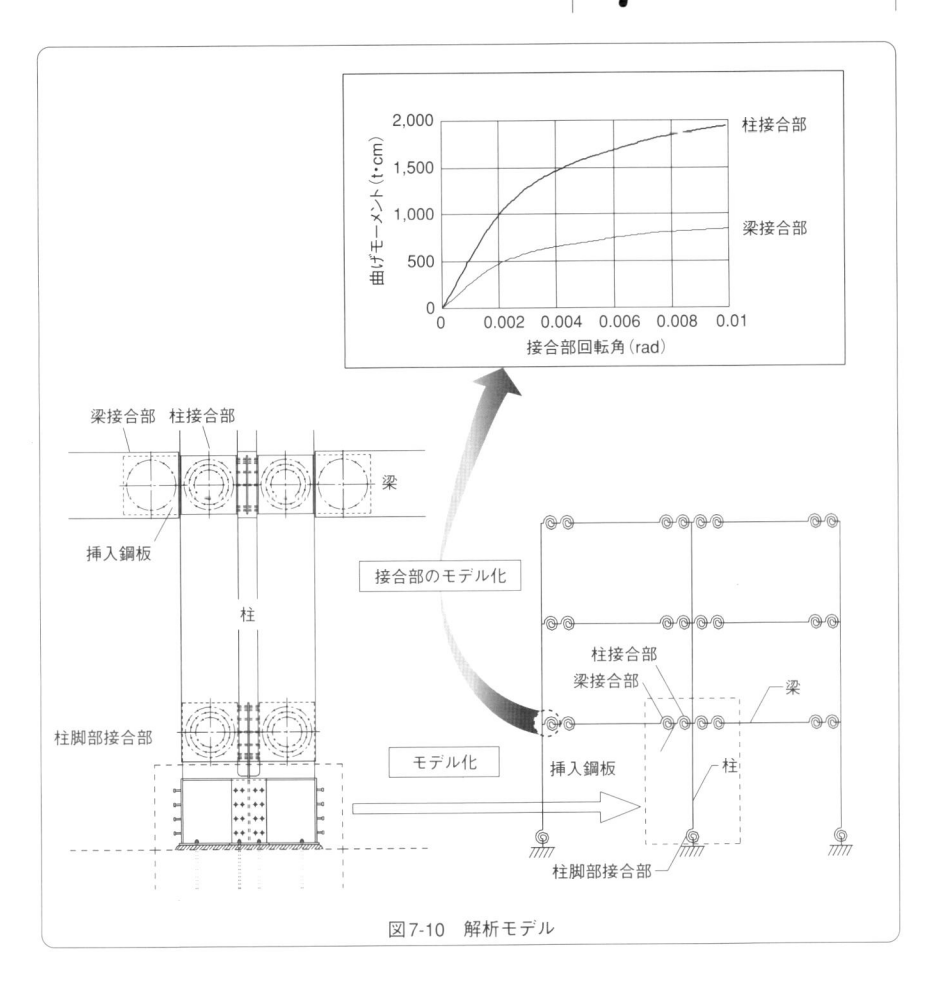

部の非線形回転ばねの曲げ－回転変形関係については，円形配置したドリフトピンが最外円から内側にかけて順次非線形化する事象を考慮するために，接合部のみの非線形モデルによる解析を行い，曲げモーメント－回転変形関係を全体モデルに組み込みます。

(2) 接合部の変形性能評価

　木材は，繊維平行方向と繊維直交方向に異方性を有します。さらに，ともに非線形化するドリフトピンと木材の径・厚さの組合せによっても，その挙動は異なります。

　木材は，構成する細胞が細長く，一方向に配列されていて，年々あたかも円錐形の紙コップを逆さまに重ねたように成長していくので，金属やプラスチッ

L：繊維方向
R：半径方向
T：接線方向

S：めり込み量

木材ばね支承モデル

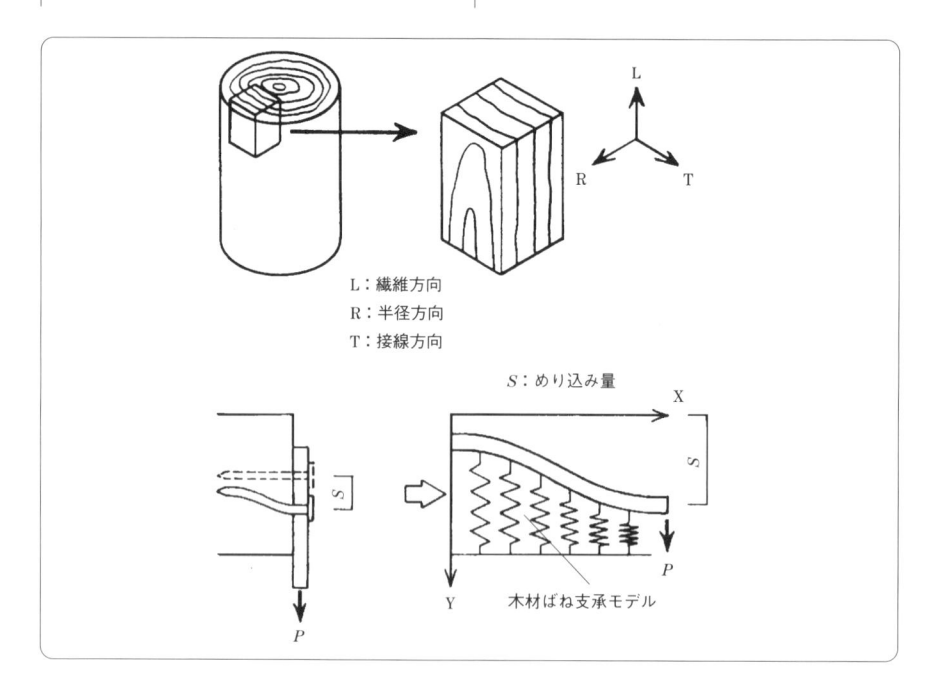

クのような等方性材料とは異なり，繊維方向（縦方向），半径方向（樹芯から樹皮へ向かう放射方向），接線方向（年輪に対して接線を引いた方向）の互いに直交する三軸について，性質も著しく異なります。

そこで，モーメント接合部の非線形性については，互いに直交異方性を有する非線形木材ばね支承上にドリフトピンをモデル化して，接合部の曲げモーメント－接合部回転角の関係を算定します。木材はドリフトピンのめり込み変位に応じて，一方向の反力を発生する非線形のばね支承と仮定します。このとき，ばねに作用する面圧応力 σ とめり込み量 s との関係は，既往の実験結果より仮定した小松幸平提案のモデル[3]に準拠して，以下の指数式に基づきます。

$$\sigma_L = (\sigma_{0\text{-}0} + k_{u\text{-}0} \cdot s)\{1 - \exp(-k_{s\text{-}0} \cdot s / \sigma_{0\text{-}0})\} \cdots\cdots\cdots\cdots 繊維方向$$

$$\sigma_R = (\sigma_{0\text{-}90} + k_{u\text{-}90} \cdot s)\{1 - \exp(-k_{s\text{-}90} \cdot s / \sigma_{0\text{-}90})\} \cdots\cdots 半径方向$$

$\sigma_{0\text{-}0}$, $\sigma_{0\text{-}90}$：繊維方向，半径方向の面圧応力

$k_{s\text{-}0}$, $k_{u\text{-}0}$：繊維方向の $\sigma_{0\text{-}0} - s$ 関係の初期剛性，降伏後剛性

$k_{s\text{-}90}$, $k_{u\text{-}90}$：半径方向の $\sigma_{0\text{-}90} - s$ 関係の初期剛性，降伏後剛性

なお，上記の剛性は，木材のヤング係数，密度，使用するドリフトピンの直径により実験結果に基づいた回帰式[3]を用いて定めます。

この結果，接合部は以下のような変形性状となります。

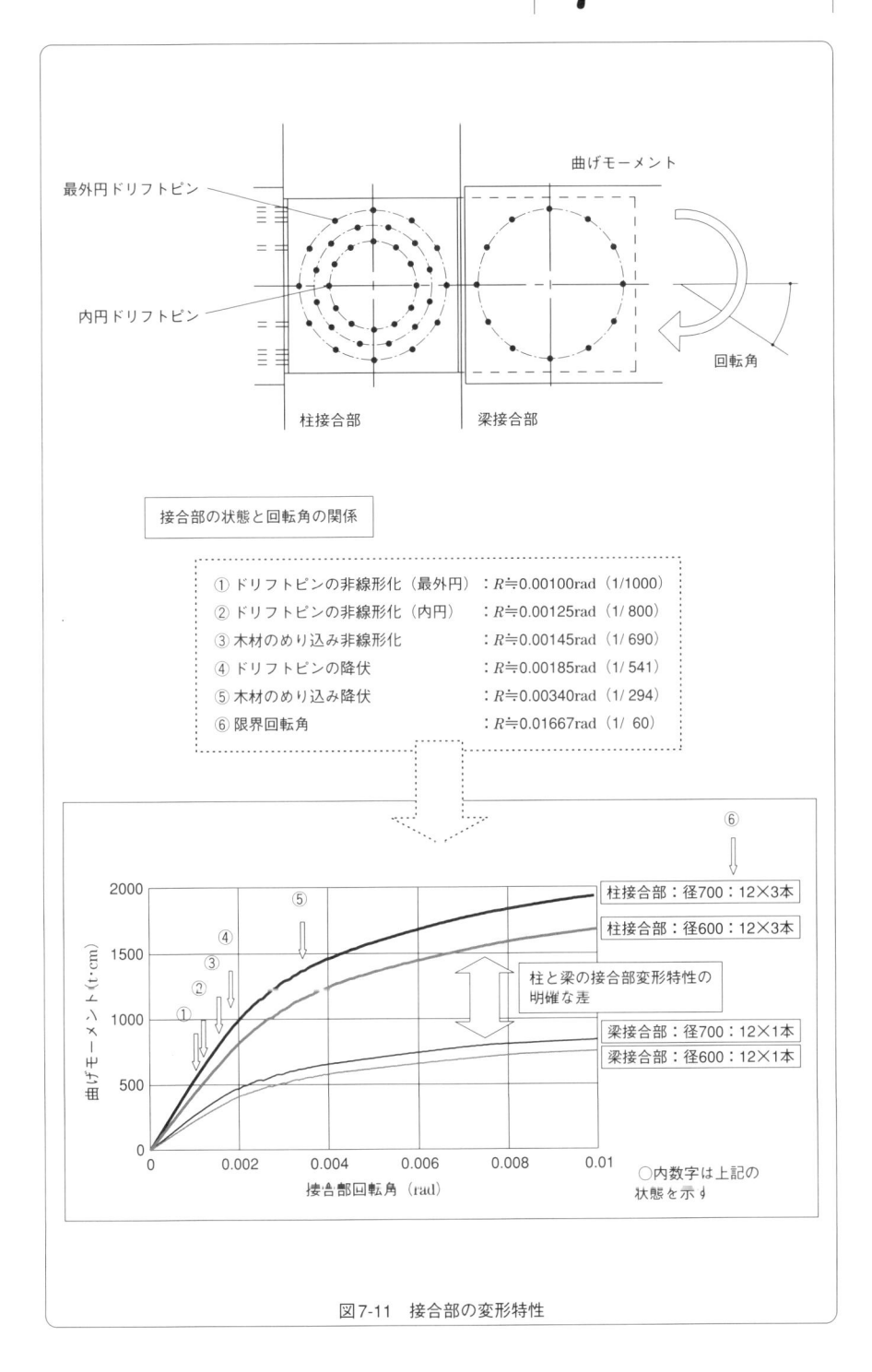

第7章 伝統的木の文化を再生させる

接合部の状態と回転角の関係

① ドリフトピンの非線形化（最外円）　：$R \fallingdotseq 0.00100$ rad （1/1000）
② ドリフトピンの非線形化（内円）　　：$R \fallingdotseq 0.00125$ rad （1/ 800）
③ 木材のめり込み非線形化　　　　　　：$R \fallingdotseq 0.00145$ rad （1/ 690）
④ ドリフトピンの降伏　　　　　　　　：$R \fallingdotseq 0.00185$ rad （1/ 541）
⑤ 木材のめり込み降伏　　　　　　　　：$R \fallingdotseq 0.00340$ rad （1/ 294）
⑥ 限界回転角　　　　　　　　　　　　：$R \fallingdotseq 0.01667$ rad （1/ 60）

図7-11　接合部の変形特性

7.7 木造の性能を評価する

(1) 断面検定要領

「建築物の限界状態設計指針[1]」に基づいて，限界状態関数を設定して，性能を評価（信頼性解析）します。特に木質材料では，クリープ，含水率など，木材に特有な耐力への影響の程度を，耐力調整係数A_fを乗じることで評価します。

- 大梁の曲げに関する終局限界状態時の検定

$$G = A_f \cdot C_b \cdot R_{BU} - M_U / Z_e$$

　　A_f：耐力の調整係数 $= K_z \cdot K_d \cdot K_m \cdot K_p$
　　C_b：横座屈補正係数
　　R_{BU}：曲げ耐力
　　M_U：終局限界状態時曲げモーメント
　　Z_e：有効断面係数

- 接合部の検定

$$G = A_f \cdot R_U - S_U$$

　　S_U：荷重係数を乗じた終局限界状態時の接合部の曲げ回転角
　　A_f：耐力の調整係数（＝1.0とする）
　　R_U：接合部の曲げ終局限界回転角

- 木材特有の耐力調整係数の設定[2]

　　K_z：寸法効果係数（基準強度の根拠となる標準断面寸法と設計断面寸法との差異による影響係数）
　　K_d：荷重継続期間影響係数（荷重継続期間が材料の強度に与える影響係数）
　　K_m：含水率影響係数（使用環境区分に応じて，含水率が強度に及ぼす影響係数）
　　K_p：処理影響係数（防腐・防虫処理や難燃処理が材料の強度に与える影響係数）
　　C_b：横座屈補正係数（横座屈をおこす恐れのある曲げ材についての補正係数で，横座屈細長比と横座屈係数により算定する）

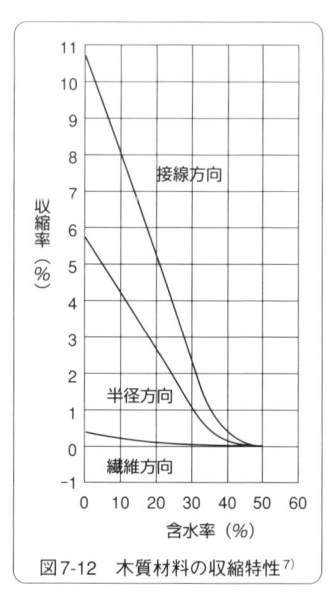

図7-12　木質材料の収縮特性[7]

（2）信頼性指標の評価

　各階における柱梁材の曲げせん断，柱梁接合部の曲げに関する信頼性指標 β_T を，各荷重効果ごとにまとめた分布状況を示します。これから，終局限界状態時 $\beta_T = 2.0$，使用限界状態時 $\beta_T = 1.0$ の目標信頼性指標が満足されていることを確認します。

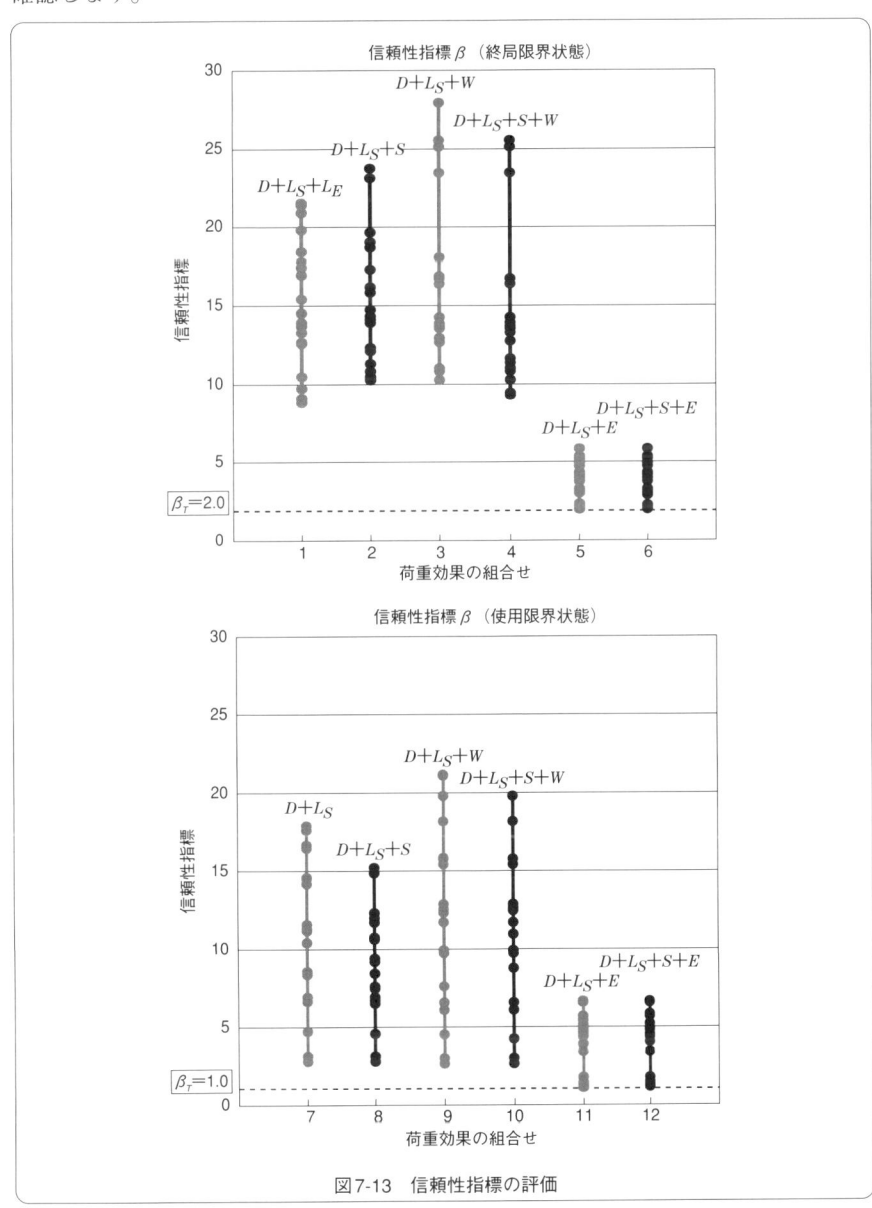

図7-13　信頼性指標の評価

表7-3 荷重効果の組合せ【終局限界状態】

荷重組合せ	1	2	3	4	5	6
	積載荷重時	積雪時	暴風時		地震時	
	$D+L_S+L_E$	$D+L_S+S$	$D+L_S+W$	$D+L_S+S+W$	$D+L_S+E$	$D+L_S+S+E$

【使用限界状態】

荷重組合せ	7	8	9	10	11	12
	積載荷重時	通常積雪時	通常暴風時		地震時	
	$D+L_S$	$D+L_S+S$	$D+L_S+W$	$D+L_S+S+W$	$D+L_S+E$	$D+L_S+S+E$

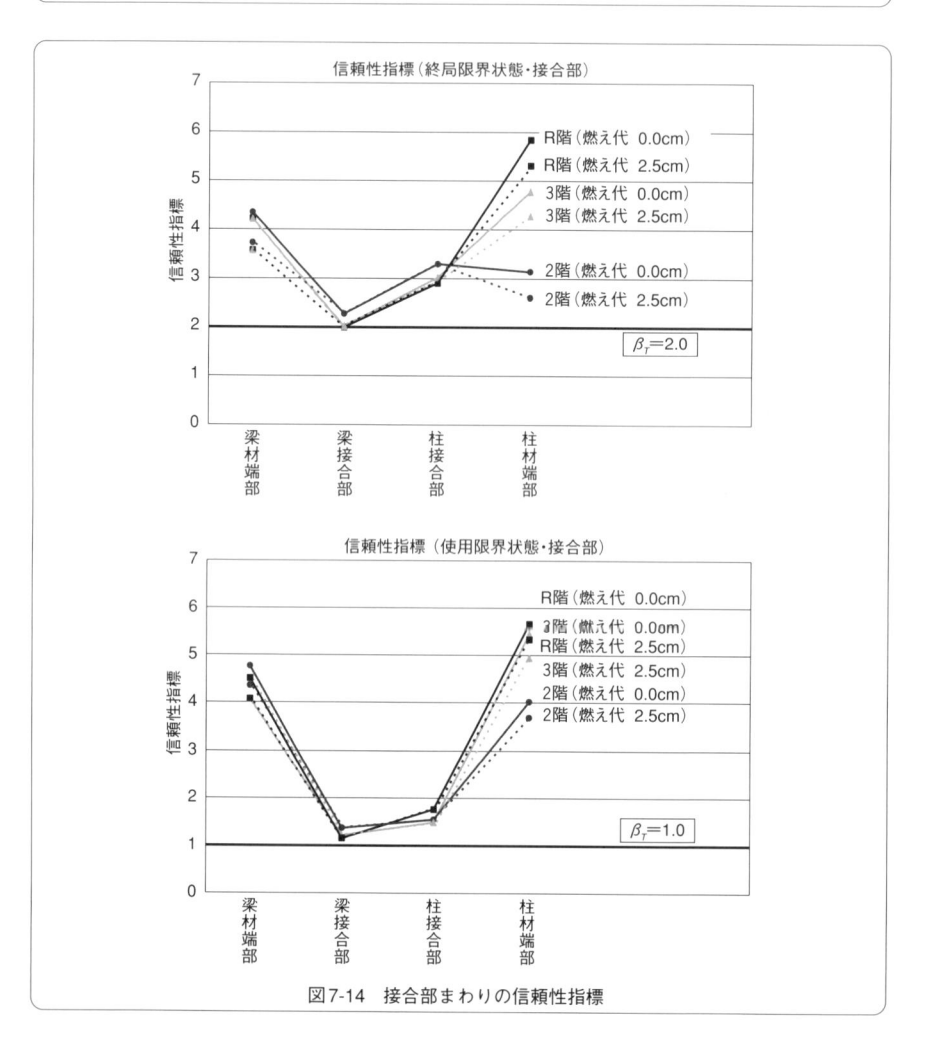

図7-14 接合部まわりの信頼性指標

信頼性指標評価図（**図7-14**）中の荷重効果の組合せを表7-3に示します。

荷重効果の組合せの比較としては，地震荷重（$D+L_s+S+E$）に対しての信頼性指標βが最も小さく，本建物の部材断面を決定する支配的な荷重となっています。

他の荷重時（常時荷重時，積雪荷重時，風荷重時）に対する信頼性指標βは，終局限界状態時$\beta>9.0$，使用限界状態時$\beta>2.5$と高く，地震時の破損モードを明確に図った結果として，他の荷重時に対しては，余力が充分となっています。

接合部周囲の信頼性指標で比較すると，終局限界状態時に，塑性化を先行させている梁端部接合部では，3階でβの最小値が2.0であるのに対して，柱接合部で$\beta\geqq3.0$，梁主材で$\beta\geqq3.5$，柱主材で$\beta\geqq4.0$と，損傷する確率が極めて小さいことを示しています。

また，木質材料を構造材に用いる場合には，木は燃えますが，大断面にすると，表面が焦げると，炭化層ができるため，木の内部は燃えにくくなり，内部の木の強度は保たれる特徴があります。そこで，木質材料を用いた設計では，表面から火災による燃え代相当分を除いて，小さくなった柱・梁を想定して，建物が倒壊しないように設計し，これを燃え代設計と言います。この燃え代を考慮した場合でも，目標値を満足しています。

このように木は燃えるといわれますが，断面が大きな場合には表面が焦げて炭化層ができ，酸素の供給がたたれるので1,000℃になっても炭化速度は遅く，必要強度は保てます。しかし，鉄はいくら断面を大きくしても500〜800℃程度で軟化しますから，大断面の木の方がより防火的であって，建築基準法令でも集成材の防火性能は認められています。

設計上意図して塑性化を先行させている梁端部接合部に対する柱接合部側の破壊確率を算定すると，1.4％（$\beta=2.05$）と極めて小さくなっています。さらに設計上意図した損傷部位の特定（梁端部接合部の先行降伏）が実現でき，接合部に対する木質主材（柱・梁）の破壊確率は，10^{-6}より小さく（$\beta=9.9$），主材の破壊はほとんど生じないことを検証してあります。また，信頼性指標の評価に用いた拡張二次モーメント法と，モンテカルロシュミレーションの収束値はよく近似しています。

図7-15　木材の火災について[7]

A 標準加熱曲線
B 軟鉄強度低下曲線
C アルミニウム曲線
D 木材曲線

（断面5×10cm）

炭化スピードは1分間に
0.6mm〜0.8mm

図7-16　拡張二次モーメント法とモンテカルロシュミレーションの収束値

拡張二次モーメント法
（P_f=0.022719）

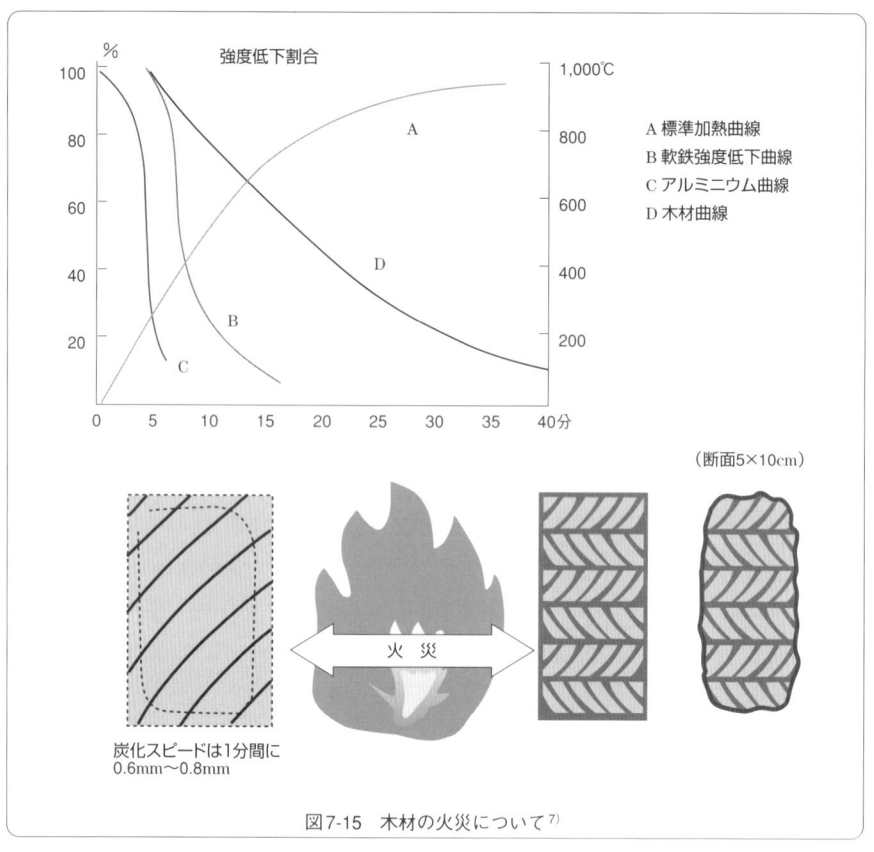

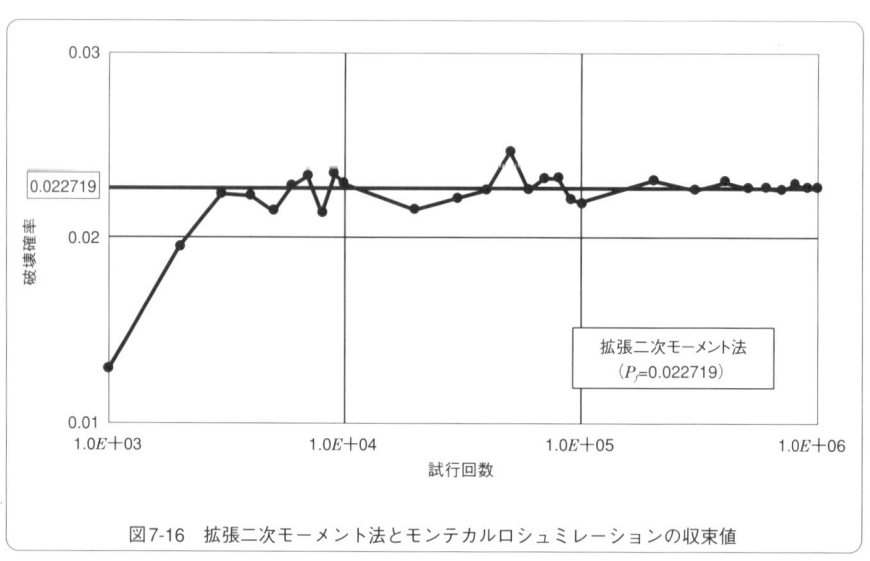

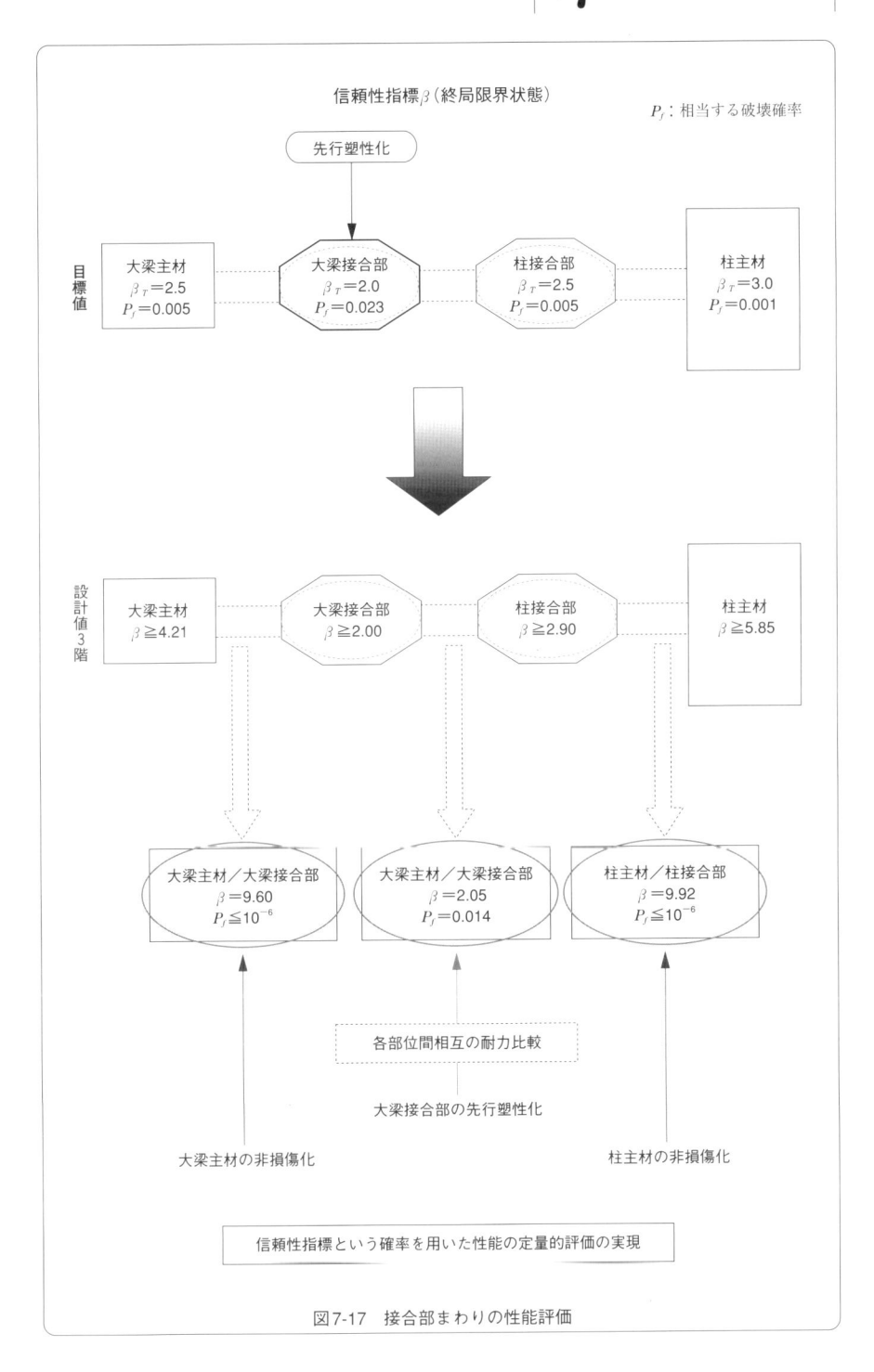

第**7**章 伝統的木の文化を再生させる

信頼性指標 β (終局限界状態)

P_f：相当する破壊確率

目標値

- 大梁主材 $\beta_T=2.5$ $P_f=0.005$
- 先行塑性化 → 大梁接合部 $\beta_T=2.0$ $P_f=0.023$
- 柱接合部 $\beta_T=2.5$ $P_f=0.005$
- 柱主材 $\beta_T=3.0$ $P_f=0.001$

↓

設計値3階

- 大梁主材 $\beta\geq4.21$
- 大梁接合部 $\beta\geq2.00$
- 柱接合部 $\beta\geq2.90$
- 柱主材 $\beta\geq5.85$

- 大梁主材／大梁接合部 $\beta=9.60$ $P_f\leq10^{-6}$
- 大梁主材／大梁接合部 $\beta=2.05$ $P_f=0.014$
- 柱主材／柱接合部 $\beta=9.92$ $P_f\leq10^{-6}$

各部位間相互の耐力比較

大梁接合部の先行塑性化

大梁主材の非損傷化　　柱主材の非損傷化

信頼性指標という確率を用いた性能の定量的評価の実現

図7-17　接合部まわりの性能評価

7.8 地震時の性能を確認する

地震時に目標性能を満足していることを確認するため，建設サイトの50年最大平均値（100年再現期待値程度）の地動について，地震応答解析を行います。

(1) 地震応答解析方法

前述の静的非線形解析から得られた層せん断力－層間変位関係を，3折線（Tri‐Linear）に近似化した串団子モデルにて等価せん断弾塑性応答解析を行い，層全体の構造性能を確認します。さらに，接合部の詳細な応答性状を把握するために，等価せん断弾塑性応答にて最も卓越した地動を用いて平面フレーム応答解析を行い，部材の履歴特性を確認します。なお，モーメント抵抗接合部の履歴特性は，同様な接合形式の部材実験[6]に基づいて，スリップ型の復元力特性を採用します。

(2) 接合部の応答解析結果

平面フレーム応答解析による接合部の最大応答値を用いて，信頼性指標を算定すると，静的解析に基づく評価に比較して，信頼性指標 β の値が大きく，信頼性評価による部材の安全性が確認できました。さらに，**図7-18**の梁接合部と柱

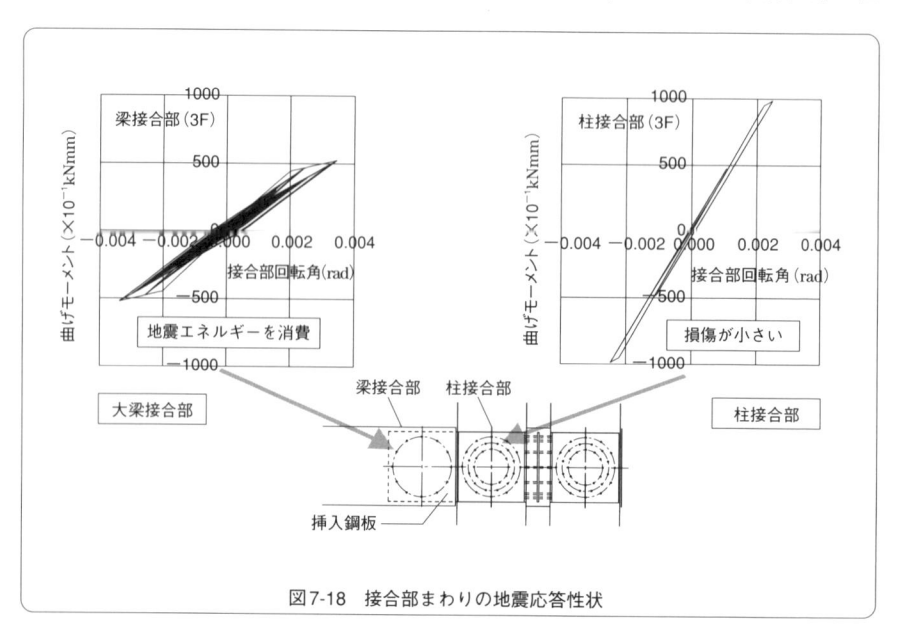

図7-18 接合部まわりの地震応答性状

接合部の応答履歴性状（曲げモーメント－接合部回転角関係）から，柱接合部よりも梁接合部が先行降伏して，その履歴減衰にて地震エネルギーを消費していることがわかります。

7.9 伝統的木の文化を未来へ

　限界状態設計法を活用した木質架構のオフィスの設計にあたって，基本的な目標性能（要求性能）を具現化するために，使用限界状態および終局限界状態を設定し，信頼性指標（破壊確率）という尺度を用いて評価しました。本設計法を採用することにより，信頼性指標という具体的な数値を判断基準として，木質構造でも構造設計者が意図した崩壊機構などの構造性能を明確にすることが可能となり，木質構造の性能設計への足掛かりとなります。

　終わりに，限界状態設計法の適用を通して，木質構造に関する今後の展望について述べて結びとします。

①木質材料の剛性，強度，変形性能，クリープ，割れ，めり込み，劣化などのばらつきに関する基礎資料の整備と実用的な定式化
②材料製法の工夫による品質としてのばらつきの少ない構造用集成材の開発
③性能評価設計法，特に限界状態設計法による構造性能評価（変形評価）の確立と，木質特有のライフサイクルコストを見据えた目標信頼性指標の設定
④多様な接合部形式について，実験値と理論値（設計式）の検証に基づいた非線形解析手法の確立
⑤木質架構の復元力特性を適確に評価した動的解析手法の発展
⑥床剛性が低く剛床とならない木質架構のねじれ挙動に関する評価法の確立

【参考文献】
1) 日本建築学会；建築物の限界状態設計指針，2002.11
2) 日本建築学会；木質構造限界状態設計指針（案）・同解説，2003.10
3) 日本住宅・木材技術センター；通直集成材を用いたラーメン構造の設計法，1996
4) 日本建築学会；木質構造設計規準・同解説，1995
5) 日本建築学会；建築物荷重指針・同解説，1993
6) 稲山正弘，坂本功，大橋好光，五十田博；集成材による柱－梁接合部の強度実験その8 履歴特性と破壊性状，日本建築学会大会学術講演梗概集（東海），1994
7) 日本集成材工業協同組合ホームページ（http://www.syuseizai.com）
8) 日本建築学会・構造委員会；1999年度日本建築学会設計競技（技術部門）「限界状態設計法を活用した構造設計－オフィスビル」作品選集：限界状態設計法を活用した構造設計―木質

系オフィスビルの提案, 1999.9
9) Masanori Fujii, Yasunori Hashimoto, Sanae Fukumoto, Hitoshi Suwa, Yasuhiro Wada ; AIJ Limit State Design Competition : Office Building made of the Beam-Column Timber Frames, Probabilistic Mechanics and Structural Reliability, 2000.7

第8章 コストと性能

建物の生涯を見据えた設計

8.1 安全で長持ちさせるために考慮すべきコスト

近年，地球環境問題に対するコンセンサスが向上し，リニューアルや建物を長期に渡って使用していく必要性が高まっています。その観点から，企画・設計から解体・廃棄に至る建築物一生のライフサイクルコスト（LCC）縮減を実現するためのライフサイクルマネジメント（LCM）が注目を集められています。文献1）によると，建築物のコストを考えるとき，その建設コスト1.0に対して，それ以外の運用・保全・修繕などに要するコストは，5.1倍も必要であることが計算されています（図8-1）。さらに，同文献1）にはLCCでの経済性比較（図8-2）が紹介されており，図8-2よりイニシャルコストを若干割増して投資するだけで，供用期間中のトータルコストを抑えることが可能であるといえます。このように，将来かかるであろう修繕費や改善費を左右する部品や材料レベルでの耐久性だけでなく，構造躯体レベルでの耐久性について，設計段階から如何に設定するかが，経済的な長寿命建築実現のためには重要になります。ここで着目したのは，構造躯体の長寿命化です。それを決定する要因としては，コンクリートの中性化など材料の化学的なレベルや，地震・台風などの外力による構造性能レベルなどがあります。この章では後者を対象とし，中規模鉄骨造建物について設計し，コスト比較をします。

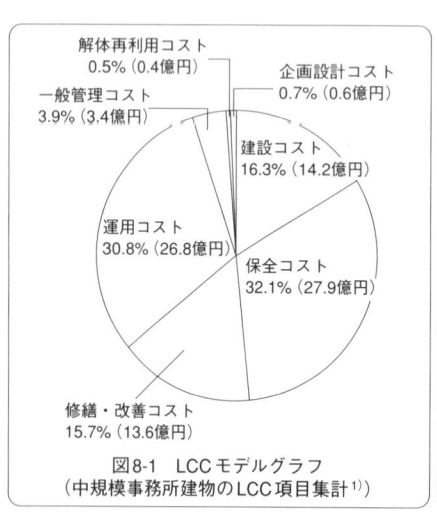

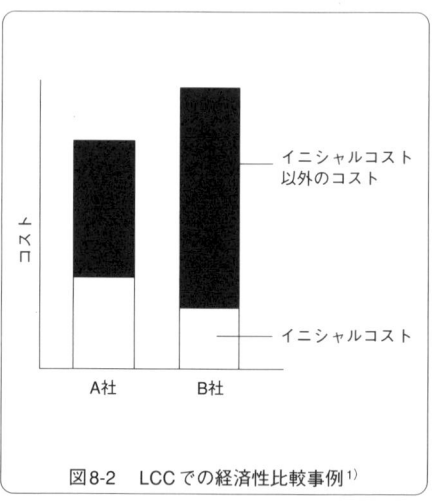

図8-1 LCCモデルグラフ
（中規模事務所建物のLCC項目集計[1]）

図8-2 LCCでの経済性比較事例[1]

第8章 コストと性能

8.2 安心を工学的に考えてみる

　どうすれば限られたコスト内で最大の性能を付与し，消費されるコストを最小限に抑えた設計ができるのでしょうか？そのバランスを図った指標が，第1章の図1-13および式（1.39）のとおり，建築物の最適な信頼性指標β_{opt}です。この指標は設計者がスタディを行って設定するもので，一義的に与えるものではないと考えます。そこで，今回の設計建物（**図8-3**）を例に，この求め方についてのケーススタディを示します。特に，建築物の重要度や用途，さらにその内容物によって決定される規準化損失費用係数g（式（1.30））については，現行設計法による設計を，ある特定のgに対して最適化された設計であると仮定し，既往建物の耐力を用いて算定した信頼性指標βがβ_{opt}と等しくなるようなgを，式（1.39）から逆算する方法＜算定法A＞。また，地震による被害を想定し，某社の建替えコストデータに基づき損失費用C_Fを算出し，イニシャルコストC_0で除して算出する方法＜算定法B＞の2種類の方法で算出します。

　一方，日常の修繕費や改善費などについては，既存建物の年当たりの模様替えなどによるコストデータを損失費用C_Fとしてgを算出しました。さらに，供用期間については，本設計では，長寿命建築を目指した100年と一般的な建築物とした50年のそれぞれについて設計します。一般に，耐用年数が長ければ長いほど荷重の平均値が大きくなり，変動係数は小さくなる傾向にあります。以上の各種パラメータによって，構造性能グレードをβ_{opt}の形で建築物の設計へ反映させます。

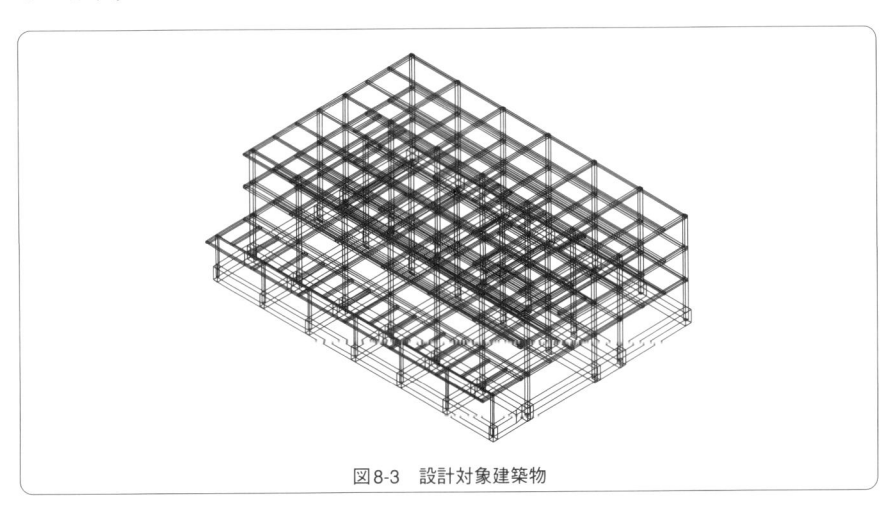

図8-3　設計対象建築物

8.3 長寿命建築採用までのあらまし

(1) 設計概要

設計対象とする建築物は，すでに現行設計法によって設計されているものに若

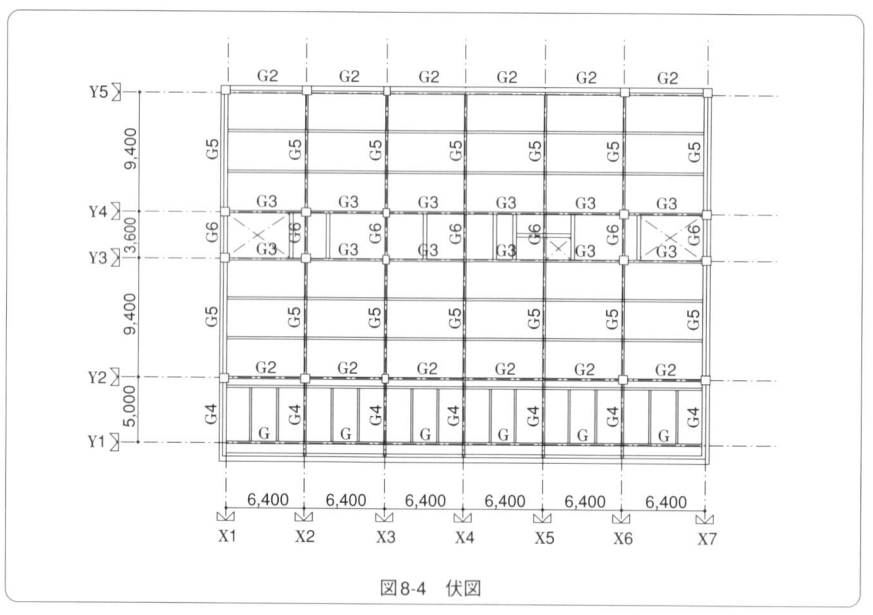

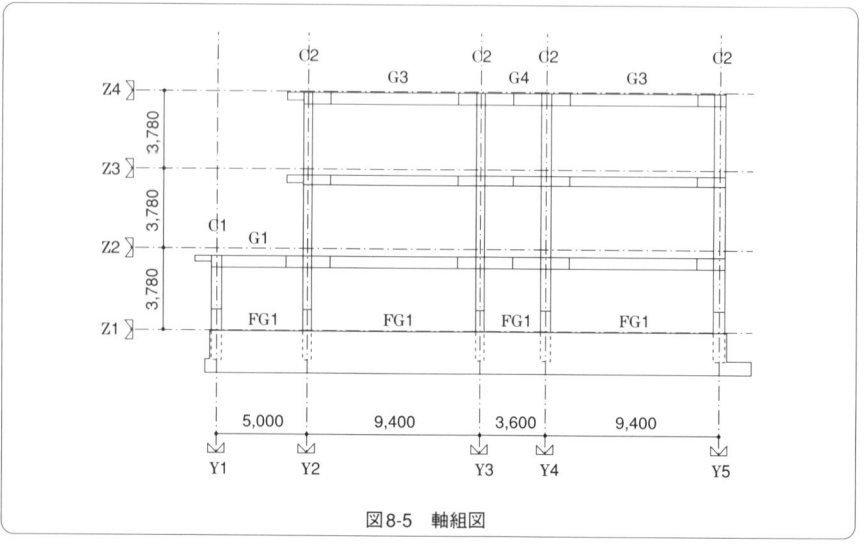

図8-4 伏図

図8-5 軸組図

表8-1　既存建物データ

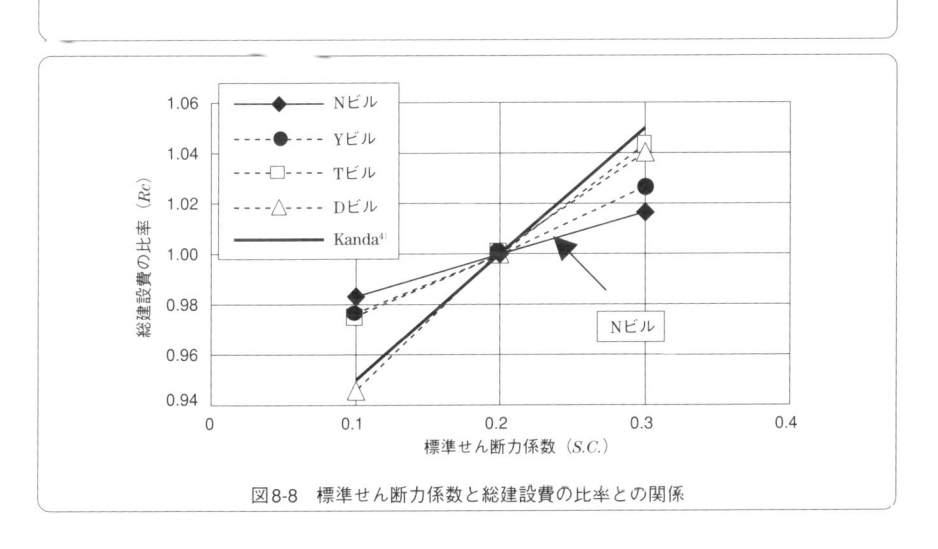

	Nビル	Yビル	Tビル	Dビル
建　設　地	長野県	神奈川県	東京都	石川県
構　造　種　別	鉄骨	鉄骨	鉄骨	鉄骨
構　造　形　式	純ラーメン	純ラーメン	純ラーメン	ブレース付きラーメン
階　　　数	＋3	＋3	＋7	＋7−1
延べ面積(m^2)	2,941	1,821	2,556	1826.9
標準階高(m)	3.78	3.3	3.8	3.99
軒　　高(m)	11.64	10.7	28.8	20.6
長辺長さ(m)	38.4	40.5	30.0	25.6
短辺長さ(m)	27.4	14.4	10.7	12.55
基　礎　形　式	直接	杭・独立基礎	現場RC杭	べた基礎

図8-8　標準せん断力係数と総建設費の比率との関係

とし，最小限の断面としています。また，二次設計時には，梁崩壊の崩壊メカニズムになるよう留意します。断面決定に際しては，$S.C.=0.1 \sim 0.3$ のそれぞれの場合で応力度比がほぼ同じになるようにし，建物規模から施工面・コスト面を考慮して，梁の断面は各層ごとに全断面同一とします。部材はFA，FBランクを使用しています。以上により得られたイニシャルコストを，$S.C.=0.2$ のときのイニシャルコストで除した値，つまり総建設費の比率を図8-8に示します。さらに，これらの値と文献4)の値（図の太実線：Kanda）とも比較します。ここで，躯体コストの占める割合は総建設費の30％であると仮定しています。以上より，次のことがわかります。

①今回のような中規模建築においては，同程度の延床面積でも，S.C.に対する建設費の比率がかなりばらつきます。また，Dビルは地下階の型枠量やコンクリ

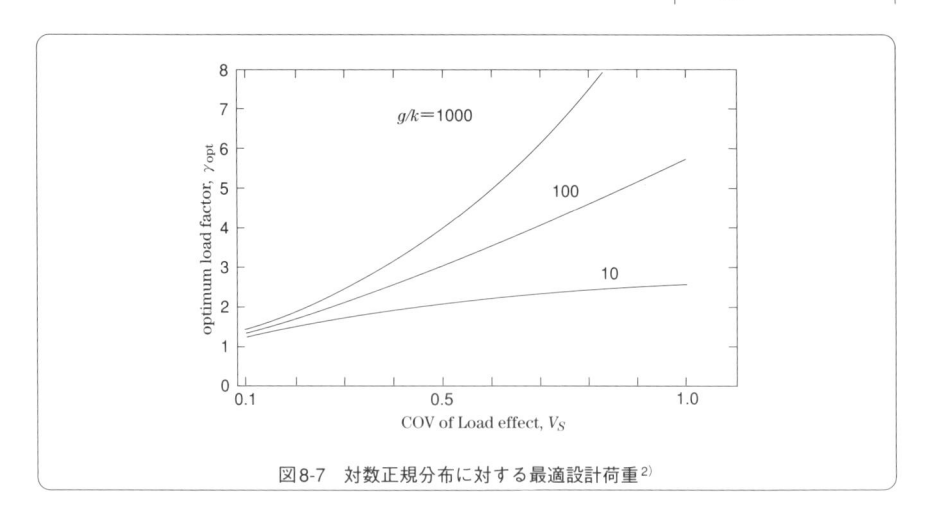

図8-7 対数正規分布に対する最適設計荷重[2]

荷重等荷重の変動係数に影響します。つまり，供用期間もg/kに影響を与えることがわかります。さて，前述の各種パラメータを以下に示す方法で設定しβ_{opt}を算出します。ここで，確率変数のモデル化についてですが，式（1.39）の信頼性指標の評価式は，荷重が対数正規変数であるという仮定のもとに成り立っています。したがって，本設計では積雪荷重，風荷重および地震荷重を，対数正規変数として「建築物の限界状態設計法指針」[3]（以下，LSD指針）に示す荷重・耐力係数でモデル化します。ここで，対数正規変数でモデル化したのは，例えば地震時の建物に入力される応答加速度を算出する場合，工学基盤での地震動に地盤の増幅率と逸散減衰など，複数のパラメータ（ある確率分布に従う確率変数）を掛け合わせていきます。このようにさまざまな確率分布に従う確率変数を複数掛け合わせていくと，最終的には対数正規変数との誤差が相対的に小さくなるからです（中心極限定理）。

（2）もっともわかりやすい指標コスト上昇係数 k

イニシャルコストから導かれるコスト上昇係数kについてですが，ここでは過去に設計した2,000～3,000m²程度のオフィスビル4物件（**表8-1**）について，標準せん断力係数S.C.をパラメータとしたコストスタディを行い，同規模同用途の設計におけるコスト上昇係数kを算出します。ここで，式（1.30）で費用と荷重の項をまとめると，$(C_I/C_0-1)=k(r_0/\mu_S-1)$と表せるので，$k$は**図8-8**の縦軸，総建設費の比率$R_C$と横軸S.C.を回帰直線で結んだ勾配に相当します。

設計は，建築基準法施行令で示されるルート3（1次設計では層間変形が1/200以下かつ許容応力度以下，2次設計では保有水平耐力が必要保有水平耐力以上）

適な目標信頼性指標β_{opt}を3ケース算出し，それぞれに対する荷重・耐力係数（Case1～3）について設計を行います。終局限界状態設計では，建物のある層で層間変形角が1／50を超える場合を終局状態とし，建物構造の保有水平耐力が必要保有水平耐力以上となるように，部材断面を設定します。また，使用限界状態設計では，層間変形角（1／200）を要求条件とします。今回は，設計後に各種パラメータの与える影響を検討します。Case1とCase2の比較からはgがβ_{opt}やコストに与える影響を，またCase2とCase3の比較からは，供用期間が荷重係数やコストに与える影響を比較します。以上の検討結果から，長寿命化を考慮し100年を供用期間としても，コスト上昇係数を低く抑えることが可能であることがわかったので，本建物は，Case3に基づいて設計します。さらに，設計された建物は多質点系でモデル化し動的解析も行います。その結果，得られたβが目標のβ_{opt}（静的解析で設定したβ_{opt} ③）を満足しているかどうかを確認します。ここで，想定地震動は，長野県善光寺断層の断層破壊パターンをパラメータとした模擬地震動12波とし，これらに対する最大応答せん断力を用いて信頼性指標βを算出します。

8.4 性能グレードにコストと期間の目盛りをつけてみる

(1) 目標信頼性指標の設定

建物性能グレードは，1.3（9）項で述べたとおり式（1.39）が有効です。この指標は，図1-13の最適コストの概念図に示すように，イニシャルコストと設計過重の関係を線形近似することで，このような簡便な式でβ_{opt}を表すことに成功しています。ここでは，この線形近似によってでてくるコスト上昇係数k，および破壊時費用を左右する規準化損失費用係数gについて，算出例を紹介します。また，これらの考察から逆にkやgを，β_{opt}を求めるための目盛りとして，設計者の分析や判断材料として扱うことが可能です。

β_{opt}に係わるもう一つの重要なパラメータに，主たる荷重の変動係数があります。図8-7のV_Sは主荷重の変動係数を表し，g，kおよびV_Sが設計荷重に与える影響を示します[2]。図より，設計荷重が大きい場合，V_Sの与え方で$g／k$に大きく影響することがわかります。つまり，地域特性を適切に評価した荷重の変動係数を与えないと，$g／k$が正しく評価されない可能性があります。さらに，建築物の供用期間もβ_{opt}の重要なパラメータの一つです。これは，長寿命建築，一般ビルと同程度，もしくは短期的な扱いのビルとするかによって，直接的には地震

第8章 コストと性能

干の構造変更を加えた，地上3階，地下無しの鉄骨純ラーメン構造建物で，基礎は直接基礎（布基礎）です（**図8-4**，**図8-5**）。建物建設地は，長野市とし，積雪荷重，風荷重および地震荷重の統計値は，長野市の地域特性を反映して設定します。

(2) 設計手順

図8-6に構造計算フローを示します。コスト上昇係数k，規準化損失費用係数（2つの算定方法によるg_A，g_B），供用期間（50年，100年）を組み合わせて，最

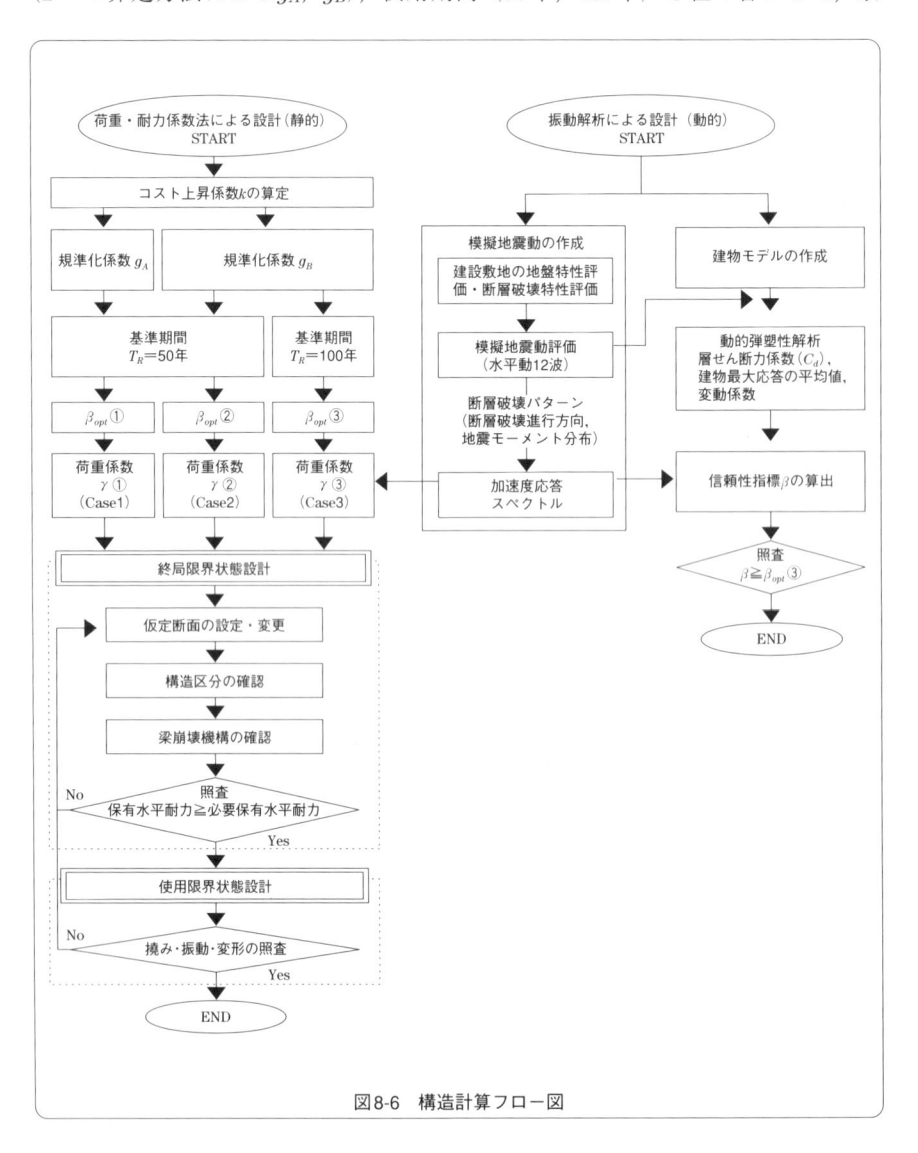

図8-6　構造計算フロー図

ート量が，他のビルに比べて増えるため，勾配が大きくなります。つまり，地下階の有無は，建設コストに大きく影響することがわかります。
② $S.C.=0.3$ の時，階数が同じ建築物の場合，建設費の比率は近い値となります。つまり，建物階数が高いと，コスト上昇係数は上昇することがわかります。
③ $S.C.$ が2倍になると，建設費の増加は4つの建築物の平均が6％程度で，Nビルが3％程度でした。文献4）でいう10％増加に比べると小さい値です。
④ 文献5）によると，k は0.055（東京），0.025（福岡），0.022（新潟）とあり，算出された k と比較的よく対応しています。

以上の検討結果より，建築物の構造種別・規模・形式によって，k は3倍近く変動するため平均を採用せずに，設計対象であるNビルの $k=0.034$ （$S.C.=0.2$）を採用します。

(3) 経済性を左右するもう一つの指標，規準化損失費用係数 g
【終局限界状態設計】

建築物の初期費用 C_0 に対する破壊時損失費用 C_F を表す，規準化損失費用係数 g についてですが，＜算定法A＞等価線形水平耐力による算定，＜算定法B＞既往建物データおよび実績統計データによる算定[6]，の2つの方法で算出します。なお，対象建設地の条件から地震荷重が最も支配的な荷重であるため，建物被害は地震によるもののみを考慮しています。

＜算定法A＞

限界状態関数を線形式 $Z=R-\Sigma S$ とし，耐力 R と地震力による荷重効果 S は互いに独立な対数正規分布に従う確率変数と仮定すると，信頼性指標 β は式(1.33)で表せます。この β が β_{opt} と等しいと仮定して，式(1.39)から逆算して g を算出します。つまり，すでに設計された既往建物の耐力を用いて，g を算出することになります。建物の終局限界状態は，先に設定したとおり建物モデルに対して静的に弾塑性応答解析を行い，入力を増加させたとき，何れかの層で最初に層間変形が1／50に達する状態です。この際，終局時の耐力は，限界状態関数を線形式で表すため，累積応答を各層の復元力特性としての層せん断力－層間変形曲線上で，面積等価な等価線形水平耐力 Q_R に変換して求めます。一方，地震力による荷重効果は荷重指針[7]に倣い，設計用加速度応答スペクトルによる i 層の地震荷重 Q_{Ei} とします。以上のようにして求めた耐力と荷重効果が，ともに対数正規分布に従うとすれば，2次モーメント法に基づく β 式（1.33）を適用することが可能になります。

まず，耐力についてですが，復元力特性図（**図8-9**）において面積oabcが面積

odeと同じになるように,等価線形水平耐力Q_Rを求めます。今回の設計例では,別途実施した増分解析の結果,もっとも早く層間変形が1／50となる層がZS2のY2（X方向（L-R））であったので,その層についてQ_Rを求めます。

次に,地震力の50年最大値の平均値についてですが,荷重指針に基づく設計用加速度応答スペクトルより算定します。長野市の基本最大加速度Aoの100年再現期待値は荷重指針より150gal,地盤は第Ⅱ種地盤,減衰定数は荷重指針より地盤への逸散減衰・塑性化を考慮し$h=10％$とすると,加速度応答スペクトルが定まります。よって,荷重指針に倣いi層の地震力Q_{Ei}（$=Q_S$）を得ます。地震荷重の50年最大値平均値の変動係数については,長野市の標準地盤においては荷重指針のマップより0.7,地盤の増幅係数の変動係数は0.3[5],その他の変動係数はごく小さいものとして省略する[8]と,

$$V_S = \sqrt{(0.7^2 + 0.3^2)} = 0.76$$

で表せます。また,耐力の変動係数は時間変動がないとして0.2とします。以上の等価線形水平耐力Q_Rと,地震力による荷重効果Q_Sの各統計値を**表8-2**にまとめます。これらの値を式（1.33）に代入すると,$\beta=1.73$となります。よって,β,$k=0.034$,および分離係数$\alpha_Q=0.8$（LSD指針より）を式（1.39）へ代入し,

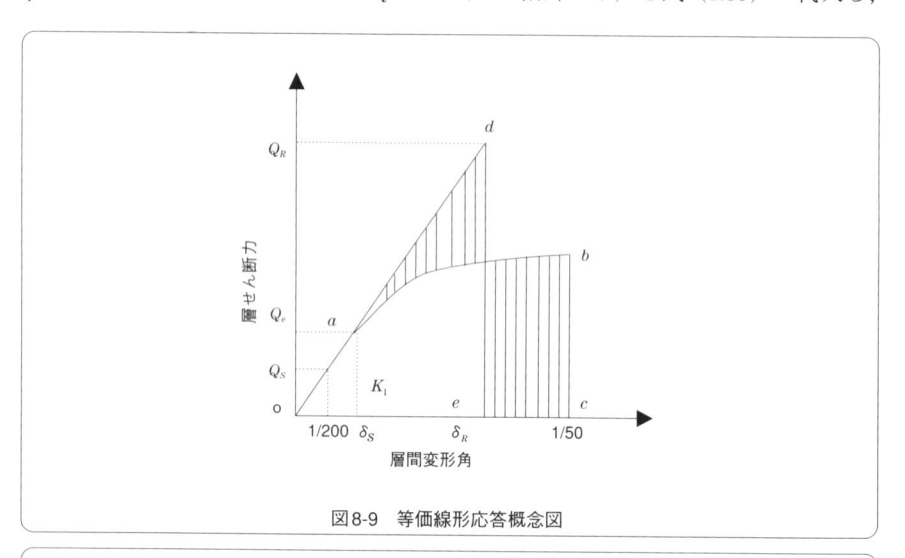

図8-9　等価線形応答概念図

表8-2　Q_RとQ_Sの各統計値（終局限界状態）

	平均値μ	中央値λ	変動係数V	対数標準偏差ζ
Q_R	1022	6.91	0.2	0.20
Q_S（長野）	734	5.69	0.76	0.68

第**8**章 コストと性能

逆算して$g = 0.66$を得ます。

<算定法B>

　某社の設計した既存建物データに基づき，想定されうる地震による被害を定量化し，式（1.31）からgを算出する方法です。ここで，建物，設備，設計監理費などは，同規模ビルの建替えコストを用います。また，建物の内容物，非構造部材，人的被害などは，本来はオーナーとやり取りしながら，決定するのが望ましいでしょう。文献9）では，オーナーに対する構造技術者の果たすべき役割として，建築物の被害時に発生するさまざまなケースを想定して，係数（C_F/C_I）の形で評価しているので，それらの値を引用して算出します。例えば，C_F=建替えコスト（某社の既存建物データ）＋建物の内容物（$=C_I \times 0.5$）＋非構造部材（$=C_I \times 0.3$）＋精神的ダメージ（$=C_I \times 0.1$）＋…となります。ここで，建替えコスト＝建物工事費＋設備工事費＋設計管理費です。以上より，$g = C_F/C_I = 3.02$を得ます。

　さてここで，妥当性検証のため建替えコストの中の建物工事費だけ，実績統計データ6）を用いて算出します。これは，一般的なコストの変動要因（構造・用途・地域性など）を係数として表し，これらを総和した値に，さらに重み付けするために付加する付加要因（杭・外構・建物形状など）としての係数を乗じて算出する方法です（詳細は文献6）を参照）。ここでは，対象建物の算出例を簡単に紹介します。コスト変動要因係数$_imc$の例として，**図8-10**（左）より施工場所が一般市街地で，用途が事務所の場合は$_imc \fallingdotseq 6.0$，図8-10（右）より構造が鉄骨造で基準階面積が1,000m²の場合は$_imc = 5.7$が読み取れます。また，重み付けとして考慮した付加要因係数n_iの例として，**図8-11**より特殊条件がインテリジェントビルなので複雑，基準階面積が1,000m²未満の場合は$n_1 = 1.08$，形

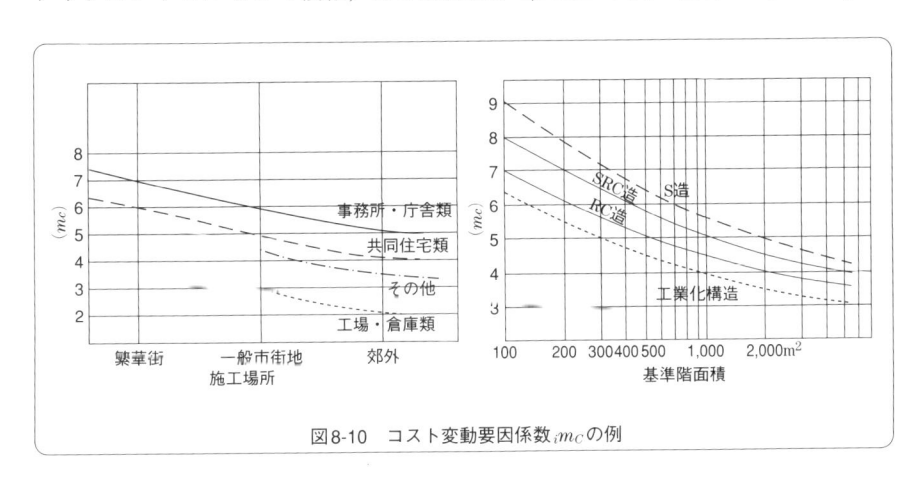

図8-10　コスト変動要因係数$_imc$の例

状は普通で杭・外構が多量の場合は$n_2 = 1.08$が読み取れます。以上のようにして，図から読みとった係数を用いてC_Iを算出します。算出式は，

$$C_I = \Sigma_i m_C \times \Pi n_i \times 延床面積 (m^2)$$

より，ここでは$C_I = 77,282$万円となります。よって，$g = C_F / C_I = 2.94$，つまり某社の既存ビルデータを用いて算出した場合と，ほぼ同程度であることが確認できます。

【使用限界状態設計】

日常的なメンテナンスなどのLCCを設計に反映させるため，使用限界状態に対する規準化損失費用係数gの設定は，建物の総損失コスト　C_Fを，某社の既存建物データにおける模様替え時の単価コスト表に基づき算出します。つまり，供用期間1年当たりのメンテナンスコストに換算し，それをイニシャルコストで割った値がgとなります。よって，$g = 0.16$を得ます。ここで，損傷限界は使用限界状態の中に含めて取り扱うものとします（LSD指針参照）。

(4) 供用期間に対する変動係数（ばらつき）の評価はどうすればよいか？

各種荷重のばらつきを求めます。終局限界状態に対しては，供用期間50年および100年，使用限界状態に対しては1年として求めます。

長野市での積雪深の50年最大値の変動係数は，文献2）の値を採用し0.19を得ます。よって，積雪荷重の50年最大値の変動係数V_{S_s}は，屋根形状係数，環境係数および雪の単位重量の変動係数を0.10とし，これらの2乗和の平方根より0.26とします。ここで，荷重指針にならって分布形をGumbel分布とすると，50年最

				特殊条件	杭・外構・備品等	形状				
×1.13	×1.08	×1.03	×1.08		多量		×1.08	×1.03	×1.08	×1.13
×1.08	×1.00	×0.98	×1.02		普通		×1.02	×0.98	×1.00	×1.08
×1.02	×0.97	×0.95	×0.98		僅少		×0.98	×0.95	×0.97	×1.02
×1.08	×1.00	×0.98	×1.00		計		×1.00	×0.98	×1.00	×1.08
複雑	普通	単純	計		基準階面積		計	単純	普通	複雑
×1.10	×1.00	×0.94	×1.00		計		×1.00	×0.93	×1.00	×1.10
×1.13	×1.00	×0.98	×1.05		100m²未満		×1.05	×0.98	×1.00	×1.13
×1.08	×1.00	×0.95	×1.00		500m²未満		×1.00	×0.95	×1.00	×1.08
×1.08	×1.00	×0.93	×0.99		1,000m²未満		×0.98	×0.92	×1.00	×1.05
×1.05	×1.00	×0.92	×0.97		1,000m²以上		×0.95	×0.90	×1.00	×1.03

図8-11　付加要因係数n_iの例

表8-3 検討ケースの各種パラメータの比較

		k	g	T_R	β_{opt}
終局限界	Case1	0.034	0.66 (算定法 A)	50年	1.73
	Case2		3.02 (算定法 B)		2.31
	Case3			100年	
使用限界	Case1～3		0.16	1年	0.77

大値の標準偏差から分布関数のパラメータが定まるので，年最大値の変動係数0.45が求まります．同様にして，100年最大値の変動係数は0.24となります．

風速の50年最大値の変動係数についても文献2)より0.1とします．よって，風荷重の50年最大値の変動係数V_{S_W}は，風力係数，ガスト影響係数および鉛直方向の分布係数の変動係数を0.1，空気密度の変動係数を0.05とし，風速の2乗の統計量として換算すると0.32となります（LSD指針参照）．積雪荷重と同様に，荷重指針にならってGumbel分布で近似すると，年最大値および100年最大値の変動係数はそれぞれ0.38，0.31となります．

長野市における地表面での50年最大加速度の変動係数V_{SA}は，8.4の(3)項で述べたとおり0.76です．また，分布形は荷重指針に倣いFréchet分布としたので，分布形の特徴から変動係数は供用期間にかかわらず一定です．よって，100年最大加速度の変動係数も0.76です．

以上の結果から，各種荷重の変動係数は，供用期間が長いほど小さくなる傾向にありますが，50年と100年の場合では大きな差は生じないことがわかります．

一方，耐力の変動係数V_Rについてですが，LSD指針に示す一般的な値(0.2)を用います．また，時間経過に伴う耐力劣化のモデルを構築する必要があります[10]が，煩雑となるため実用性を考慮し，供用期間中の耐力劣化はないものと仮定します．

以上により，得られた検討ケースごとのパラメータを表8-3に示します．

なお，論文9)によれば，終局限界状態に対するgは，小規模店舗1.7，高層オフィスビルで6.9，消防署で16.0，病院で33.6，原子力発電所で2113という報告がなされているので，ほぼ妥当な値であったことがわかります．

(5) 荷重・耐力係数の設定

- 積載荷重の統計値
  荷重指針の値を用います．
- 積雪荷重の統計値

図8-12 層せん断力係数 (S.C.)

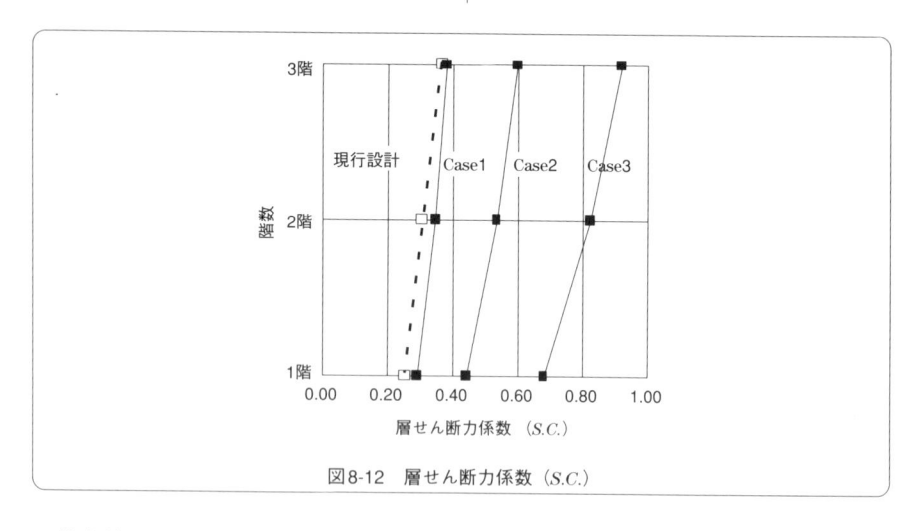

基本値は，100年再現期待値とし荷重指針の値を採用します。積雪深の50年最大値の平均値は荷重指針の値を用い，年最大値および100年最大値の平均値はGumbel分布で近似して算出します。変動係数については8.4(4)項による。

- 風速の統計値

基本値は100年再現期待値とし，荷重指針の値を採用します。風速の50年最大値の平均値は荷重指針の値を用い，年最大値および100年最大値の平均値はGumbel分布で近似して算出します。変動係数については8.4(4)項による。

- 地震荷重の統計値

地震カタログを用いて，長野市の基盤速度の最大値分布より算出します。変動係数は8.4(3)項でも触れたとおり0.76です。

これらの値を用いて，50年最大加速度の平均値を算出すると150galとなります。

以上より，荷重指針の設計用加速度応答スペクトル$S_A(T, 0.05)$を算出し，荷重指針の地震荷重Q_{Ei}を用いて，設計用層せん断力係数を算出します（図8-12）。

荷重ケース$D+Ls+S+E$に対する保有水平耐力の検討では，骨組の保有水平耐力が，地震荷重を含む係数倍荷重の組合せについて計算される必要耐力より大きいことを確認します。

骨組各層の必要保有水平耐力Q_Rを，次式により算定します。構造特性係数Dsは区分S-Ⅰ-1のラーメン構造[1]であるため，0.25とします。

$$Q_R = Ds \cdot {}_u\gamma_E \cdot W_E$$

　（${}_u\gamma_E$：荷重係数，W_E：各層の重量）

骨組各層の保有水平耐力については，荷重増分法により算定します。全層において，保有水平耐力は必要保有水平耐力を上回っており，必要な保有水平耐力を

表8-4　代表的な部材断面表

Case1	柱断面　C2	大梁断面　G5
Z_R	—	BH-400×200×9×19
Z_3	□-350×350×12×12	BH-400×200×9×19
Z_2	□-350×350×12×12	BH-400×200×9×19
Z_1	□-350×350×12×12	—
Case2	柱断面　C2	大梁断面　G5
Z_R	—	BH-450×200×9×22
Z_3	□-450×450×19×19	BH-450×200×9×19
Z_2	□-450×450×19×19	BH-600×200×12×19
Z_1	□-450×450×19×19	—
Case3	柱断面　C2	大梁断面　G5
Z_R	—	BH-600×200×12×25
Z_3	□-450×450×22×22	BH-600×200×12×28
Z_2	□-450×450×25×25	BH-600×200×12×28
Z_1	□-450×450×28×28	—

有していることを確認します。設計された建築物の代表的な部材断面を**表8-4**に示します。

8.5　安全性の比較

図8-13に，現行設計法の$S.C.=0.25$の結果を1.0としたときの総建設費の比率を示します。ここで，太実線は，現行設計法と比較するため設計荷重を耐力係

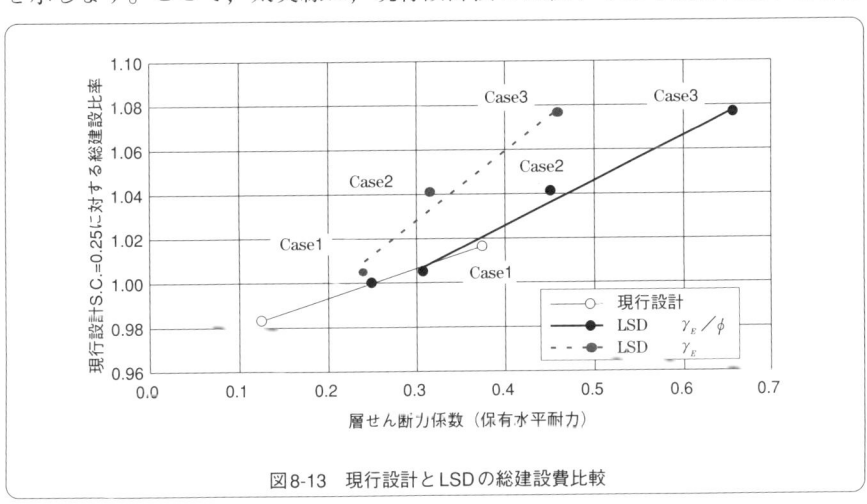

図8-13　現行設計とLSDの総建設費比較

表8-5 現行設計法を1.0とした時の設計荷重の比率と総建築費の比率

供用期間	設計用地震荷重の比率	総建設費の比率
50年	1.8	1.04
100年	2.5	1.08

数で除した値を示しています。これは，現行設計においては安全率を構造物強度にのみ考慮するのに対し，LSDでは耐力と荷重効果の両方に係数を乗じており，単純に比較できないからです。図より，太実線の勾配は現行設計（細実線）とほぼ同じ勾配であり，コスト上昇係数の設定（$k = 0.034$）が現行設計とほぼ同じであることがわかります。また，LSDでは耐力係数によって，設計耐力の低減を行うことによって，現行設計よりも高い設計用荷重で設計されていることが図から読み取れます。逆にいえば，Case1では$\beta_{opt} = 1.73$と設定したので，現行設計で$S.C. = 0.25$のときのβはそれよりも小さいことがわかります。

表8-5に，供用期間の設計用地震荷重と総建設費に与える影響を示しました。ここでは，Case2（供用期間50年）とCase3（供用期間100年）における設計用地震荷重と総建設費を，現行設計の値（$S.C. = 0.25$）で除した値を示しています。表より，供用期間100年とすると，50年の場合よりも設計用地震荷重は約40％大きくなり，総建設費は約4％高くなることがわかります。これらの結果は，長寿命化建築を設計する際の重要な判断指標となります。

8.6 動的解析による結果の確認

静的設計の結果から長寿命化を考慮しても，4％程度のコスト上昇であり，効率的であることがわかったため，供用期間100年としたCase3を採用することとします。さらに，設計された建物は多質点系でモデル化し，動的解析を行いました。結果，得られたβと目標のβ_{opt}（静的解析で設定したβ_{opt}③）とを照査します。

模擬地震動は，波動伝播理論と震源関数を用いた地震動評価システム（Kadomatsu[12]）により作成しており，建設敷地（**図8-14**）での表層から深い地盤までの増幅特性と，断層の破壊特性を反映した地震動となっています。地震モーメント分布は，兵庫県南部地震の断層を参考にして設定した4ケースを，破壊

図8-14 善光寺断層と長野市

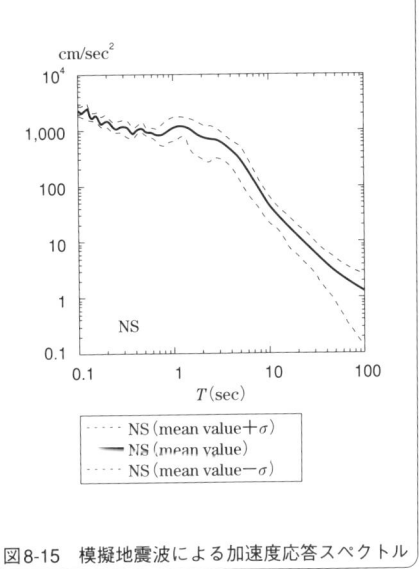

図8-15 模擬地震波による加速度応答スペクトル

開始点および断層破壊方向は，予想される3ケースを仮定し，これらの組合せを断層破壊パターンとして，12の模擬地震動を作成します。これらの模擬地震動の加速度応答スペクトル（$h=5\%$）を図8-15に示します。なお，この図は比較的地震動レベルの大きいNS成分を示しています。

地表GLでの加速度応答振幅は，設計対象建物の1次固有周期（X方向0.955s，Y方向0.930s）に対して約990galです。地震基盤をGL－700mの層とした場合，地震基盤での加速度応答振幅は，GL～GL－700mの地盤増幅率で割り戻して算出する（Kadomatsu[12]）と約700galになります。

さらに，設計された建物は質点系でモデル化（図8-16）し，トリリニアモデル（図8-17）の剛性を用いて動的解析を行います。

結果，最大応答層せん断力係数の比較を図8-18に示します。ここで，耐力が目標信頼性指標β_{opt}③を満足しているかどうか照査するため，式（1.33）の耐力と入力の関係式を用いて信頼性指標を算出します。耐力については前述した12波の模擬波の応答値から耐力に換算した層せん断力の平均値と変動係数を，また入力については100年最大加速度値から入力に換算した層せん断力の平均値と変動係数をそれぞれ算出し，これらの関係から信頼性指標を算出することになります。

まず，耐力としての層せん断力の平均値と変動係数の算定手順は次のとおりです。12波の模擬波を用いた動的弾塑性解析から最大応答値（層せん断力およ

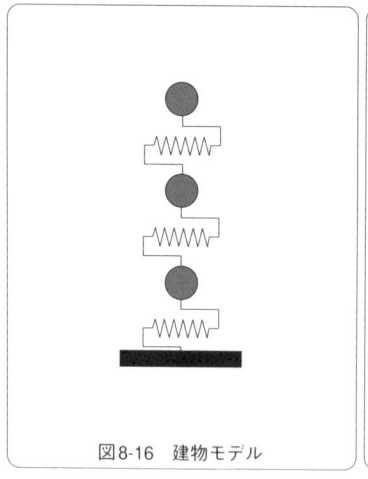

図8-16　建物モデル

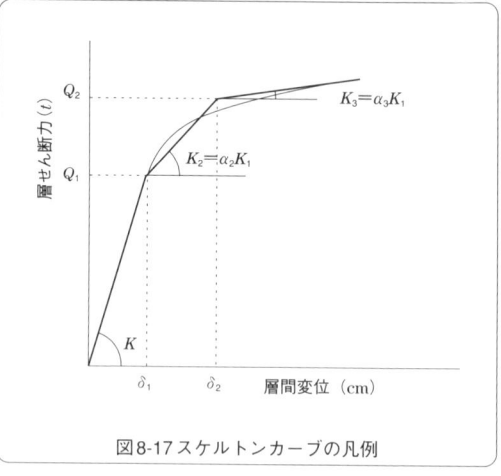

図8-17　スケルトンカーブの凡例

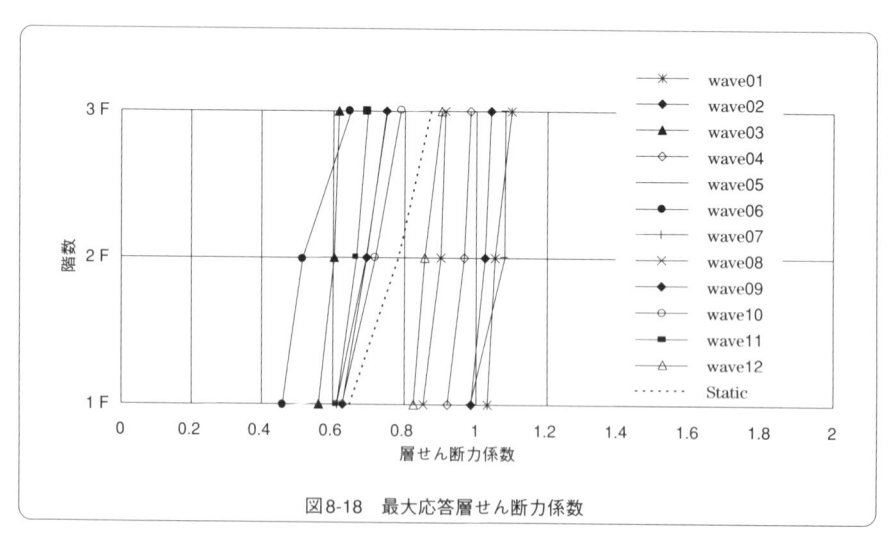

図8-18　最大応答層せん断力係数

び層間変形角）が求まります。等価線形応答の概念（図8-9）を用いて層間変形角が最も厳しい層について最大層せん断力を等価な線形水平耐力に換算します。12波それぞれについて等価線形水平耐力を算出し，これらの平均値と変動係数が求まります。ここで，変動係数の要素は模擬波12波の位相特性によるもので，構造物の特性に関わる変動係数（弾性剛性，減衰定数など）はごく小さいものとして考慮していません。なお変動係数は約32%です。

　次に，入力としての層せん断力の算定手順は荷重指針に倣って算出します。設計用加速度応答スペクトルは，荷重指針の算定式において標準地盤の地震動の基本最大加速度を100年最大加速度の平均値として算出します。この応答スペクト

ルを用いて各層の層せん断力を，荷重指針に従って求めます。よって，動的弾塑性解析において層間変形角が最も厳しい層の層せん断力が求まります。変動係数は168頁のとおりです。

　以上により求めた耐力と入力それぞれの平均値と変動係数を，対数平均値および対数標準偏差に換算し式（1.33）に代入して求めます。よって $\beta = 3.07$ を得ます。つまり，Case3で設定した目標信頼性指標 β_{opt} ③ $= 2.31$ を満足していることがわかります。

8.7　経済的で安全な建物を目指して

　オフィスビルの限界状態設計法による設計を通して，最適信頼性指標 β_{opt} の設定方法の一例を示しました。本設計では，LCCを意識しイニシャルコストだけでなく，地震時の破壊時損傷コスト，模様替えなどによるメンテナンスコストおよび供用期間による長寿命化について考慮して，建物性能グレードを設定しました。さらに，設計ケースは動的弾塑性解析による確認も行いました。

　以上の検討をとおして，総費用最小化原則に基づく β_{opt} の設定方法は，設計者が設定した目標性能レベルを，供用期間中の総費用を考えた時の最適コストで実現することができる実用的な方法であることが確認できました。さらに β_{opt} を決定する重要なパラメータであるコスト上昇係数 k および規準化損失費用係数 g の算定方法が，実用的な手法であることが検証できました。また，ここで示した k と g を用いて β_{opt} を設定する一連の方法は，今後のデータ蓄積により精度を高めることが可能です。

　さらに，この章では一般的な2つの限界状態，終局限界状態と使用限界状態についてのみ考慮しましたが，建築物の用途や満足すべき性能に応じて，その他の限界状態，それに関わる費用および供用期間についても同様に反映させることで，より応用範囲の広い手法となりえます。

　建築物のコストを考えるときは，初期建設費の削減にもっぱら関心を示すのではなく，建築物の長期に渡る使用や運用を含めた供用期間中の耐久性について，総合的に考慮することが重要であり，このことは新築設計のみならずリニューアルについても同様のことが言えます。

　LSDを実設計に適用する上で，コストを考慮して β_{opt} を如何に設定するかは重要な課題で，施主と構造設計者との最初の共同作業となります。このように性能グレードを工学的に設定することで，LCCの考え方にあった合理的な設計手

法となりえます。

【参考文献】
1) 建設大臣官房庁営繕部；改訂　建築物のライフサイクルコスト，経済調査会，2000
2) 神田 順；Probabilistic Load and Modeling and Determination of Design Loads for Buildings, University of Tokyo, Research Report 90-01. 1990
3) 日本建築学会；建築物の限界状態設計指針，2002
4) 神田 順 他；設計用地震荷重と建設費との相関に関する一考察，structure, No.58, 1996
5) Kanda, J. and Ahmed, K. A.; Optimum Reliability-Based Design Loads Due to Natural Hazard, Structural Engineering International 2/97, Vol. 7, Num. 2, 1997
6) 富谷 豪；最新 建築コスト算定技法，経済調査会，1993
7) 日本建築学会；建築物荷重指針同解説，1994
8) Ahmed, K. A. and Kanda, J.; Design Seismic Loads Based Upon Optimum Reliability and Hazard Analysis in Japan", Asian Pacific Symposium on Structural Reliability and its Applications Tokyo, Japan, November 12-14, 1995
9) Kanda, J. and Shah, H.; Engineering role in failure cost evaluation for Buildings, Structural Safety, Vol. 19, No.1, pp. 79-90, 1997
10) 河野 守；建築物の構造信頼性解析に関する研究，1990
11) 日本建築学会；鋼構造限界状態設計指針・同解説，2002，p.11
12) 河野允宏，土肥博，松田敏；兵庫県南部地震（1995年1月17日）の多点観測地震動の同時シミュレーション，日本建築学会構造系論文集，第499号，p.p.53-60, 1997

付章

付章1　第2章の回答例

2章の最初に示した質問に対するの筆者の回答例です。筆者の私なら，これらの建築主の質問に対し，建物の設計において限界状態設計法を利用して以下のように答えることができます。とりあえず，質問に照らして回答を読んでみてください。そして，何となく納得できたと思われる読者は，限界状態設計法の利点が少し理解できた人です。反対に，下の回答がちんぷんかんぷんの人は，1章と2章をじっくり読み返してみてください。

Q1 予算があまりないから，最低の性能でお願いします。
A1 了解しました。限界状態設計法では性能水準（グレード）をいろいろ用意しています。これぐらいの予算でしたら，滅多に来ない大地震に対しては低い水準で，頻繁に来る中小地震時の使用性の水準を上げた設計はいかがですか？

Q2 200年使える丈夫な建物を設計してください。
A2 限界状態設計法では建物の供用期間に応じたグレードを設定できます。200年でしたら地震の来る確率も普通の建物より高くなりますので，大きめの地震荷重で設計しておけば大丈夫です。

Q3 資産としての建物，性能保証書付きの建物をつくってほしい。
A3 性能水準については，予算に見合うものを用意できます。保証書は住宅の場合であれば，国の性能表示制度を利用することが可能です。

Q4 地震よりも雪に対して，より丈夫にしてほしい。
A4 限界状態設計法では，対象とする現象に対して自由に性能グレードを設定できます。雪に対するグレードを，地震のそれよりも高めの設計条件にします。これで，雪対策のための費用が減らせますね。

Q5 中小地震でも通常通り営業できる事務所をつくってほしい。
A5 中小地震として，どの程度の頻度のものを考えるか整理した上で，限界状態設計法を用いて，使用性の水準を上げて設計条件をつくりましょう。

Q6 環境を配慮した建物を宣伝したい。
A6 建築構造設計に関わる環境負荷を低減できる最も効果的な方法は，建物の長寿命化です。建物を建て替えればそれだけ資源が使われますし，現在大きな問題になっている建設廃棄物量の低減にもつながります。長寿命の建物なら，建物の供用期間を考慮できる限界状態設計法の利点が活かせます。

Q7 費用対効果の高い建物をつくりたいが，できますか？

A7 費用については，やはり建物の生涯費用（ライフサイクルコスト）を取り上げ，建物の地震や強風による被害費用も考えなければなりません。これらの被害費用は，建物供用期間中に必ず支払うものではなく，その被害を被る可能性を考えながら評価する必要があります。この可能性を限界状態設計法では，確率を使ってわかりやすく表現しています。

Q8 10階建の事務所をつくりたいが，RC，S，SRC造のどれが地震に対して一番安いですか？

A8 RC（鉄筋コンクリート）造の専門家ならRC造が最もよいと言い，S（鉄骨）造の専門家なら鉄骨造が最良と言うはずです。この質問は解答者によって答えは異なり，誰を信じてよいか困ってしまいます。上記の質問は，同等の性能を有するという条件の下でのコストに関する質問のはずですので，共通の性能水準を測る尺度に基づく限界状態設計法を用いれば，同じ β（信頼性指標）を有する異なる建物形式のコストの比較をすれば，どの形式が一番安いかがわかります。

Q9 20年しか使わないから，安い建物がつくれるでしょう。

A9 もちろんです。限界状態設計法では，建物の供用期間に応じたグレードを設定できます。20年であれば，地震や強風の到来する確率も小さいので，設計荷重は小さくすることができます。しかし，現在でも，期限付き構造物（使用期間10年以内）の設計指針が刊行されていますが，こうした荷重の低減はなされていないのが残念です。

Q10 安全率を3も見込んでいるから，大丈夫ですよと言われますが，本当にそうですか？

A10 現行の設計基準で，確かに安全率は設定されています。しかし，安全の余裕を見込んでいるといっても，何に対する余裕なのかはっきりしません。過去から経験的に使ってきた数字ですので，経験に照らしてほぼ安全と言えるかもしれません。しかし，この安全率を使い始めて，たかだか50年程度ですので，私たちの経験もその程度短いのものだと考えてください。

Q11 法律で決められている以上の地震が来ても大丈夫ですか？

A11 大丈夫という保証はありません。とにかくはっきり答えられないというのが正解でしょう。建築基準法では，50年ぐらいの期間に一度程度来るような中地震に対して建物の損傷を生じさせない，めったに来ないような大地震に対して建物が倒壊しないものということが規定されています。地震もいろいろな大きさがありますので，とてつもなく大きな地震が来たら，建

物が壊れるのは当たり前です。でもそのような地震が到来するのは極めて稀ですので，そのために莫大な費用を費やすのはどうでしょうか。

Q12 耐震補強で強くしたのだから，社会的に何か優遇措置はないのですか？

A12 個人所有の建物は，社会に対して迷惑を与えないよう最低基準が設けられています。それをクリアするのは建物所有者の義務ですが，それ以上の水準については，あなた自身の問題ですので，社会的な優遇措置はありません。今後，建物の地震保険などがさらに自由化されれば，保険料が安くなるかもしれません。

Q13 安全率って何ですか？そんな余裕を見る必要がありますか？

A13 安全率を正確に説明するのは，大変難しいことです。地震や台風のようにどれぐらい大きなものが，今後30年間に到来するのかは，必ずしも過去のデータからでは正確に予想できません。また，従来の設計法で設計，建設された建物が，どれぐらい強いのか，実大実験をしなければ本当のところはよくわかりません。このように，いろいろなわからないことがあるために，設計上で安全率といわれる余裕が導入されています。限界状態設計法でも，安全率に相当する余裕が用いられています。従来の設計法との違いは，どれぐらいわからないのか，どれぐらいばらつくのかを，定量的に表した指標に基づいている点です。

Q14 兵庫県南部地震が来ても，壊れない建物をつくってください。

A14 了解しました。建築主のあなたがそのようにお望みでしたらそうしましょう。しかし，あなたの要求条件をはっきりしておかねばなりません。あなたの建物は東京に建てるわけですから，何も兵庫県南部地震が東京に来ると考えなくてもよいのです。

Q15 技術のある会社ならもっと安くつくれるでしょう。

A15 本来，「技術」とはものを安くするためのものではありません。良い品質のものを提供するために，「技術」の意義があると思います。また，建物の値段は技術の高低で決まるようなものではありません。将来の限界状態設計法では，適切な品質管理や高度な研究開発などにより，ばらつきの少ない建物がつくれる場合には，同じ安全性を確保しながら建物を安くつくれる枠組みを提供することができます。

Q16 免震構造とそうでない従来構造と，どちらが地震に強いのですか？

A16 免震構造は従来構造に比べて大変安全と言われますが，技術的にはかならずそうとは限らず，どのような条件で構造設計をするかによります。対象建物が免震構造を採用すれば効果的な構造形態なのか，をよく考えてみてくださ

い。

Q17 地震が来たときの補修費用はどれぐらいですか？

A17 補修費用の見積もりは，どのような建物なのか，被害の様相，どこまで補修するか，などにより簡単ではありません。最近の研究成果によると，中規模事務所ビルを対象に兵庫県南部地震の補修事例の調査より，平均的には新築の20万円／m^{2}に対して，中破12万円／m^2，大破16万円／m^{2}などとなっています。

Q18 大地震なんて滅多に来ないから，耐震に費用をかけないでください。

A18 建築基準法で定められている最低水準を満たす必要は，現在のところあります。それ以上であれば，あなた次第です。むしろ，通常時の建物の使用性（振動，床のたわみなど）の水準を上げた設計をしましょう。これらは，限界状態設計法の方がずっとやりやすいのです。

Q19 私のお金でつくる建物ですから，好きにしていいでしょう。困るのは私ですから。

A19 周辺への迷惑として，建築基準法では建物性能の最低水準が定められていますので，好き勝手にできるわけでありません。将来的には，周辺への迷惑を軽減するのに，建物を強くつくる以外にも道が開かれるかもしれません。例えば，大地震などにより，自分の建物が壊れ，社会に迷惑をかけたなら，保険がカバーしてくれるかもしれません。このときにも，保険会社は，対象建物の耐震性能を適切に評価できる能力が必要となります。

Q20 私の所有する予定の建物は，どれぐらいの値打ちがあるのですか？

A20 建物の価値は，いろいろな要因で決まってきます。仮に，構造的視点から，建物の耐震安全性が高い建物ほど価値があると，限定的に考えてみます。建物の位置する敷地の地震危険性，建物自体の耐震性能，地震被害を受けたときの防災設備の充実度合いなどにより，建物の値打ちを決めることができるでしょう。これらを適切に評価することが必要です。もし，限界状態設計法で設計された建物であれば，建物の耐震性能に関する水準が明示されていますので，特別の評価をしなくても，ある程度，建物の値段に結びつく指標を利用することができます。

付章2 確率・統計，限界状態設計法に関する一問一答

Q1 構造物の安全性を，宝くじやギャンブルのような「確率」で考えるのは不適切ではないですか？

A1 確率はもともとはギャンブルなどのゲームに勝つために，その理論が発展してきたのです。その後，将来の未知なこと，不確定な事柄に対して，その不確定性をうまく記述する最も工学的な方法として発展し，今ではさまざまな意思決定のためのツールとして認識されています。不確定な事柄を確定的に考える方がむしろ不自然です。「確率」を賢く使いましょう。

Q2 地震動の大きさを確率で扱うよりも，必ず大地震が到来すると考えたほうが安心ですが，そう思いませんか。

A2 確かに大地震を想定して対処した方が安心ですが，どのくらい大きな地震を考えればよいのかわかりません。やたら大きくすると，無駄で過剰な設計をすることになります。限られた予算しかないのですから，耐震以外にもっと重要な事柄にお金を投資することも考えるべきです。その際，確率を用いると，限られた費用や資源を有効に配分をする上で大いに参考になります。

Q3 確率論をデータが十分でない対象にも適用する場合に，その結果については信用できないのですが。

A3 現在では，かなりデータが整備されてきています。しかし，データが欠落している部分も少なくないのですが，確定的にものを考える場合でもデータの欠如は同様に大問題です。欠落したデータを外挿する場合に，確率的に扱う方がより合理的と思います。

Q4 従来の設計法でも，安全な建物はつくれるのに新しい設計法を使う利点があるのですか。

A4 新しい設計法を用いることへの批判でしょうが，限界状態設計法の利点を的確に理解してほしいと思います。利点が見出せないなら，従来のものを用いればよいのです。ただし，従来のものでは，どのくらい安全かということが示されていませんので，限界状態設計法を活用することを推奨します。

Q5 確率計算が面倒なのですが。

A5 確率の計算は確かに煩雑ですね。そこで，実用性を重んじた荷重・耐力係数設計法や，平均値と標準偏差のみを扱う信頼性指標に基づく設計法が提案されています。荷重・耐力係数設計法は，従来の設計法と比較しても使用上の困難はないと思います。

Q6 建築主は少しでも安いものをほしがります.コストが全てですね.

A6 コストと性能水準のトレードオフの問題であり,安いものは性能水準も一般に低いのです.これには,定量化された性能をわかりやすく建築主に理解してもらうしかないのです.性能水準どおりのものを如何につくるかは,構造技術者の力量にすべて依存します.性能水準を保持しながら,低コストを実現可能にするには技術開発しかないのです.

Q7 データが十分でないのに,理論ばかりが先行しすぎているのではないですか.

A7 確率を専門にする人でも,如何に実学に適用してゆくかを考えている人は多くいます.今まで,確率理論の研究は相当敷居が高いものでした.しかし,工学への応用を最重要と考える研究者が増えてきて,理論よりも実践が要求されるようになってきています.

Q8 目標安全水準を決める手だてが見当たらないのですが.

A8 目標安全水準をどのように決めるかは難しいですね.その国の経済性や生活水準,価値観,自然災害観とも密接に関わり,社会的関連性が強いのです.しかし,自分の設計した建物の水準がどれぐらいかを認識しながら設計できたり,また,建築主に説明できる方が望ましいと思います.

Q9 建物の崩壊はばらつきの問題より設計や施工の品質が結構大きいのではないですか.

A9 設計や施工の品質については,品質管理,技術者の質,資格制度とも密接に関わります.構造設計で扱うよりも,そうした分野で考慮される必要があるでしょう.

Q10 人命を確率で扱うのは不道徳です.人の命は地球よりも重いと思いますが.

A10 人命は最も重要なもので,軽視すべきでありません.しかし,現実を直視してください.人の欲望は無限で,快適なビル内環境,見栄えのする仕上げなど,人の欲望を満足させるためにはそれなりのお金がかかります.お金を「人命保護」に無限に遣ってよいのならよいのですが,どこかで妥協せざるを得ません.どのくらいお金をかけて人の命を救うべきか,ということを判断しなければなりません.それには確率は便利な指標です.ところで,あなたと同年齢の人の死亡率は何人に一人か知っていますか?

Q11 現在の構造設計技術と比較して,確率の計算技術は進んでいないのではないですか.

A11 今では有限要素法が当たり前の技術のように使えるようになったと同様に,確率の計算技術は,理論とコンピュータの発達でほとんどの問題は解くこ

とができるようになっています。心配御無用。

Q12 10^{-3}といった極小な破壊確率は「数字の遊び」ではないですか。

A12 10^{-3}のような小さな破壊確率は，建物が極めて安全である証です。1,000回の内999回は大丈夫なのですから。$10^{-3}＝0.001$の表現が嫌いな人は，指数部の3を目安にしていただいて結構です。確率に対する慣れの問題ですね。

Q13 建物に費やせる予算は，すでに決められているのですが。

A13 予算が決まっているのは当然。どこにどれぐらいお金をかければ最も適切な組合わせとなるか，冷静になって考えてみましょう。滅多に来ない大地震ばかりにお金をかけるのも，少し検討してみる価値があります。

Q14 ひとつの建物の構造設計に，十分なマンパワーを投入できないのですが。

A14 これは構造設計者の言い訳に過ぎません。いい加減な仕事なら，やらないほうがよいのでしょうが，プロと言われるなら自分の扱う設計物件に責任をもちましょう。費用を払って，そこに住む人がいることを忘れないようにしてください。

Q15 建物の崩壊の話を，建築主の前では説明しにくいのですが。

A15 阪神・淡路大震災で，建物は大地震時には崩壊することがすでに認識されているはずです。「壊れない」と言う方が「うそ」です。技術者ならば正しいことを伝える義務があります。その姿勢が，建築主の正しい理解につながります。

Q16 建築基準法にしたがってつくられた建物が壊れたら，責任はどこにあるのですか。

A16 もし設計者あるいは施工者が責任を回避するならば，誰が建物性能に責任をもつのでしょうか。責任を感じない技術者は技術者にあらず。ハムラビ法典を読んでみてください。設計時点でどのような荷重を考えていたかで判断すべきです。多くの場合，施工不良や設計ミスがあるので，その場合はその責任を明確にする必要があります。いつも技術者が基準法に守られていると，考えるのはおかしいと思います。

Q17 荷重の評価まで，構造設計者が決めなければならないのは大変ですね。

A17 設計荷重は，建物の安全性の良否を左右する最も重要な要因のひとつです。それを決めることを構造設計者が放棄するならば，一体，あなたは建物の安全性をどう考えているのかということになります。

Q18 日本の耐震設計は世界中でも最も進んでいるので，欧米の設計法に合わせる必要はないと思いますが。

A18 少なくとも日本の耐震設計で日本に建てられた建物が，米国西海岸の建物よ

りどれだけ安全であるかを社会に説明する責任はあります。また，阪神・淡路大震災で思った以上に建物が強かったのは，日本の耐震設計が相当余裕をみた過剰設計となっていたことが理由なのか，日本の高い技術レベルのためなのか，それとも，外国以上に余裕をみた設計のためなのか？または，日本の施工精度が高いためなのか？安全性についてよく考えてください。

Q19 建物性能を精度よく評価する技術が不足しているのではないですか。

A19 確率論とは直接関係はないですが，今後，評価技術に関するR&Dが一層必要になります。特に建物の使用性については，その定義も含めて研究すべき点が多くあります。また，建物性能を確定的評価技術でのみ扱うのは，いささか無理があります。確率を入れた評価技術が望まれるところです。

Q20 私は確率嫌いなのですが。

A20 嫌いでも，そのよさが見出せれば好きになるはずです。あるいは，嫌でも使わないといけないかも知れません。21世紀は，確率アレルギーは生き残れないですよ。

Q21 いくら精度よく信頼性指標を計算しても，建物の被害統計と合わないときはどうしたらよいのですか。

A21 確率に基づく設計法だから，といって万能ではありません。また，設計判断として余裕が見込まれていることもありますし，確率に基づく設計法の中で取り扱っていないばらつきや不確定なものも少なくありません。確率に基づく設計法は，従来の設計法と比較して，「より良い」設計法であり，建物の実被害にはさまざまな要因があり，まだまだ研究すべきでしょう。しかし，設計時点で性能水準として目標値を明示しておくことの利点は，建築主にも社会に対しても十分あるはずです。

Q22 従来の設計法でも，確率に基づいて決められているところもあるのではないですか。

A22 歴史的経緯を調べても，なかなかその根拠が見出せないのです。設計に関わる重要な事項を決めたのなら，その根拠，判断材料は明文化されていなければ，将来的に改訂することすらできないのです。

Q23 関東地震が再来すると考える方が，設計上も防災上も対応しやすいと思いますが。

A23 確かに対応しやすいのは理解できますよね。しかし，地震は想定関東地震ばかりでなく，いろいろな地震を考慮しておく必要があります。確率論では，考えられるすべての地震を考慮して地震荷重を定めています。

Q24 建築基準法も改正されたばかりで，確率の勉強をする時間的余裕はないの

ですが。

A24 勉強する時間がなければ，従来の設計法でやるべきです。実務者は大変忙しいのですが，絶えず新しいものを取り入れる姿勢は忘れないでほしいですね。

Q25 設計荷重や材料の許容値は，国が決めるものではないのですか。

A25 一定品質の建物を量産する必要があった時代には，設計荷重と許容値は国が決めたほうが手っ取り早かったのです。しかし，よりよい品質の建物を，高度な技術をもった技術者が自己責任も負いながら，自由に設計する現代においては，いつまでも国に任してはおけないはずです。

Q26 わからないものはわからない。**過去の最大の荷重で設計する方がよいのではないですか。**

A26「過去の最大」がくせものですね。関東地震より大きな地震は来ないとも言えない。また，室戸台風以上の暴風も起こりうる。過去最大はどれだけ最大なのでしょうか。でも「わからないもの」はやはりわからない。「わかっていることと」と「わかっていないこと」をはっきりさせましょう。

Q27 **地震荷重など荷重のばらつきが圧倒的に大きいので，建物側のばらつきは結果には効いてこないのではないですか。**

A27 ある研究によると，建物の終局耐力は結構ばらついているとの報告があります。一概に荷重のばらつきだけが大きいとは言えません。

付章3 用語の解説

【限界状態設計法】(Limit State Design)

限界状態として明確化した性能を,適切な信頼度の下に達成しようとする設計法をいいます。限界状態は,安全性にかかわる終局限界状態,使用性にかかわる使用限界状態に分類されます。性能を明確にし,性能水準を確率量で表示することが一般的です。

【信頼性設計法】(Reliability-based Design)

確率あるいは信頼性指標により,定量化された性能に基づく設計法を総称して信頼性設計法と呼びます。信頼性設計法には,限界状態設計法,確率に基づく設計法などが含まれています。

【信頼性指標】(Reliability Index)

限界状態に達するまでの余裕を表す尺度であり,信頼性の定量的表現の一つです。一般には,限界状態を超える確率(破壊確率)P_fに対して,$P_f = \Phi(-\beta)$により,信頼性指標βが定義されます。ここで,$\Phi(\ )$は標準正規分布関数です。

【荷重の〔平均〕再現期間】(Mean Return Period, Return Period)

荷重強さがある値を超える事象を考え,この事象の発生に要する時間間隔の期待値rを(平均)再現期間といいます。通常,事象の発生を独立と仮定し,rは単位の期間(一般に1年)における事象の発生確率pを用いて,下式により求められます。

$$r = \sum_{i=1}^{\infty} ip(1-p)^{i-1} = \frac{1}{p} \tag{A.1}$$

【最適信頼性指標】(Optimum Reliability Index)

建物供用期間中の経済性と性能水準のトレードオフの問題において,建物の性能水準を決定するには,経済的にも性能的にもバランスのとれたものにする必要があります。ここで決定される最適な性能水準として,最適信頼性指標が定義されています。最適信頼性指標の求め方については,本書第1章1.3(9)に詳細に示されています。

【荷重・耐力係数設計法】(Load and Resistance Factor Design: LRFD)

設計荷重側にも,材料強度側にも,おのおの荷重係数,耐力係数という余裕係数を配した構造設計法で,米国流の呼び方です。欧州では部分安全係数法とも呼ばれています。これらの係数は構造信頼性理論に基づき,目標とする性能の水準(目標信頼性指標あるいは許容破壊確率)を明示し,そこから算定され

るものです。従来の構造設計法よりも性能水準を明記したという点で，画期的な設計法です。

【供用期間】（Service Life, Working Life）

設計時点で，建物を今後使用する予定の期間，あるいは過去に使用した期間をいいます。前者を設計供用期間と呼ぶ場合もあります。建物の「耐用期間」，すなわち，建物として物理的に使用可能な期間とは異なるので注意が必要です。

【極値分布】（Extreme Value Distribution）

建物に作用する荷重の大きさの場合には極大値を，建物の耐力や材料の強さについては極小値を，考えることが多いようです。その際，極値はばらつき，確率変数として扱ったときの確率分布を極値分布と呼びます。荷重の大きさであれば，対象とする期間が長い程，より大きな荷重強さが予想されることから，対象とする期間と密接にかかわります。本書第1章1.3（7）で詳細に示しています。

【限界状態】（Limit State）

建築物の全体または一部が，設計で意図する状態としない状態を区別する境界を限界状態と呼びます。安全性にかかわるものと使用性にかかわるものに大別できますが，それ以外にもいろいろな限界状態を定めることができます。

【目標信頼性指標】（Target Reliability Index）

設計で目標とする性能水準を，信頼性指標で表したものです。目標信頼性指標は，定められた期間における値として示されています。

【二次モーメント信頼性指標】（First-order Reliability Index）

限界状態に達するまでの余裕を表す尺度であり，信頼性の定量的表現の一つです。限界状態を記述する限界状態関数Gの平均値μ_Gを，標準偏差σ_Gで除した指標を二次モーメント信頼性指標$\beta = \mu_G/\sigma_G$といいます。二次モーメント信頼性指標は，限界状態関数の確率分布形より算出される破壊確率P_fから算出されるレベルIII信頼性指標とは区別されています。

【リスク】（Risk）

いくつかの定義がありますが，工学の分野では，リスクはある事象の発生確率と事象が発生したときの影響（被害費用，死亡者数）の積で表します。したがって，リスク低減とは，事象の発生確率を小さくするか，影響を軽減するか二つの異なる方策が考えられます。

【住宅の品確法】

正式には，「住宅の品質確保の促進等に関する法律」という名称であり，2000年4月に施行されました。これまで2年程度が多かった瑕疵担保責任期間を「10年に義務化」するとともに，多種多様な工法の性能を横並びに比較できる「住宅

性能表示制度」と，万一のトラブル発生には迅速に解決を図るための「指定住宅紛争処理機関」が創設されています。

【システム信頼性】（System Reliability）

複数の関連した破壊モードを有する構造要素の信頼性，ないしは複数の構造要素からなるシステムの信頼性。柱・梁からなる骨組構造は，柱崩壊，梁崩壊，それらの混合型の崩壊モードが存在し，システム信頼性の問題となります。

【ISO基準】（Standards by International Organization for Standardization）

ISO規格は工業製品・材料等の規格を定めているだけでなく，さまざまな工学分野にまで及んでいる国際標準です。ISO規格は，1980年に批准された「貿易の技術的障害に関する協定（通称，GATT）」により，自由貿易の阻害要因となるさまざまな非関税障壁のうち，技術基準等の国際的不統一によるものをなくすことが定められています。わが国においても，さまざまな製品の規格を作成する際には，ISO規格に基づく必要があることが示されています。建築分野に関係の深いISO規準もいろいろ作成されており，構造物の設計の基本（TC98）もその1つで，日本では，建築・住宅国際機構が窓口になっています。

【モンテカルロ法】（Monte Carlo Method）

確率の計算を行う一方法です。複数の確率変数の確率分布に従って，標本（サンプル）を多数発生させて，数多くのシミュレーションを行って，結果を統計的に処理する方法です。モンテカルロ・シミュレーションとも呼ばれています。標本さえ発生できれば，ほほどのような問題にも応用でき，最近は，コンピュータを利用していろいろな問題に応用されています。

【ライフサイクルコスト】（Life Cycle Cost）

建築物のライフサイクルコストは，建築物を使用する期間で初期建設コストも含めて維持管理，修復，更新など，建物所有者が支払う予定のコストをすべて含めたものです。最近，ライフサイクルコストの検討が，設備設計，構造設計などで行われています。

付章4 参考文献リスト

星谷・石井；構造物の信頼性設計法，鹿島出版会,1986年, p.216

　本書は信頼性理論に基づき構造物を設計するうえで必要となる信頼性設計法の基礎理論を，土木・建築系の学生および構造技術者を対象に，平易に解説したものです。本書は単に理論のみならず実際の設計手法への応用についても，具体的な例題を通してわかりやすく解説している点が特徴です。まず導入部では，信頼性設計法の基本的な考え方，構造設計において考慮すべき不確定要因とその取り扱い方，代表的な確率分布など確率・統計学の基礎事項を概説しています。

　続いて構造物の破壊確率と信頼性指標の関係およびその算定方法，および構造系の実用的な破壊確率算定法の具体的事例，また設計で考慮すべき荷重のモデル化およびその組合せについて解説しています。最後に，信頼性理論に基づいて設計を行う上で，最も重要な問題の一つである構造物に付与すべき安全性レベルの考え方および諸規準で用いられている安全性レベルの相互比較，部分安全係数による設計フォーマットへの展開手法，信頼性設計法の問題点と展望に至るまで幅広く紹介しています。

日本建築学会；建築物の限界状態設計指針,2002年, p.533（同設計例を含む）

　本書は限界状態設計法を実用化した指針であり，その特徴は信頼性理論に基づき具体的に設計指針のかたちで示している点にあります。限界状態設計法は，荷重・耐力係数設計法を採用しており，それらの係数の実用的な算定方法を示しているほか，鉄筋コンクリート構造，鋼構造，鉄骨鉄筋コンクリート構造，木質構造，基礎構造，それぞれの限界状態設計を各章で記述され，付録にはそれらの指針を用いた設計例が丁寧に掲載されており，今後，限界状態設計で建物を設計しようとする際の有用なガイドラインとして位置づけられています。限界状態は終局限界状態と使用限界状態に対して設計が行えますが，それらの性能水準すなわち，目標信頼性指標の設定については，設計者，建築主が合意して定める枠組みとしているところが興味深い。

Christiansen and Baker；構造信頼性──理論と応用──，シュプリンガー・フェアラーク東京㈱発行, 1986年, p. 276

　"Structural Reliability Theory and Its Applications" の訳本です。この本は，初学者（大学学部3年生以上）が構造信頼性理論の内容をひととおり学習できるよ

うに構成されている大変にわかりやすいテキストです。説明は平易で，他の参考書などを必要としません。また，ほとんどの節に例題と演習問題があり，理解を助けています。

　本書の構成を，章のタイトルで示すと次のようになります。1．構造工学における不確定性の取り扱い，2．確率論の基礎，3．荷重や強度に関する確率モデル，4．構造信頼性理論の基礎，5．レベル2手法，6．拡張レベル2手法，7．構造システム信頼性，8．構造システムに対する信頼度限界，9．確率過程論とその応用，10．荷重の組合せ，11．構造設計規準への適用，12．固定式海洋構造物への応用，13．信頼性理論と品質保証

Ang and Tang；土木・建築のための確率・統計の基礎，丸善,1988年，p.598
　土木・建築工学の視点から，確率の基礎を勉強するのに最適なテキストです。本書は著者のAng教授とTang教授が，刊行当時イリノイ大学で学部教育のために書かれたものがベースとなっており，世界的に広く利用されているバイブルとも呼ぶべきテキストです。確率・統計の教科書というと，工学者は読みづらい面もありますが，本書は豊富な例題と丁寧な解答例を掲載しており，初学者が理解するに過不足ない内容になっています。例題を独自にやってゆけば，知らず知らずのうちに基礎を勉強することができます。

日本建築学会；建築物荷重指針・同解説，1993年，p.512
　本書は建築物の構造設計で対象とする各種荷重を共通の理念に基づいて整理され，用いる構造設計法（許容応力度設計法，終局強度設計法，限界状態設計法等）に依らない，荷重の統一的取り扱い方が提案されています。構造設計は各種荷重に対する安全性や使用性をバランスよく付与することに他ならないため，各種荷重を統一的に取り扱う意義は大きく，そのために確率論を導入しています。また，本書では，構造設計で扱う各種荷重の統計資料も充実しており，1993年に刊行され2004年に改訂されて以来，実際の建物の構造設計においても頻繁に用いられた実績があります。

ISO；ISO2394 - General principles on reliability for structures（構造物の信頼性に関する一般原則），1998年，p.72
　本書はISO（International Standard Organization：国際標準化機構）の国際的な正式文書です。ISO2394は構造設計の基本原則がわかりやすく解説されており，現在ヨーロッパで開発中の欧州統一規格（ユーロコード）開発のベースとなっ

た重要な考え方が示されています。構造設計法を新しく開発する場合や，改定の際には，本文書が重要な役割を果たすことになります。本文書では，用語の定義，設計の基本的要求条件，限界状態設計の原則，確率に基づく設計の原則，部分係数による設計法，既存構造物の評価などが要領よくまとめられています。邦訳版は日本規格協会から入手できます。

R. Melchers ; Structural Reliability Analysis and Prediction, John Wiley & Sons, 1999年，p.437

本書のタイトルは，構造信頼性解析と予測であり，信頼性理論を初歩から勉強するには最適の教科書です。工学におけるその意義，不確定性の分類，信頼性解析の方法の詳細な説明，二次モーメント信頼性解析，一次，二次信頼性解析など高度な内容を丁寧に説明しています。さらに，限界状態設計法の理論的基礎となる，部材信頼性評価方法，システム信頼性評価，時間依存型信頼性問題，荷重や耐力のモデル化手法が詳細に説明されています。構造設計法への応用や，既存構造物の確率的評価手法など，今後，一層重要となる事項も説明されており，理論面と実用面の両方において豊富な内容が網羅されています。

Nowak and Collins ; Reliability of Structures, McGraw-Hill, 2000年，p.338

Nowak教授はカナダ，アメリカの道路橋の荷重・耐力係数設計法開発の中心的な人物であり，信頼性理論のみならず，その実用化に向けた研究において著名な専門家です。彼の経験を踏まえて，本書は確率に基づく構造設計法の実用化に向けて最低限必要な確率の知識が平易に丁寧に解説されています。理論書というより建築・土木学科の学部学生，技術者向けの教科書として最適。

付章5 よく使う確率分布

確率分布	確率密度関数 $f_X(x)$ 累積分布関数 $F_X(x)$	分布形を決めるパラメータ	平均値 分散
正規分布 ガウス分布	$f_X(x) = \dfrac{1}{\sigma\sqrt{2\pi}}\exp\left[-\dfrac{1}{2}\left(\dfrac{x-\mu}{\sigma}\right)^2\right]$	μ, σ	$E[X] = \mu$ $Var[X] = \sigma$
対数正規分布	$f_X(x) = \dfrac{1}{\zeta x\sqrt{2\pi}}\exp\left[-\dfrac{1}{2}\left(\dfrac{I\eta x - \lambda}{\zeta}\right)^2\right]$	λ, ζ	$E[X] = \exp\left[\lambda + \dfrac{1}{2}\zeta^2\right]$ $Var[X] = E^2[X](e^{\zeta^2}-1)$
指数分布	$f_X(x) = \alpha\exp[-\alpha x]$	α	$E[X] = \dfrac{1}{\alpha}$ $Var[X] = \dfrac{1}{\alpha^2}$
一様分布	$f_X(x) = \dfrac{1}{b-a}$	a, b	$E[X] = \dfrac{a+b}{2}$ $Var[X] = \dfrac{1}{12}(b-a)^2$
三角形分布	$f_X(x) = \begin{cases} \dfrac{2}{b-a}\left(\dfrac{x-a}{u-a}\right) & a \leq x \leq u \\ \dfrac{2}{b-a}\left(\dfrac{b-x}{b-u}\right) & u \leq x \leq b \end{cases}$	a, b, u	$E[X] = \dfrac{1}{3}(a+b+u)$ $Var[X] = \dfrac{1}{18}(a^2+b^2+u^2-ab-au-bu)$
グンベル分布 極値Ⅰ型分布	$F_X(x) = \exp\{-\exp[-\alpha(x-u)]\}$	a, u	$E[X] = u + \dfrac{0.577}{\alpha}$ $Var[X] = \dfrac{\pi^2}{6\alpha^2}$
フレッシェ分布 極値Ⅱ型分布	$F_X(x) = \exp\left[-\left(\dfrac{x}{u}\right)^{-k}\right]$	u, k	$E[X] = u\Gamma\left(1-\dfrac{1}{k}\right)$ $Var[X] = u^2\left[\Gamma\left(1-\dfrac{2}{k}\right)-\Gamma^2\left(1-\dfrac{1}{k}\right)\right]$
ワイブル分布 極値Ⅲ型分布	$F_X(x) = \exp\left[-\left(\dfrac{\omega-x}{\omega-w}\right)^k\right]$	ω, w, k	$E[X] = \omega - (\omega-w)\Gamma\left(1+\dfrac{1}{k}\right)$ $Var[X] = (\omega-w)^2\left[\Gamma\left(1+\dfrac{2}{k}\right)-\Gamma^2\left(1+\dfrac{1}{k}\right)\right]$
ベータ分布	$f_X(x) = \dfrac{1}{B(q,r)} \cdot \dfrac{(x-a)^{q-1}(b-x)^{r-1}}{(b-a)^{q+r-1}}$	$a, b,$ q, r	$E[X] = a + \dfrac{q}{q+r}(b-a)$ $Var[X] = \dfrac{qr}{(q+r)^2(q+r+1)}(b-a)^2$

神田　順（Jun Kanda）
1947年　生まれ
1970年　東京大学工学部建築学科卒業
1972年　東京大学工学系研究科建築学専攻修士課程修了
同　年　㈱竹中工務店入社
1979年　エディンバラ大学理学部土木建築工学科大学院課程修了
1980年　東京大学工学部建築学科助教授
1996年　同大学教授
1999年　同大学新領域創成科学研究科社会文化環境学教授
1989年　Johns Hopkins大学客員助教授
1995年　Stanford大学客員教授
Ph. D.（エディンバラ大学）
著作＝神田順編著；限界状態設計のすすめ，建築技術，1993年
神田順著；耐震建築の考え方，岩波書店，1997年

平川　倫生（Tomoo Hirakawa）
1972年　生まれ
1995年　東京大学工学部建築学科卒業
1997年　東京大学大学院工学系研究科建築学専攻修士課程修了
同　年　三菱地所㈱入社
現　在　三菱地所設計住環境設計部

前川　利雄（Toshio Maegawa）
1965年　生まれ
1987年　筑波大学第3学群基礎工学類卒業
1989年　筑波大学理工学研究科修了（修士課程）
同　年　㈱熊谷組入社
現　在　㈱熊谷組技術研究所建設技術研究部建築構造研究グループ

高田　毅士（Tsuyoshi Takada）
1955年　生まれ
1978年　名古屋大学建築学科卒業
1979年　名古屋大学工学研究科前期課程修了
同　年　清水建設㈱入社
1998年　東京大学大学院工学系研究科建築学専攻助教授
1999年　米国コロラド大学ボールダー校客員教授
2001年　独国ワイマール・バウハウス大学客員教授
2004年　東京大学大学院工学系研究科建築学専攻教授
工学博士
共著＝構造物系の非線形・不確定モデリング，応用力学シリーズ，日本建築学会，1998年
鋼構造限界状態設計・設計例，日本建築学会，2002年
ヴィジュアル版建築入門9建築と工学，彰国社，2003年
鋼構造設計演習（第4版），技報堂，2003年
構造工学ハンドブック，丸善，2004年
賞＝1993年ICOSSAR若手研究者賞

古宮　嘉之（Yoshiyuki Komiya）
1955年　生まれ
1977年　大阪大学工学部建築学科 卒業
1979年　大阪大学大学院工学研究科建築工学修了
同　年　前田建設工業㈱入社
現　在　前田建設工業㈱本店建築エンジニアリング・設計部
共著＝建築構造の計算と監理，㈳日本建築構造技術者協会，2002年

樫村　俊也（Toshiya Kashimura）
1959年　生まれ
1981年　早稲田大学理工学部建築学科卒業
1983年　早稲田大学理工学研究科建築工学修了
同　年　㈱竹中工務店入社
技術士（総合技術監理・建設）
現　在　㈱竹中工務店設計部
共著＝建築計画・設計シリーズ30「スポーツ施設」，市ヶ谷出版社，1998年
日本建築学会編；事例に学ぶ建築リスク入門，技報堂出版，2007年

藤井　正則（Masanori Fujii）
1959年　生まれ
1982年　京都大学工学部建築学科卒業
1984年　京都大学大学院工学研究科建築学専攻修了
同　年　㈱大林組入社
現　在　㈱大林組本店建築設計部

樋口　聖子（Shoko Higuchi）
1971年　生まれ
1994年　東京理科大学工学部第一部建築学科卒業
1996年　東京大学大学院工学系研究科建築学専攻修士課程修了
同　年　NTTファシリティーズ㈱入社
現　在　独国ワイマール・バウハウス大学工学部構造力学研究所博士課程

若き建築構造技術者に向けて
限界状態設計法の挑戦

発行日	2004年10月1日　第一版	
	2008年5月2日　第二版	
監　修	神田順	
発行者	橋戸幹彦	
発行所	株式会社 建築技術	
	〒101-0061	
	東京都千代田区三崎町3-10-4　千代田ビル	
	TEL：03-3222-5951　FAX：03-3222-5957	
	振替口座00100-7-72417	
装　幀	赤崎正一	
DTP＋図版作製	田中久雄／㈱アイテム	
印刷・製本	三報社印刷株式会社	

落丁・乱丁本はお取り替えいたします。
ISBN978-4-7677-0102-8 C3052　© Jun Kanda 2004